"十四五"职业教育国家规划教材

Daolu Gongcheng Jishu

道路工程技术

(第2版)

赵亚兰　主　编
郭红兵　副主编
杨云峰　主　审

人民交通出版社股份有限公司

北　京

内 容 提 要

本书为"十四五"职业教育国家规划教材。全书分为识读公路路线、路基施工技术、路面施工技术共三个模块,十二个学习情境。第一个模块包括四个学习情境:认识公路、识读公路平面、识读公路纵断面、识读公路横断面;第二个模块包括四个学习情境:路基施工准备、土石方工程施工、路基排水工程施工、路基防护和支挡工程施工;第三个模块包括四个学习情境:路面施工准备、路面基层(底基层)施工、沥青路面施工、水泥混凝土路面施工。每个学习情境包含工作任务、学习情境小结和学生自测题。每个工作任务均设置学习目标、引导式工作任务单、任务实施。路基、基层、面层等施工内容均设置施工工艺虚拟仿真。

本书可作为高等职业院校道路工程检测技术、道路工程造价、道路养护与管理等专业及其相关专业教材,也可供相关工程技术人员学习参考。

本书在爱课程(中国大学 MOOC)平台配套建有省级在线精品开放课程,面向社会公开免费使用。

本书建有配套数字化资源(微课、动画、虚拟仿真、工作任务单、案例、单元测试题),读者可扫码免费观看和学习;教师可通过加入职教路桥教学研讨群(QQ:561416324)获取课件。

图书在版编目(CIP)数据

道路工程技术 / 赵亚兰主编. — 2 版. — 北京:人民交通出版社股份有限公司, 2022.7(2025.5重印)
ISBN 978-7-114-17966-2

Ⅰ.①道… Ⅱ.①赵… Ⅲ.①道路工程—职业教育—教材 Ⅳ.①U41

中国版本图书馆 CIP 数据核字(2022)第 080891 号

"十四五"职业教育国家规划教材
书　　名:道路工程技术(第2版)
著 作 者:赵亚兰
责任编辑:任雪莲
责任校对:赵媛媛
责任印制:张　凯
出版发行:人民交通出版社股份有限公司
地　　址:(100011)北京市朝阳区安定门外外馆斜街 3 号
网　　址:http://www.ccpcl.com.cn
销售电话:(010)85285911
总 经 销:人民交通出版社股份有限公司发行部
经　　销:各地新华书店
印　　刷:北京印匠彩色印刷有限公司
开　　本:787×1092　1/16
印　　张:21.25
字　　数:528 千
版　　次:2018 年 8 月　第 1 版
　　　　　2022 年 7 月　第 2 版
印　　次:2025 年 5 月　第 2 版　第 5 次印刷　总第 9 次印刷
书　　号:ISBN 978-7-114-17966-2
定　　价:59.00 元

(有印刷、装订质量问题的图书由本公司负责调换)

第2版前言

"道路工程技术"是道路工程检测技术、道路工程造价、道路养护与管理等专业的专业核心课程,其主要任务是培养学生依据现行工程技术规范和标准识读公路施工图文件、路基施工、路面施工三方面的职业岗位能力和职业素养,引导学生成长为一名具有正确世界观、人生观、价值观的交通建设行业一线技术人员,是一门专业性、技术性、实践性、综合性较强的专业课程。

《道路工程技术》第1版于2018年8月出版,2020年12月入选"十三五"职业教育国家规划教材,2023年6月入选"十四五"职业教育国家规划教材。近年来,随着职业教育深化改革和公路新材料、新工艺、新技术不断涌现,职业教育理念、教学模式推陈出新,工程技术规范不断调整,为了使教材内容更符合职业教育和交通行业发展需要,践行"价值塑造、知识传授、能力培养"三位一体协同育人综合教育理念,编者启动了第2版教材的修订工作。

本次教材修订过程中,编写组认真学习领会并贯彻落实了教育部2019年发布的《高等职业院校专业教学标准》和2020年发布的《职业院校教材管理办法》等相关文件精神,吸收了第1版教材使用期间各职业院校任课教师的建议,调研了多家交通建设行业企业,确定了第2版教材修订重点:在保持原教材基本框架的前提下,增加"引导式工作任务单""道路工程施工工艺虚拟仿真""典型工程案例""融合思政元素"等,同时对原教材内容进行删减、整合和补充,对照新标准规范更新相关内容,从而提升教材的先进性、针对性、适用性及实用性。

第 2 版教材具有以下特点：

1. 突出职业岗位能力培养，践行"三化"改革，体现职教特色

定位职业岗位，瞄准岗位能力精选知识/技能点；对接公路施工过程，巧妙构建结构化体系；基于高职学生认知特点，以 OBE 教育理念精心设计 12 个学习情境及若干工作任务，根据教材内容增设"15 个引导式工作任务单""26 个道路工程施工工艺虚拟仿真""8 个典型工程案例"等，力求实现"学习任务工作化、工作任务课程化、课程任务能育化"，让学习者在运用国家现行技术规范和标准解决工程实际问题过程中逐步获得职业岗位能力和养成职业素质。

2. 融合思政元素，赋予价值引领力量，实现育人根本

以教材知识/技能点为载体，将公路人"甘于奉献，为国筑路"的家国情怀、"求真务实，勇于探索"的职业精神、"敬畏自然，节约环保"的工作理念、"科学严谨，敬畏制度"的工作作风等职业素养融于教材内容，在每个工作任务中明确思政点，在任务实施中将思政元素融入案例，让"价值塑造、知识传授、能力培养"三位一体的协同育人目标得以落地，潜移默化地让学习者产生专业认同感、体会岗位责任与担当、感悟专业工匠精神、敬畏专业规范与制度。

3. 行业专家引领，校企合作双元开发，产教深度融合

此次教材修订团队由行业专家、教学一线"双师型"教师、企业一线技术人员组成。主编赵亚兰教授在教学一线工作二十多年，主持(或参与)完成多项项目化、混合式、信息化等教研教改项目，作为公路试验检测工程师，多次参与企业新(改)建工程项目。副主编郭红兵教授为道路与铁道工程专业工学博士，有二十多年公路勘察设计、公路现场施工工作经历，是教育部、财政部道路桥梁工程技术专业国家级教学团队核心成员，新加坡南洋理工大学访问学者，先后获评交通运输部"交通运输青年科技英才""交通运输职业教育教学名师奖"、省级"优秀教师"等称号。参编韩丽丽副教授为道路与铁道工程专业工学博士，发表多篇 SCI/CSCD 高质量教科研论文，入选陕西高校"青年杰出人才支持计划"。参编王小雄为陕西高速公路工程试验检测有限公司董事长，杨江明为陕西建设养护工程有限公司经理，均为一级建造师，一直工作在交通建设行业一线。施工工艺虚拟仿真制作方西安三好软件技术股份有限公司为全国多所院校建设了基于虚拟现实技术的教学实训室,部分建设项目入选2021年度教育部产学研协同育人项目优秀项目案例。主审杨云峰教授(三级)为交通建设行业、职业教育领域专家。本次修订团队形成了行业专家引领、校企合作的优秀编审团队,保证了教材的先进性、针对性、适用性、实用性。

4. 建设在线开放课程,配套数字化教学资源,引领教学模式改革

基于"三教"改革和"互联网+职业教育"发展需求,在第1版教材出版后,编写团队在爱课程(中国大学MOOC)平台建设了"道路工程技术"在线开放课程,免费向社会开放使用。截至2021年底已完整运行4期,多所高职院校、应用型大学应用为异步SPOC(小规模限制性在线课程),反馈效果良好;同时,本次修订同步更新了教材配套的多媒体课件,增配了虚拟仿真、教学动画和视频等数字化资源,为相关职业院校实施异步SPOC、线上线下混合式教学模式改革、多维度评价等提供了坚实基础和有力保障。

此次修订由陕西交通职业技术学院赵亚兰、郭红兵、韩丽丽、张军艳、李青芳以及陕西高速公路工程试验检测有限公司王小雄、陕西建设养护工程有限公司杨江明、西安三好软件技术股份有限公司张倪共同完成,赵亚兰担任主编,郭红兵担任副主编,杨云峰担任主审。具体修订分工如下:学习情境一由王小雄修订;学习情境二、六、七、八、十、十二由赵亚兰修订;学习情境三由张军艳修订;学习情境四由李青芳修订;学习情境五由韩丽丽修订;学习情境九由杨江明修订;学习情境十一由郭红兵修订;26个施工工艺虚拟仿真由西安三好软件技术股份有限公司制作。

本教材在修订过程中,参考和引用了相关标准、规范、手册、教材、论著、网络资源等文献资料,在此谨向有关原作者表示衷心的感谢。

由于编者水平有限,本书难免存在谬误和不足之处,敬请读者批评指正,以便今后进一步修改、充实和完善。

编　者
2022年1月

本书配套资源说明

一、资源目录

学习情境	微 课	学习情境	微 课
学习情境一 认识公路	1-1 走进公路	学习情境八 路基防护和支挡工程施工	8-1 植物防护
	1-2 公路基本建设程序		8-2 工程防护（一）
	1-3 公路的基本组成		8-3 工程防护（二）
	1-4 公路功能分级及行政分级		8-4 冲刷防护——直接防护
	1-5 公路技术等级		8-5 冲刷防护——间接防护
	1-6 公路基本设计依据		8-6 挡土墙类型
学习情境二 识读公路平面	2-1 识读平面曲线		8-7 重力式挡土墙
	2-2 识读平面圆曲线		8-8 挡土墙施工
	2-3 识读平面缓和曲线		8-9 软土路基施工
	2-4 认识路拱和超高（一）	学习情境九 路面施工准备	9-1 认识路面
	2-5 认识路拱和超高（二）		9-2 路面施工准备
	2-6 认识公路加宽		9-3 路面测量放样
	2-7 认识行车视距	学习情境十 路面基层（底基层）施工	10-1 认识路面基层
	2-8 识读平面线形组合类型		10-2 半刚性基层原材料选择
	2-9 识读平面设计成果		10-3 半刚性基层施工准备
	2-10 平面主点里程桩号计算		10-4 水泥稳定类厂拌法——现场准备与测量放样
	2-11 任务单2难点讲解——路线平面草图绘制		10-5 厂拌法施工——拌和与运输
学习情境三 识读公路纵断面	3-1 认识公路纵断面		10-6 水泥稳定类厂拌法施工——摊铺
	3-2 识读纵断面直坡段		10-7 水泥稳定类厂拌法施工——碾压
	3-3 识读纵断面竖曲线		10-8 水泥稳定类厂拌法施工——接缝处理、养护与质量控制
	3-4 分析判断平纵组合类型		10-9 石灰稳定类基层路拌法施工
	3-5 公路路基设计高程计算		10-10 级配碎石基层技术要求
学习情境四 识读公路横断面	4-1 识读公路横断面		10-11 级配碎石基层厂拌法施工
	4-2 识读路基横断面图	学习情境十一 沥青路面施工	11-1 认识沥青路面
	4-3 识读《路基土石方数量及调配》		11-2 沥青路面功能层
学习情境五 路基施工准备	5-1 认识路基		11-3 沥青路面原材料要求
	5-2 路基基本类型		11-4 沥青路面施工准备
	5-3 路基基本构造		11-5 沥青混合料拌和与运输
	5-4 路基工程划分		11-6 沥青混合料摊铺
	5-5 路基施工准备		11-7 沥青混合料碾压
学习情境六 土石方工程施工	6-1 路基填筑		11-8 沥青接缝处理
	6-2 路基基底处理		11-9 热拌热铺质量控制
	6-3 路基压实（一）		11-10 沥青表面处治施工
	6-4 路基压实（二）	学习情境十二 水泥混凝土路面施工	12-1 认识水泥混凝土路面
	6-5 石质路基施工		12-2 水泥混凝土路面接缝
	6-6 路堑开挖		12-3 水泥混凝土路面施工准备
学习情境七 路基排水工程施工	7-1 地表排水设施类型及构造		12-4 水泥混凝土拌和与运输
	7-2 路基地表排水设施施工		12-5 滑模机施工
	7-3 地下排水设施类型及构造		12-6 抗滑构造制作及养护
	7-4 地下排水设施施工		12-7 小型机具施工
	7-5 排水综合设计		12-8 接缝施工
			12-9 三辊轴施工

序　号	案　例	序　号	案　例
1	土质路基施工方案	5	水泥稳定碎石基层施工方案（一）
2	土石方工程施工方案	6	水泥稳定碎石基层施工方案（二）
3	路基排水设施和防护工程施工方案	7	沥青混凝土面层施工方案
4	路基路面施工组织设计	8	沥青混凝土路面施工方案

二、资源使用方法

1. 扫描封面上的二维码（注意此码只可激活一次）；
2. 关注"交通教育出版"微信公众号；
3. 公众号弹出"购买成功"通知，点击"查看详情"，进入后即可查看资源；
4. 也可进入"交通教育"微信公众号，点击下方菜单"用户服务-开始学习"，选择已绑定的教材进行观看和学习。

三、道路工程施工工艺虚拟仿真

01 袋装砂井排水施工

02 塑料排水板施工

03 土质路堤施工

04 土质路堑开挖施工

05 石质路堑开挖施工

06 暗沟施工

07 中央分隔带排水施工

08 骨架植物防护施工

09 重力式挡土墙施工

续上表

10 扶壁式挡土墙施工	11 锚杆式挡土墙施工	12 加筋式挡土墙施工
13 路肩施工	14 砂垫层施工	15 石灰土垫层施工
16 石灰土基层施工	17 石灰粉煤灰稳定碎石基层施工	18 级配碎石基层施工
19 级配砂砾石基层施工	20 沥青碎石基层施工	21 乳化沥青碎石面层施工
22 冷拌沥青面层施工	23 沥青贯入式面层施工	24 水泥混凝土路面施工

续上表

| 25 水泥混凝土路面滑模施工 | 26 路缘石安装施工 | |

目录

模块一　识读公路路线

学习情境一　认识公路 ·· 003
　　工作任务一　认识公路基本组成 ·· 003
　　工作任务二　认识公路等级和设计依据 ·· 008
　　小结 ··· 012
　　自测题 ··· 013

学习情境二　识读公路平面 ·· 015
　　工作任务一　识读公路路线平面线形 ·· 015
　　工作任务二　认知公路超高 ·· 028
　　工作任务三　认知公路加宽 ·· 036
　　工作任务四　认知行车视距 ·· 039
　　工作任务五　识读公路平面设计成果 ·· 044
　　小结 ··· 049
　　自测题 ··· 049

学习情境三　识读公路纵断面 ·· 053
　　工作任务一　分析公路纵断面线形组成 ·· 053
　　工作任务二　识读纵断面设计成果 ·· 066
　　小结 ··· 067
　　自测题 ··· 067

学习情境四　识读公路横断面 ·· 070
　　工作任务一　分析公路横断面线形组成 ·· 070

工作任务二　路基土石方数量计算与调配·················078
　　工作任务三　识读横断面设计成果·······················082
　　小结···084
　　自测题···085

模块二　路基施工技术

学习情境五　路基施工准备·······························089
　　工作任务一　识读路基施工图···························089
　　工作任务二　路基施工准备·····························099
　　小结···108
　　自测题···108

学习情境六　土石方工程施工·····························111
　　工作任务一　填方路基施工·····························111
　　工作任务二　挖方路基施工·····························123
　　小结···127
　　自测题···127

学习情境七　路基排水工程施工·························130
　　工作任务一　地表排水工程施工·······················130
　　工作任务二　地下排水工程施工·······················142
　　小结···150
　　自测题···150

学习情境八　路基防护和支挡工程施工·················154
　　工作任务一　路基防护工程施工·······················154
　　工作任务二　路基挡土墙施工··························166
　　小结···180
　　自测题···180

模块三　路面施工技术

学习情境九　路面施工准备·······························185
　　工作任务一　识读公路路面结构图····················185

工作任务二　路面施工准备 …… 190
　　小结 …… 195
　　自测题 …… 195

学习情境十　路面基层(底基层)施工 …… 196
　　工作任务一　认知路面基层(底基层)材料 …… 196
　　工作任务二　无机结合料稳定类基层(底基层)施工 …… 199
　　工作任务三　粒料类基层(底基层)施工 …… 223
　　小结 …… 229
　　自测题 …… 230

学习情境十一　沥青路面施工 …… 232
　　工作任务一　认知沥青路面 …… 232
　　工作任务二　透层、黏层、封层施工 …… 240
　　工作任务三　热拌沥青混合料厂拌法施工 …… 245
　　工作任务四　层铺法施工 …… 266
　　小结 …… 273
　　自测题 …… 274

学习情境十二　水泥混凝土路面施工 …… 278
　　工作任务一　认知水泥混凝土路面 …… 278
　　工作任务二　水泥混凝土路面施工准备 …… 289
　　工作任务三　水泥混凝土路面施工 …… 296
　　小结 …… 320
　　自测题 …… 321

参考文献 …… 323

Part 1 模块一

识读公路路线

学习情境一 认识公路

工作任务一 认识公路基本组成

 学习目标

1. 知道现代综合交通运输系统、公路基本组成、公路施工图文件；
2. 能识读、理解公路施工图文件目录；
3. 体会作为公路人的职业自豪感和职业认同感，学习公路人吃苦耐劳、坚韧不拔的"铺路石"精神，培养"甘于奉献，为国筑路"的家国情怀。

 任务描述

1. 教师准备公路施工图设计文件的封面、目录、项目地理位置图；准备《中国公路》《寻路乡村中国》等视频；准备川藏、青藏公路等建设资料。
2. 学生能够认识公路施工图文件，识读公路施工图文件的目录，理解公路的基本组成；通过观看《中国公路》等视频，了解两路建设，传承顽强拼搏、甘当路石的"两路"精神，体会职业自豪感和职业认同感。

 相关知识

一、现代综合交通运输系统

现代综合交通运输系统由铁路、公路、水路、航空和管道五种运输方式组成。这些运输方式在技术上、经济上各具特点。

(1)铁路运输适用于远程的大宗货物及旅客运输,其特点是运量大、速度快,在远距离运输上占有优势。但由于受轨道的限制,铁路运输属线的运输。

(2)公路运输适用于各种运距的旅客及货物批量运输,它既是独立的运输体系,也是车站、港口和机场物资集散的重要方式。公路运输属于面的运输。与其他运输方式相比较,公路运输机动灵活,可实现"门到门"的直达运输;在时间上灵活性强,它既适用于小批量运输,又适用于大宗运输;公路运输投资少,资金周转快,社会效益显著。因此,公路运输已成为我国现代综合运输体系中最活跃的一种运输方式。

(3)水路运输是通航地区成本最低的运输方式,但是速度慢,并且受自然因素制约大。

(4)航空运输适用于快速运送旅客、紧急物资及邮件,其特点是速度快、成本高。由于受航线、机场限制,航空运输属于点的运输。

(5)管道运输是液态、气态及散装粉状材料运输的专用方式。

这些点、线、面的交通运输组成了国家综合运输系统,实现了全国各地不同需要的客流运输和货流的周转。

二、公路的基本组成

公路是设置在大地上供各种车辆行驶的一种线形带状结构物,主要承受车辆车轮荷载的反复作用并经受各种自然因素的长期影响和破坏。公路包括线形和结构两个组成部分。

1.公路的线形组成

公路线形设计主要是确定公路在天然地面上的走向、位置、高度、宽度,即平面线形、纵断面线形、横断面线形,如图1-1所示。公路中线在水平面上的投影称为路线平面图。沿中线竖直剖切并展开投影,形成纵断面图。沿中线上任一点法向剖切是公路在该点的横断面图。这三者之间既相互联系又相互制约,在路线设计时必须综合考虑。

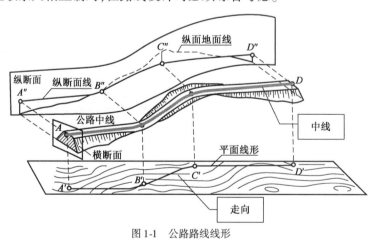

图1-1 公路路线线形

2.公路的结构组成

公路的结构主要由路基、路面、桥涵、隧道和交通沿线设施等组成。

(1) 路基

公路路基是按路线位置和一定技术要求在天然地面上用土或石修筑的带状结构物,主要承受路面传递的车辆荷载,是支承路面的基础,如图1-2所示。

a) 路堤(填方路基)　　　　　　　　　　b) 路堑(挖方路基)

图1-2　公路路基

(2) 路面

公路路面是用各种材料或混合料分单层或多层铺筑在路基顶面供车辆行驶的层状结构物,直接承受车辆荷载作用和自然因素影响,如图1-3所示。路面必须具备足够的强度、刚度、稳定性、平整度和抗滑性,以确保车辆在其表面能够安全、迅速、舒适地行驶。

a) 水泥混凝土路面　　　　　　　　　　b) 沥青路面

图1-3　公路路面

(3) 桥涵

桥梁是在公路跨越河流、沟谷或其他线路时,为保证公路连续性而设置的构造物,如图1-4所示。涵洞是为了排泄地面水流或满足农田灌溉需要而设置的横穿路基的小型排水构造物,如图1-5所示。

a)跨河桥　　　　　　　　　　　　　　　b)立交桥

图 1-4　公路桥梁

a)明涵　　　　　　　　　　　　　　　b)暗涵

图 1-5　公路涵洞

(4)隧道

隧道是为穿越山岭、地下或水底而建造的构造物,如图 1-6 所示。隧道可以缩短行驶里程,提高公路技术指标,是山区高等级公路常用的构造物之一。

a)隧道出入口　　　　　　　　　　　　b)隧道内部

图 1-6　公路隧道

（5）交通沿线设施

交通沿线设施一般是指为保证行车的安全、迅速、舒适以及路容美观,在公路沿线设置的交通安全、养护管理、交通服务、环境保护等设施,如图 1-7 所示。交通沿线设施包括交通标志、交通标线、护栏、护墙、护柱、中央分隔带、隔音墙、隔离墙、照明设备、停车场、加油站、汽车修理站、养护管理房屋和绿化美化设施等。

a) 标志牌与波形护栏

b) 中央分隔带

c) 防眩板

d) 隔音墙

图 1-7　公路交通沿线设施

三、公路施工图文件

公路施工图文件,也称公路设计文件,是公路施工阶段的指导性文件,它确定了公路的各个组成部分及其技术指标、构造、尺寸、施工方法以及关键工艺等。

1. 设计文件的组成

公路施工图文件一般由十三篇及附件组成。具体包括：总说明书,总体设计,路线,路基、路面,桥梁、涵洞,隧道,路线交叉,交通工程及沿线设施,环境保护与景观设计,其他工程,筑路材料,施工组织计划,施工图预算,附件。公路施工图文件的每一篇主要包括三方面内容：设计说明书、分项及分部工程施工图、工程数量表或技术指标表。

2. 其他规定

1) 幅面尺寸

幅面尺寸分别为：可行性研究主报告应采用 210mm×297mm（立式），其附件应采用 297mm×420mm（横式）；各阶段设计文件应采用 297mm×420mm（横式）和 210mm×297mm（立式）两种，但其尺寸应符合现行《道路工程制图标准》(GB 50162)的要求。可行性研究报告和各阶段设计文件应装订成册，每册不宜过厚或过薄，便于使用和保管。

2) 封面颜色

关于封面颜色方面的规定如下：送审的预可行性研究报告采用淡黄色，工程可行性研究报告采用墨绿色，初步设计采用淡绿色，技术设计采用粉红色，施工图设计采用奶白色或象牙白色。

工作任务二　认识公路等级和设计依据

学习目标

1. 能准确辨认公路等级，并识读施工图文件主要技术指标表；
2. 知道公路设计依据及其规定；
3. 具有遵从规范、敬畏自然、绿色建设的工作理念。

任务描述

1. 教师准备公路施工图设计文件的"技术指标表"，以及"比较汇总各等级公路及主要技术指标"工作任务单 1，见表 1-1。

工作任务单 1　比较汇总各等级公路及主要技术指标　　　　表 1-1

公路技术等级	服务对象	车道数	分隔方式	交叉形式	设计使用年限	交通量换算标准车型	设计交通量	设计速度	功能分类	行政等级
高速公路										
一级公路										
二级公路										
三级公路										
四级公路										

1.《公路工程技术标准》(JTG B01—2014)对设计速度如何规定？

2.《公路工程技术标准》(JTG B01—2014)对设计交通量如何规定？

3. 依据《公路工程技术标准》(JTG B01—2014)，设计车辆有哪几种类型？

2. 学生根据规范和资料,能初步识读并理解公路施工图文件中的主要技术指标,独立完成"比较汇总各等级公路及主要技术指标"工作任务单,在完成任务过程中初步理解"遵从规范、敬畏自然、绿色建设"的工作理念。

一、公路等级

1. 公路功能

公路功能是公路在路网中为车辆出行提供畅通直达、汇集疏散和出入通达的交通服务能力。在公路规划与设计阶段,应按地区特点、交通特性、路网结构综合分析确定公路功能,根据公路功能,结合交通量、地形条件等选用公路技术等级和主要技术指标。公路根据交通功能分为干线公路、集散公路和支线公路。干线公路分为主要干线公路和次要干线公路,具有畅通直达的功能;集散公路分为主要集散公路和次要集散公路,具有汇集疏散的功能;支线具有出入通达的功能。

2. 按公路技术分级

1)公路技术等级

公路技术等级是表示公路通行能力、技术水平和服务水平的指标。《公路工程技术标准》(JTG B01—2014)(以下简称《标准》)、《公路路线设计规范》(JTG D20—2017)中根据公路交通特性及控制干扰的能力,将公路划分为五个技术等级:高速公路、一级公路、二级公路、三级公路和四级公路。

(1)高速公路

高速公路为专供汽车分方向、分车道行驶,全部控制出入的多车道公路。高速公路的设计交通量宜在15000辆小客车/日以上。高速公路单向最少设置两个车道,设有中央分隔带(除分离式),全部立体交叉,并具有完善的交通安全设施、管理设施和服务设施。

(2)一级公路

一级公路为供汽车分方向、分车道行驶,可根据需要控制出入的多车道公路。一级公路的设计交通量宜在15000辆小客车/日以上。一级公路单向至少设置2个车道,根据功能需要采用不同程度的控制出入措施。当一级公路作为干线公路时,为保证运行速度、交通安全和服务水平,应根据需要采取部分控制出入措施;当一级公路作为集散公路时,纵横向干扰较大,为保证汽车分车道、分向行驶,应实施接入管理,合理控制出入口的位置、数量和形式。

(3)二级公路

二级公路为供汽车行驶的双车道公路。二级公路的设计交通量宜为5000~15000辆小客车/日。当慢行车辆交通量较大,街道化程度严重时,可采取加宽硬路肩的方式增设慢行车道,减少纵横向干扰,保证行车安全。

(4)三级公路

三级公路为供汽车、非汽车交通混合行驶的双车道公路。三级公路的设计交通量宜为2000~6000辆小客车/日。

(5) 四级公路

四级公路为供汽车、非汽车交通混合行驶的双车道公路或单车道公路。双车道四级公路的设计交通量宜在2000辆小客车/日以下；单车道四级公路的设计交通量宜在400辆小客车/日以下。

2) 公路技术等级选用

公路技术等级选用应遵循下列原则：主要干线公路应选用高速公路；次要干线公路应选用二级及二级以上公路；主要集散公路宜选用一、二级公路；次要集散公路宜选用二、三级公路；支线公路宜选用三、四级公路。

《公路路线设计规范》(JTG D20—2017)规定，同一公路项目可分段选用不同的公路技术等级。同一技术等级可分段选用不同的设计速度。不同技术等级、不同设计速度的设计路段之间应选择合理的衔接位置或地点，过渡应顺适，衔接应协调。不同技术等级、不同设计速度的设计路段相互衔接的地点，一般应选择在交通量发生变化处，或者驾驶员能够明显判断前方需要改变行车速度处。高速公路、一级公路宜设在互通式立交或平面交叉处；二级公路、三级公路、四级公路宜设在交叉路口、桥梁隧道、村镇附近或地形明显变化处。

3) 设计交通量的预测年限

各级公路的设计交通量预测年限应符合以下规定：高速公路、一级公路为20年；二、三级公路为15年；四级公路可根据实际情况确定。

3. 按行政等级分类

依据《中华人民共和国公路管理条例实施细则》(以下简称实施细则)，公路分为国家干线公路(简称国道)，省、自治区、直辖市干线公路(简称省道)，县公路(简称县道)，乡公路(简称乡道)和专用公路五个行政等级。

国道是指具有全国性政治、经济意义的主要干线公路，包括重要的国际公路，国防公路，联结首都与各省会、自治区首府和直辖市的公路，联结各大经济中心、港站枢纽、商品生产基地和战略要地的公路。国道和重要省道的新建、改建，由国家和地方共同投资，由交通运输部或建设项目所在的省、自治区、直辖市交通运输厅(局)公路主管部门负责修建、养护和管理。

省道是指具有全省(自治区、直辖市)政治、经济意义，联结省内中心城市和主要经济区的公路，以及不属于国道的省际间重要公路。省道由省(自治区、直辖市)交通运输厅(局)公路主管部门负责修建、养护和管理。

县道是指具有全县(旗、县级市)政治、经济意义，联结县城和县内主要乡(镇)、主要商品生产和集散地的公路，以及不属于国道、省道的县际间公路。县道由县、市公路主管部门负责修建、养护和管理。

乡道是指主要为乡(镇)内部经济、文化、生产、行政服务的公路，以及不属于县道以上公路的乡与乡之间及乡与外部联络的公路。乡道由县统一规划，由县、乡公路主管部门组织修建、养护和使用。由于乡村道路主要为农业生产服务，一般不列入国家公路技术等级标准。

专用公路是指专供或主要供厂矿、林区、油田、农场、旅游区、军事要地等与外部联系的公路。专用公路由专用单位负责修建、养护和管理，也可委托当地公路部门修建、养护和管理。专用公路的技术要求应按其专门制定的技术标准或参照《标准》执行。

二、公路设计依据

公路设计按照已批准的计划任务书和相关规范进行。无论是新建公路还是改建公路,其最主要的设计依据是设计车辆、设计速度和交通量。

1. 设计车辆

公路是供各种车辆通行的构造物,在公路上行驶的车辆主要有机动车和非机动车两类。车辆的外廓尺寸、载质量和动力特性等是确定公路几何参数的主要依据,如路幅组成、弯道加宽、净空、纵坡、路面厚度等都与车辆的长、宽、高、重、动力特性等密切相关。

由于公路上行驶的车辆种类很多,不同汽车具有不同的型号和规格,在公路设计中需把各种车辆折算为统一尺度的"设计车辆"。规范对各种车辆进行归类,将其尺寸标准化,称为设计车辆。"设计车辆"是一种虚拟的、作为设计控制的、有代表性的标准型号的汽车。我国《标准》将设计车辆分为小客车、大型客车、铰接客车、载重汽车和铰接列车五类。

在公路设计项目中,应根据公路功能及车辆的组成情况,综合确定设计车辆:干线公路和主要集散公路应满足所有设计车辆的通行要求;次要集散公路应满足包括小客车、大型客车、载重汽车的通行要求;支线公路应满足包括小客车和大型客车的通行要求。

2. 设计速度

(1) 设计速度的概念

设计速度是指确定公路几何设计指标并使其相互协调的设计基准速度。

设计速度与运行速度是两个不同的概念。运行速度是指汽车在公路上的实际行驶速度,它受气候、地形、交通密度以及公路本身条件的影响,同时与驾驶员的技术水平也有很大关系。设计速度是确定公路几何线形设计指标的基本要素,它直接或间接地决定了公路的曲线半径、超高、视距、纵坡、路幅宽度和竖曲线半径等指标。

(2) 设计速度的规定

《标准》根据公路的功能和技术等级、工程量大小、预期运行速度及工程经济等因素,规定了各级公路的设计速度,见表1-2。

各级公路设计速度 表1-2

公路等级	高速公路			一级公路			二级公路		三级公路		四级公路	
设计速度 (km/h)	120	100	80	100	80	60	80	60	40	30	30	20

3. 交通量

交通量是指公路某断面在单位时间内通过的往返车辆总数,一般是指机动车交通量,且为来往两个方向的车辆数,其单位为辆/日或辆/小时。交通量是确定公路等级的主要依据,其具体数值可通过交通调查和交通预测确定。

1) 常用的几种交通量

公路建设中常用的交通量有年平均日交通量、设计交通量、设计小时交通量等。

(1) 年平均日交通量。年平均日交通量(简写为AADT),即一年365天(闰年为366天)

交通量观测结果的平均值。

(2)设计交通量。设计交通量是指拟建公路到达预测设计年限时的年平均日交通量,它是规划道路、交通设施,确定道路等级,论证道路、交通设施建设可行性及建设费用的主要依据。

(3)设计小时交通量。将一年中测得的8760个小时交通量,由大到小排列,一般将第30位的小时交通量作为设计小时交通量,也可根据当地公路小时交通量的变化特征,采用年第20～40位之间最为经济合理时位的交通量,见图1-8。设计小时交通量是确定公路等级、车道数,评价公路运行状态和服务水平的重要参数。设计小时交通量越小,公路的建设规模就越小,建设费用也就越低。但是,不恰当地降低设计小时交通量会造成公路交通条件恶化、交通阻塞和交通事故增多,导致公路的综合经济效益降低。因此,必须选择适当的小时交通量作为设计小时交通量。目前,包括我国在内的许多国家采用第30位小时交通量作为设计依据。

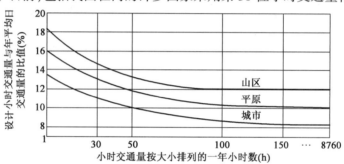

图1-8 年平均日交通量与设计小时交通量关系曲线

2)交通量换算

《标准》规定,在确定公路设计交通量时,应将各种车辆折算为标准车型。我国交通量换算以小客车为标准车型。设计时应将公路上行驶的各种车辆按规定换算成小客车的年平均日交通量。各汽车代表车型及车辆折算系数,见表1-3。

各汽车代表车型与车辆折算系数 表1-3

汽车代表车型	车辆折算系数	说　　　明
小客车	1.0	座位≤19座的客车,载质量≤2t的货车
中型车	1.5	座位>19座的客车,2t<载质量≤7t的货车
大型车	2.5	7t<载质量≤20t的货车
汽车列车	4.5	载质量>20t的货车

注:1.畜力车、人力车及自行车等非机动车按路侧干扰因素计。
　　2.公路上行驶的拖拉机,每辆折算为4辆小客车。
　　3.公路通行能力分析所要求的车辆折算系数应针对路段、交叉口等形式,按不同的地形条件和交通需求,采用相应的折算系数。

(1)现代综合交通运输系统由铁路、公路、水路、航空和管道五种运输方式组成。这些运输方式在技术上、经济上各具特点。

(2)公路是设置在大地上供各种车辆行驶的一种线形带状结构物,主要承受车辆车轮荷载的反复作用并经受各种自然因素的长期影响和破坏。公路包括线形和结构两个组成部分。公路的结构主要由路基、路面、桥涵、隧道和交通沿线设施等组成。

(3) 我国《标准》根据交通功能将公路分为干线公路、集散公路和支线公路；根据公路交通特性及控制干扰的能力将公路划分为五个技术等级：高速公路、一级公路、二级公路、三级公路、四级公路。主要干线公路应选用高速公路；次要干线公路应选用二级及二级以上公路；主要集散公路宜选用一、二级公路；次要集散公路宜选用二、三级公路；支线公路宜选用三、四级公路。

(4) 公路设计最基本的设计依据是设计车辆、设计速度与交通量，其中设计速度是公路线形设计最基本的设计依据。设计车辆是公路几何设计(如路幅组成、弯道加宽、视距、交叉口设计等)的重要依据；设计速度是决定公路几何线形、体现公路等级的一项关键指标；交通量是确定公路等级的主要依据。

一、填空题

1. 现代综合交通运输系统有_____、_____、_____、_____、_____五种。
2. 公路结构主要由_____、_____、_____、_____、_____组成。
3. 公路按行政分级分为_____、_____、_____、_____、_____。
4. 公路设计依据是_____、_____、_____。
5. 公路按交通功能划分为_____、_____、_____。
6. 设计车辆分为_____、_____、_____、_____、_____。

二、选择题

1.《公路工程技术标准》(JTG B01—2014)中规定的各级公路所能适应的设计交通量是指(　　)。
  A. 公路设计时的交通量　　B. 公路竣工开放交通时的交通量
  C. 预测的设计年限末交通量　　D. 设计小时交通量

2.《公路工程技术标准》(JTG B01—2014)中规定的各级公路所能适应的交通量是指(　　)。
  A. 年平均日交通量　　B. 日平均小时交通量
  C. 最大交通量　　D. 设计小时交通量

3. 确定公路等级时,交通量折算采用( )为标准车型。
   A. 设计车辆　　　　　　　　B. 交通量
   C. 载重汽车　　　　　　　　D. 小客车
4. 公路技术等级中设计年限为 15 年的公路是( )。
   A. 高速公路　　　　　　　　B. 一级公路
   C. 二级公路　　　　　　　　D. 三级公路
   E. 四级公路

三、判断题

(　　)1. 一级公路是专供汽车分向、分车道行驶并全部控制出入的公路。

(　　)2. 同一公路项目可分段选用不同的公路技术等级。同一技术等级可分段选用不同的设计速度。不同技术等级、不同设计速度的设计路段之间应选择合理的衔接位置或地点,过渡应顺适,衔接应协调。

(　　)3. 设计速度就是实际行车速度。

(　　)4. 高速公路属于国道。

(　　)5. 国道就是高速公路。

学习情境二 LEARNING CONTEXT TWO
识读公路平面

工作任务一 识读公路路线平面线形

学习目标

1. 掌握直线、圆曲线、缓和曲线的技术指标及应用要求；
2. 知道公路平面线形组合类型；
3. 会计算平曲线要素与主点桩号；
4. 能识读直线、曲线及转角表；
5. 具有精益求精、遵从规范的职业素养和工匠精神。

任务描述

1. 某平原微丘区三级公路，设计速度为 40km/h。该公路的"直线、曲线及转角表"见表 2-1。学生根据规范和资料，完成"识读公路平面设计成果"工作任务单（表 2-2）中平面线形三要素的技术指标及路线平面草图绘制，并分析平面技术指标的合理性、平面线形组合类型。

2. 教师通过在工作任务单中设置"障碍"，培养学生逻辑分析能力、施工图识读能力，以及公路人精益求精、遵从规范的职业素养和工匠精神。

相关知识

一、公路平面线形组成

公路平面线形由直线和平曲线组成，平曲线由圆曲线和缓和曲线组成。直线、圆曲线、缓和曲线称为平面线形三要素，如图 2-1 所示。

表 2-1

直线、曲线及转角表

交点号	交点坐标 X	交点坐标 Y	交点桩号	转角值 (° ' ")	曲线要素 (m) 半径	缓和曲线长	切线长度	曲线长	外距	校正值	曲线位置 第一缓和曲线起点	第一缓和曲线终点	曲线中点	第二缓和曲线终点	第二缓和曲线起点	直线长度 (m)	交点距离 (m)	计算方位角或计算方向角 (° ' ")	测量断链 桩号	增减长度 (m)	备注
1	2	3	4	5	6	7	8	9	10	11	12	13	14	15	16	17	18	19	20	21	22
起点	41808.20	90033.60	K0+000.00													395.59	652.72	138 44 00			
2	41317.59	90464.10	K0+652.72	右 35 35 25	800.00	0.00	256.78	496.93	40.20	16.62			K0+644.41	K0+892.87		104.57	523.86	174 19 25			
3	40796.31	90515.92	K1+159.95	左 57 32 52	250.00	50.00	162.51	301.10	35.69	23.92	K0+997.44	K1+047.43	K1+147.99	K1+248.54	K1+298.54	558.27	787.53	116 46 33			
4	40441.52	91219.07	K1+923.56	左 34 32 06	150.00	40.00	66.75	130.41	7.55	3.09	K1+856.81	K1+896.81	K1+922.02	K1+947.22	K1+987.22	328.67	582.80	82 14 27			
5	40520.20	91796.47	K2+503.27	右 78 53 21	200.00	45.00	187.38	320.38	59.53	54.39	K2+315.89	K2+360.89	K2+476.08	K2+591.27	K2+636.27	0.03	316.05	161 07 48			
6	40221.11	91898.70	K2+764.97	左 51 40 28	224.13	40.00	128.67	242.14	25.22	15.19	K2+636.30	K2+676.30	K2+757.37	K2+838.44	K2+838.44	365.56	561.55	109 27 20			
7	40047.40	92390.47	K3+271.32	左 34 55 51	150.00	40.00	67.32	131.45	7.72	3.20	K3+204.00	K3+244.00	K3+269.72	K3+259.44	K3+335.44	528.61	714.86	74 31 29			
8	40190.11	92905.94	K3+802.98	右 22 25 25	600.00	0.00	118.93	234.82	11.67	3.04			K3+801.46	K3+918.87		460.31	579.24	96 56 54			
终点	40120.03	93480.92	K4+379.18																		

工作任务单2　识读公路平面设计成果

表2-2

项目概况		公路等级	
		地形	
		设计使用年限	
		设计速度	
		路线起终点桩号	
		路线走向	
公路平面识读		路线平面图比例	
		平面交点个数	
	圆曲线最小半径	极限最小半径	
		一般最小半径	
		不设超高最小半径	
		圆曲线半径	
		缓和曲线最小长度	
		缓和曲线设置条件	
		缓和曲线长度	
		超高设置条件	
		需要设超高的交点及超高坡度	
		加宽设置条件	
		需要设加宽的交点及加宽值	
		平面线形组合类型	
		平面里程桩号	
		平面设计目的	
		公路平面主要成果	

公路路线走向示意图（利用方位角、交点间距绘制出路线大致走向，在交点处绘制平曲线，在示意图上标注平曲线要素、桥梁位置、涵洞位置等）：

公路平面技术指标总体分析

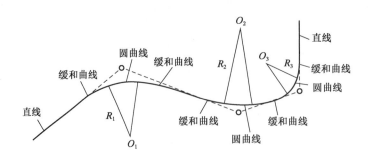

图 2-1 公路平面线形组成

(一)直线

1. 直线的线形特征

直线是两点之间距离最短的线形,直线线形测设、施工简单,视线良好,运行距离短,可降低汽车的运营成本。因此,只要地势平坦,无大的地物、地形障碍,直线在公路平面设计中被广泛运用。但由于直线灵活性差,不易与地形及周围环境相适应,并且长直线线形过于单调,易导致驾驶员思想麻痹,经常性超车超速,发生交通事故。因此,在设计中应合理选用长直线。

2. 直线的技术指标

直线是平面线形的基本线形。为确保公路上车辆行驶时安全、快速、舒适、经济,平面线形设计时应对直线长度有所限制。

1) 直线的最大长度

《公路路线设计规范》(JTG D20—2017)(简称《规范》)规定:直线的长度不宜过长,受地形条件或其他特殊情况限制而采用长直线时,应结合具体情况采取相应的技术措施。当直线过长时,行车单调,驾驶员容易犯困,造成车速过快而发生交通事故。在实际工作中,设计人员应根据地形、地物、自然景观以及经验等来判断决定。

2) 直线的最小长度

(1) 同向曲线间的直线最小长度

同向曲线是指两个转向相同的相邻曲线间以直线连接形成的平面线形。互相通视的同向曲线间若插以短直线,容易产生把直线和两端曲线看成反向曲线的错觉,形成"断背曲线",如图 2-2 所示。《规范》规定,当设计速度 $V \geq 60 km/h$ 时,同向曲线直线最小长度 L_1(以 m 计)以不小于设计速度 V(以 km/h 计)的 6 倍为宜,即 $L_1 \geq 6V$,如图 2-3a)所示;当设计速度 ≤40km/h 时,可参照上述规定执行。

(2) 反向曲线间的直线最小长度

反向曲线是指两个转向相反的相邻曲线间以直线连接所形成的平面线形。《规范》规定,当设计速度 $V \geq 60km/h$ 时,反向曲线间直线最小长度 L_2(以 m 计)以不小于设计速度 V(以

km/h 计)的 2 倍为宜,即 $L_2 \geq 2V$,如图 2-3b)所示;当设计速度 $V \leq 40$km/h 时,可参照上述规定执行。

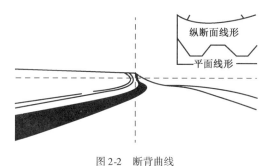

图 2-2 断背曲线

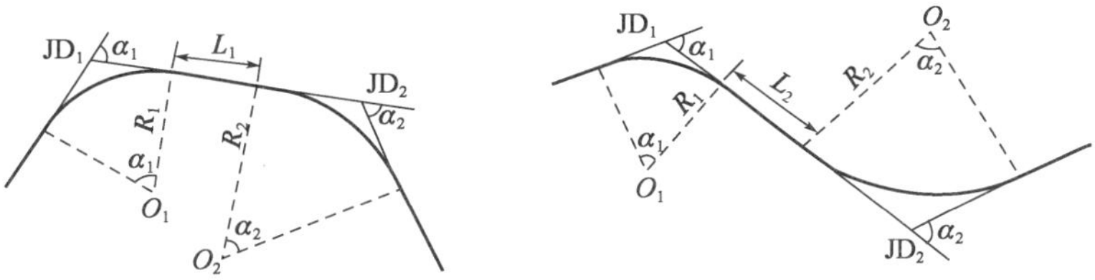

a) 同向曲线   b) 反向曲线

图 2-3 同向曲线与反向曲线

3. 直线适用路段

(1) 路线不受地形、地物限制的平原区或山间的开阔谷地;
(2) 市镇及其近郊或规划方正的农耕区等以直线为主的地区;
(3) 为缩短构造物长度以便于施工的长大桥梁、隧道路线;
(4) 为争取较好的行车和通视条件的平面交叉前后;
(5) 在双车道公路适当间隔内设置一定长度的直线,以提供较好条件的超车路段。

(二) 圆曲线

各级公路平面交点处不论转角大小,均应设置平曲线,其中圆曲线是平曲线的主要组成部分,如图 2-4 所示。

1. 圆曲线特点

由于圆曲线具有与地形适应性强、线形美观和易于测设等优点,在公路平面线形中被广泛采用。

2. 圆曲线的技术指标

图 2-4 平曲线

当公路等级、设计速度一定时,平曲线处产生的离心力与圆曲线半径成反比关系,即圆曲线半径越大,离心力越小;圆曲线半径越小,离心力越大。在实际公路设计中,圆曲线半径较大一些,则汽车行驶的安全性、舒适性会更好,但公路有时受地形、地质、地物等因素限制,圆曲线半径不可能设置很大,往往会采用小半径圆曲线;但如果半径选用太小,又会使汽车行驶不安全,甚至导致翻车。因此,应综合考虑汽车安全、迅速、舒适和经济等方面,确定满足某种程度行车要求时的圆曲线最小半径。圆曲线最小半径的理论计算公式如下:

$$R = \frac{V^2}{127(\mu \pm i)} \tag{2-1}$$

式中:V——各级公路的设计速度,km/h;

μ——横向力系数;

i——路拱横向坡度,以小数计。

《规范》根据各级公路的不同要求,依据设计速度规定圆曲线最小半径有三类:极限最小半径、一般最小半径和不设超高最小半径,见表2-3。其中,极限最小半径主要满足行车安全,适当考虑舒适性,除非特殊困难的情况,一般不轻易采用;一般最小半径已具有较好的安全性和舒适性,在不受地形严格限制的情况下应尽可能选用;不设超高最小半径是考虑即使不设超高也能保证其行车的安全性和舒适性,并且满足在此曲线路段可以快速行驶的要求。

圆曲线最小半径　　　　　　表2-3

设计速度(km/h)		120	100	80	60	40	30	20
极限最小半径(m)	$I_{max}=4\%$	810	500	300	150	65	40	20
	$I_{max}=6\%$	710	440	270	135	60	35	15
	$I_{max}=8\%$	650	400	250	125	60	30	15
	$I_{max}=10\%$	570	360	220	115	—	—	—
一般最小半径(m)		1000	700	400	200	100	65	30
不设超高最小半径(m)	路拱≤2%	5500	4000	2500	1500	600	350	150
	路拱>2%	7500	5250	3350	1900	800	450	200

注:I_{max}为采用的最大超高值;"—"为不考虑采用最大超高的情况。

3. 圆曲线半径的应用

圆曲线能较好地适应地形变化,在路线遇到障碍或需要改变方向时可设置圆曲线通过,圆曲线适应范围较广并且灵活。选用圆曲线半径时,应注意以下几点:

(1)选用圆曲线半径时,应与地形相适应,宜尽可能采用较大的圆曲线半径。

(2)在地形、地物等条件许可时,优先选用大于或等于不设超高最小半径;条件受限制时,可采用大于或接近于圆曲线最小半径的"一般值";只有受地形限制及其他特殊困难时,方可采用圆曲线最小半径的"极限值"。

(3)不设超高最小半径是判断圆曲线是否设超高的一个界限。当圆曲线半径大于或等于该设计速度对应的不设超高最小半径时,圆曲线采用与直线相同的双向路拱横断面,不必设超高;反之,则必须设置超高,以保证行车安全。

(4)桥位处两端设置圆曲线时,其圆曲线半径一般宜大于一般最小半径。

(5)隧道处设置圆曲线时,其圆曲线半径应大于不设超高最小半径。

(6)公路平面不论转角大小,均应设置圆曲线。

(7)圆曲线最大半径值不宜超过10000m。

4. 圆曲线的几何要素

圆曲线的几何要素如图2-5所示。圆曲线要素的计算公式如下:

切线长

$$T = R \cdot \tan \frac{\alpha}{2} \quad (2-2)$$

曲线长

$$L = \frac{\pi}{180} \alpha R \quad (2-3)$$

外距

$$E = R \left(\sec \frac{\alpha}{2} - 1 \right) \quad (2-4)$$

切曲差

$$J = 2T - L \quad (2-5)$$

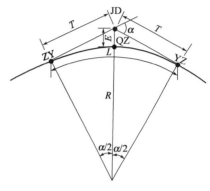

图2-5 圆曲线的几何要素

式中:T——切线长,m;

L——曲线长,m;

E——外距,m;

J——切曲差(或校正值),m;

R——圆曲线半径,m;

α——转角,°。

(三)缓和曲线

缓和曲线是设置在直线与圆曲线之间或大圆与小圆之间的线形。《标准》规定,除四级公路可不设缓和曲线外,三级及三级以上公路,当圆曲线半径小于不设超高最小半径时,均应设缓和曲线。

1. 缓和曲线的作用

(1)有利于驾驶员操纵转向盘。当汽车从直线进入圆曲线或从大半径圆曲线驶入小半径圆曲线时,插入缓和曲线,可使汽车前轮转向角逐渐从0°~α°转向,从而有利于驾驶员操纵转向盘,确保行驶安全。

(2)消除离心力的突变。离心力的大小与汽车行驶的曲率半径大小成反比。在直线段,离心力为零;在圆曲线上,离心力最大。当插入缓和曲线时,可以消除离心力的突变,从而确保乘客乘车的舒适与稳定。

(3)满足超高和加宽的过渡。当圆曲线上有超高与加宽时,由直线段上的无超高和无加宽段过渡到主圆曲线的全超高及全加宽段时,必须设一个缓和段。可以通过设置缓和曲线完成超高及加宽的逐渐过渡。

(4)与圆曲线配合得当,增加线形美观。圆曲线与直线径相连接,在连接处曲率突变,视觉上会产生不平顺的感觉。设置缓和曲线后,线形变得连续圆滑,增加线形美观的同时又具有良好的视觉效果和心理适应效果。

2. 缓和曲线的性质和参数

由于数学上的回旋线与汽车转弯时的理论行驶轨迹完全吻合,因此,《规范》规定公路缓和曲线采用回旋线。缓和曲线的方程式为:

$$s = \frac{A^2}{\rho} \tag{2-6}$$

式中:s——汽车从曲线起点行驶至所求点之距离,m;

A——回旋线参数;

ρ——曲线上所求点处的曲率半径,m。

当在平曲线 HY 或 YH 点时,$s = l_h$,$\rho = R$,由式(2-6)可得:

$$l_h = \frac{A^2}{R} \tag{2-7}$$

回旋线参数 A 可按以下方法确定:

$$Rl_h = A^2$$

$$A = \sqrt{Rl_h}$$

式中:R——圆曲线半径,m;

l_h——缓和曲线长度,m。

3. 缓和曲线的最小长度

缓和曲线的最小长度应能满足汽车平顺地由直线段过渡到圆曲线段,因此,缓和曲线最小长度的确定应考虑以下四个方面因素:

(1)离心加速度变化率不能过大;

(2)满足驾驶员操纵转向盘所需的必要时间,一般为 3～5s;

(3)超高渐变率适中;

(4)视觉平顺。

根据上述四点要求,《规范》规定各级公路缓和曲线最小长度见表 2-4。缓和曲线长度应符合下列规定:①缓和曲线长度应随圆曲线半径的增大而增大;②圆曲线按规定需设置超高时,缓和曲线长度应不小于超高过渡段长度。

各级公路的缓和曲线最小长度　　　　表 2-4

设计速度(km/h)	120	100	80	60	40	30	20
缓和曲线最小长度(m)	100	85	70	50	35	25	20

注:四级公路为超高、加宽缓和段长度。

4. 带有缓和曲线的平曲线要素计算

为能在直线与圆曲线之间插入缓和曲线,须将原有的圆曲线向内移动一定的距离 p,才能使缓和曲线的起点切于直线上,缓和曲线的终点切于圆曲线上,同时设置缓和曲线后切线出现了增长值 q,如图 2-6 所示。其切线增长值 q 和内移距离 p 见公式(2-9)。

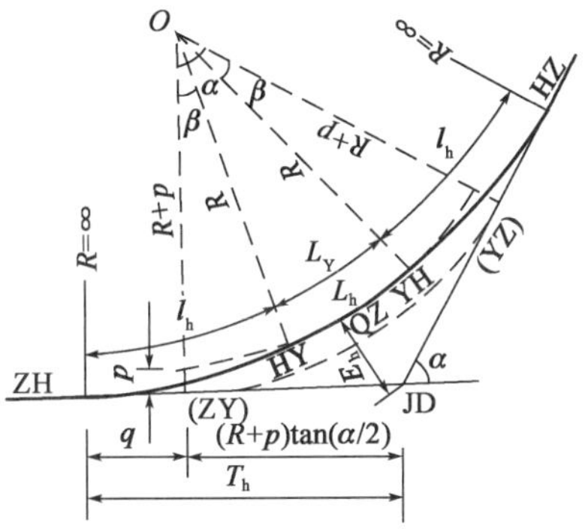

图 2-6 带有缓和曲线的平曲线

1)带有缓和曲线的平曲线要素计算

带有缓和曲线的公路平曲线基本组成为:直线—缓和曲线—圆曲线—缓和曲线—直线,其曲线要素的计算公式如下:

缓和曲线总切线角

$$\beta = \frac{l_h}{2R} \cdot \frac{180}{\pi} \tag{2-8}$$

切线增长值和内移距离

$$p = \frac{l_h^2}{24R}, \quad q = \frac{l_h}{2} - \frac{l_h^3}{240 R^2} \tag{2-9}$$

切线长

$$T_h = (R + p)\tan\frac{\alpha}{2} + q \tag{2-10}$$

圆曲线长

$$L_Y = (\alpha - 2\beta)\frac{\pi}{180}R \tag{2-11}$$

平曲线总长

$$L_h = (\alpha - 2\beta)\frac{\pi}{180}R + 2 l_h \tag{2-12}$$

外距

$$E_h = (R + p)\sec\frac{\alpha}{2} - R \tag{2-13}$$

切曲差

$$D_h = 2 T_h - L_h \tag{2-14}$$

2)主点里程桩号计算

带有缓和曲线的平曲线主点里程桩号有 5 个:ZH,HY,QZ,YH,HZ。其里程桩号公式如下:

$$ZH = JD - T_h$$

$$HY = ZH + l_h$$
$$YH = HY + L_h$$
$$HZ = YH + l_h$$
$$QZ = HZ - \frac{L_h}{2}$$
$$JD = QZ + \frac{D_h}{2}$$

式中:ZH——第一段缓和曲线的起点(直缓点);
　　　HY——第一段缓和曲线的终点(缓圆点);
　　　YH——第二段缓和曲线的终点(圆缓点);
　　　HZ——第二段缓和曲线的起点(缓直点);
　　　QZ——平曲线的中点(曲中点)。

【例2-1】 某平原微丘区二级公路有一弯道,设计速度 $V=80 \text{km/h}$,其圆曲线半径 $R=260 \text{m}$;缓和曲线长 $l_h = 70 \text{m}$;交点 JD 桩号为 K5+568.32;偏角 $\alpha = 34°12'32''$。试计算该曲线上设置缓和曲线后的5个基本桩号。

解:(1) 曲线要素计算

$$p = \frac{l_h^2}{24R} = \frac{70^2}{24 \times 260} = 0.79(\text{m})$$

$$q = \frac{l_h}{2} - \frac{l_h^3}{240 R^2} = \frac{70}{2} - \frac{70^3}{240 \times 260^2} = 34.98(\text{m})$$

$$\beta = \frac{l_h}{2R} \cdot \frac{180}{\pi} = \frac{70 \times 180}{2 \times 260 \times \pi} = 7°42'46''$$

切线长:
$$T_h = (R+p)\tan\frac{\alpha}{2} + q = (260 + 0.79)\tan\frac{34°12'32''}{2} + 34.98 = 115.23(\text{m})$$

平曲线长度:
$$L_h = \frac{\pi}{180}\alpha R + l_h = 34°12'32'' \times 260 \times \frac{\pi}{180} + 70 = 225.24(\text{m})$$

圆曲线长度:
$$L_Y = L_h - 2 l_h = 225.24 - 140 = 85.24(\text{m})$$

外距:
$$E_h = (R+p)\sec\frac{\alpha}{2} - R = (260 + 0.78)\sec\frac{34°12'32''}{2} - 260 = 12.85(\text{m})$$

切曲差:
$$D_h = 2 T_h - L_h = 2 \times 115.23 - 225.24 = 5.22(\text{m})$$

(2)主点里程桩号计算

JD	K5 + 568.32
$-T_h$	-115.23
ZH	K5 + 453.09
$+l_h$	+70
HY	K5 + 523.09
$+L_Y$	+85.24
YH	K5 + 608.33
$+l_h$	+70
HZ	K5 + 678.33
$-L_h/2$	-112.62
QZ	K5 + 565.71
$+D_h/2$	+2.61
JD	K5 + 568.32

二、平面线形的组合类型

公路平面线形要素包括直线、圆曲线和缓和曲线。由于不同的公路等级、设计车速、自然条件对公路平面线形的限制与要求各有不同,为适应不同条件的公路,公路平面可以采用不同的平面线形组合类型。公路实际线形中,通常平面线形的组合类型主要有简单型曲线、基本型曲线、凸形曲线、复合曲线、S形曲线、C形曲线、复曲线、回头曲线八种。

1. 简单型

简单型曲线为单圆曲线,是公路平面线形中最简单的一种线形类型,其组成形式为:直线—圆曲线—直线,如图2-7所示。各级公路圆曲线半径大于或等于不设超高最小半径时,可以采用简单型曲线。

2. 基本型

基本型的组成形式为:直线—回旋线—圆曲线—回旋线—直线,如图2-8所示。其中两个回旋线可以根据地形条件设计成对称的($A_1 = A_2$)或非对称的($A_1 \neq A_2$)曲线,实际中对称型曲线采用较多。当三级及三级以上公路圆曲线半径小于不设超高最小半径时,采用基本型曲线。设置基本型曲线的几何条件是:$\alpha > 2\beta_0$(α为平曲线转角,β_0为缓和曲线切线角)。当选用基本型曲线时,应尽可能满足:回旋线∶圆曲线∶回旋线 = 1∶1∶1。

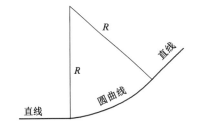

图 2-7 简单型

3. 凸形

两个同向回旋线间不插入圆曲线而径相衔接的组合形式称为凸形,如图2-9所示。当凸形为对称形时,$\alpha = 2\beta_0$(α为平曲线转角,β_0为缓和曲线切线角)。

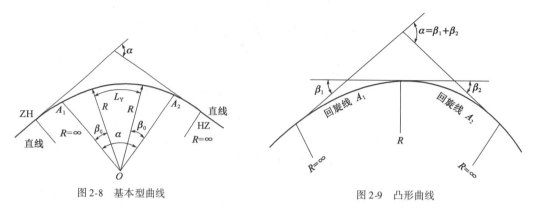

图 2-8 基本型曲线　　　　　图 2-9 凸形曲线

凸形曲线在两回旋曲线衔接处,曲率发生突变,不仅行车操作不便,而且由于超高,路面边缘线纵断面也在该处形成转折,所以凸形曲线作为平面线形是不理想的。一般情况下,只有在受地形、地物严格限制时,才采用凸形曲线。

4. 复合曲线

受地形条件限制时,大半径圆曲线与小半径圆曲线相衔接处,可采用两个及两个以上同向回旋线,在曲率相等处径相连接的组合称为复合曲线,如图 2-10 所示。

复合曲线的两个回旋线参数之比以小于 1:1.5 为宜。复合曲线仅在受地形限制或互通式立体交叉的匝道设计中采用。

5. S 形曲线

将两个反向圆曲线用回旋线连接起来的组合线形称为 S 形曲线,如图 2-11 所示。S 形曲线的相邻两个回旋线参数 A_1 与 A_2 宜相等。当采用不同的参数时,A_1 与 A_2 之比应小于 2.0,有条件时以小于 1.5 为宜。S 形曲线两圆曲线半径之比不宜过大,以 $R_1/R_2 \leq 2$ 为宜。

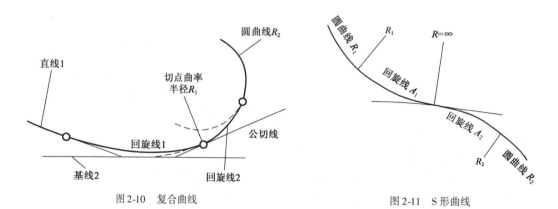

图 2-10 复合曲线　　　　　图 2-11 S 形曲线

S 形曲线的两个反向回旋线以径相衔接为宜,当受地形条件限制,两回旋线之间必须插入短直线或相互重合时,短直线或重合段长度应符合下列公式:

$$l \leq \frac{A_1 + A_2}{40} \tag{2-15}$$

式中：l——反向回旋线间短直线或重合段长度，m；

A_1、A_2——回旋线参数。

6. C 形曲线

同向曲线的两个回旋线在曲率为零处径相连接（即连接处曲率为 0，$R = \infty$）的组合称为 C 形曲线，如图 2-12 所示。C 形曲线仅限于地形条件特殊困难，路线严格受限制时方可采用。

7. 复曲线

复曲线指两个或两个以上半径不同、转向相同的圆曲线径相衔接或插入缓和曲线的组合曲线。复曲线具体可分为以下三种组合形式。

（1）直线与两同向圆曲线直接相连

第一种复曲线形式是：直线—圆曲线（R_1）—圆曲线（R_2）—直线，如图 2-13 所示。适用于四级公路或其他各级公路中满足缓和曲线省略条件时。

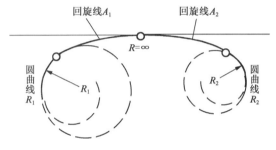

图 2-12　C 形曲线

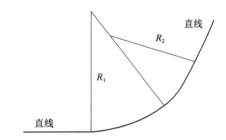

图 2-13　直线与两同向圆曲线直接相连的复曲线

（2）两端设缓和曲线的组合形式

第二种复曲线形式是：直线—缓和曲线（A_1）—圆曲线（R_1）—圆曲线（R_2）—缓和曲线（A_2）—直线，如图 2-14 所示。适用于除四级公路以外的其他各级公路圆曲线半径小于不设超高最小半径时。

（3）卵形曲线

用一条回旋线连接两个同向圆曲线的组合，称为卵形曲线。它按直线—回旋线（A_1）—圆曲线（R_1）—回旋线—圆曲线（R_2）—回旋线（A_2）—直线的顺序组合构成，如图 2-15 所示。两圆曲线半径之比，以 $R_2/R_1 = 0.2 \sim 0.8$ 为宜。两圆曲线的间距以 $D/R_2 = 0.003 \sim 0.03$ 为宜，以免曲率变化太大。其中，D 为两圆曲线间的最小间距（m）。

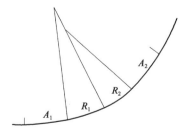

图 2-14　两端设缓和曲线的复曲线

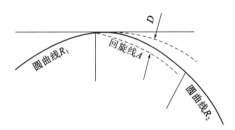

图 2-15　卵形曲线

卵形曲线的回旋线参数宜符合下式要求：

$$\frac{R_2}{2} \leq A \leq R_2 \tag{2-16}$$

式中：A——回旋线参数；

R_2——小圆曲线半径，m。

8. 回头曲线

山区越岭线为克服高差，公路路线在同一坡面上展线，且其圆心角大于或接近于180°的曲线称为回头曲线，如图2-16所示。三级公路、四级公路在自然展线无法争取需要的距离以克服高差，或因地形、地质条件所限不能采取自然展线时，可采取回头曲线。

回头曲线前后的线形应连续、均匀、通视良好，两端以布设过渡性曲线（辅助曲线）为宜，此外还应设置限速标志，并采取合适的技术措施以获得良好的通视效果。

a)
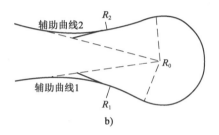
b)

图2-16 回头曲线

工作任务二 认知公路超高

 学习目标

1. 熟悉路拱坡度、超高设置条件及技术指标；
2. 熟悉超高过渡过程；
3. 能识读"路基设计表"中的超高及中桩施工高度；
4. 具有遵从规范、科学分析并解决实际问题的工作能力。

 任务描述

1. 某新建三级公路，设计速度为40km/h，平面线形中共有4个交点，如图2-17所示，其半径分别为 $R_1=260\text{m}, L_{h1}=80\text{m}; R_2=300\text{m}, L_{h2}=85\text{m}; R_3=650\text{m}; R_4=400\text{m}, L_{h4}=85\text{m}$。根据基本资料，分析：(1)哪些交点应设超高？(2)超高横坡度应多大？(3)平曲线超高路段如何变化？(4)超高缓和段如何变化？

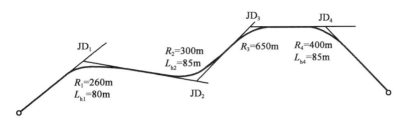

图 2-17　某公路平面线形

2. 表 2-5 为某公路的"路基设计表",能够识读"路基设计表"中与路拱和超高有关的第 $n\sim15$ 列的数值。

3. 根据《规范》和表 2-1,独立完成表 2-2 工作任务单中的超高部分。

4. 依据《规范》完成以上任务 1,培养学生遵从规范、科学分析并解决实际问题的方法和能力。

一、路拱

1. 路拱和路拱横坡度

路拱是指为了使路面上的雨水能被及时排出,减少雨水对路面的浸蚀和渗透,保证路面结构强度,从而将路面表面做成中间高、两侧低具有一定横坡的拱起形状。路面表面的高差与水平距离的百分比称为路拱横坡度。等级高的路面,平整度和水稳性较好,透水性也好,通常采用较小的路拱横坡度;等级低的路面,为了有利于迅速排除路表积水,一般采用较大的路拱横坡度。不同类型路面的路拱横坡度见表 2-6。

2. 路拱横断面的设置

高速公路和一级公路设有中央分隔带,通常采用两种方式布置路拱横断面。若中央分隔带未设置排水设施,则宜采用双向路拱坡度,做成中间高、两侧低,由路中央向两侧路肩方向排水。若中央分隔带设置了排水设施或是双向六车道及以上车道数的公路时,则两侧路面可分别做成中间高、两侧低的双向路拱坡度,向中央分隔带排水设施和路肩两个方向排水。二级公路、三级公路、四级公路的路拱应采用双向路拱坡度,由路中央向两侧倾斜排水。

路肩横坡度一般较路面横坡度大 1%,但是高速公路和一级公路的硬路肩采用与路面行车道相同的结构时,应采用与路面行车道相同的路面横坡度。

二、超高

1. 平曲线上设置超高的原因及条件

《标准》规定,当圆曲线半径小于不设超高最小半径时,应在曲线上设置超高。超高是指为了减小汽车在平曲线路段上行驶时所产生的离心力,在平曲线路段横断面上设置外侧高于内侧的单向横坡,如图 2-18 所示。圆曲线半径越小,产生的离心力越大,超高横坡度越大;反之则越小。

表 2-5 路 基 设 计 表

桩号	平曲线	变坡点高程桩号及纵坡坡度、坡长	竖曲线	地面高程 (m)	设计高程 (m)	填挖高度 (m) 填	填挖高度 (m) 挖	路基宽度 (m) 左	路基宽度 (m) 右	路边及中桩与设计高程之高差 左	路边及中桩与设计高程之高差 中桩	路边及中桩与设计高程之高差 右	施工时中桩高度 (m) 填	施工时中桩高度 (m) 挖	备注
1	2	3	4	5	6	7	8	9	10	11	12	13	14	15	16
K2+240.00				163.87	158.87		5.00	7.50	7.50	0.00	0.15	0.00		4.85	
+260.00				165.69	158.74		6.95	7.50	7.50	0.00	0.15	0.00		6.80	
+280.00				166.31	158.61		7.70	7.50	7.50	0.00	0.15	0.00		7.55	
+300.00			+404.6	166.36	158.48		7.88	7.50	7.50	0.00	0.15	0.00		7.73	
ZH+315.00	JD₅右 78°53′21″ R=200 L_{S1}=45 L_{S2}=45 T_1=187.38 T_2=187.38 L=320.375 E=59.533			166.30	158.37		7.93	7.50	7.50	0.59	0.29	−0.04		7.78	
+340.00			凹 R=18000 T=95.4	166.06	158.22		7.84	7.50	7.71	1.11	0.51	−0.12		7.55	
HY+360.00				166.06	158.08		7.98	7.50	7.90	1.11	0.51	−0.12		7.47	
+380.00				166.20	157.96		8.24	7.50	7.90	1.11	0.51	−0.12		7.73	
+400.00				166.01	157.83		8.18	7.50	7.90	1.11	0.51	−0.12		7.67	
+420.00		K2+500 i=0.41% L=400		165.95	157.70		8.25	7.50	7.90	1.11	0.51	−0.12		7.74	
+440.00				165.61	157.60		8.01	7.50	7.90	1.11	0.51	−0.12		7.50	
+460.00				165.63	157.52		8.11	7.50	7.90	1.11	0.51	−0.12		7.60	
QZ+476.08				166.02	157.47		8.55	7.50	7.90	1.11	0.51	−0.12		8.04	
+500.00				166.05	157.43		8.62	7.50	7.90	1.11	0.51	−0.12		8.11	
+520.00				166.02	157.41		8.61	7.50	7.90	1.11	0.51	−0.12		8.10	
+540.00				165.43	157.42		8.01	7.50	7.90	1.11	0.51	−0.12		7.50	
+560.00				165.89	157.46		8.43	7.50	7.90	1.11	0.51	−0.12		7.92	
+580.00				163.21	157.51		5.70	7.50	7.90	1.11	0.51	−0.12		5.19	
YH+591.27			+595.4	164.13	157.55		6.58	7.50	7.90	1.11	0.51	−0.12		6.07	
+600.00				163.60	157.59		6.01	7.50	7.82	0.89	0.42	−0.09		5.59	

各类路面的路拱横坡度 表2-6

路 面 类 型	路拱横坡度(%)	路 面 类 型	路拱横坡度(%)
沥青混凝土、水泥混凝土	1~2	碎石、砾石类粒料路面	2.5~3.5
其他沥青路面	1.5~2.5	炉渣土、砾石土、砂砾土等	3~4

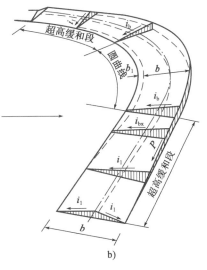

a)　　　　　　　　　　　　　　b)

图 2-18　平曲线超高

b-路基宽度；i_1-路拱坡度；i_b-超高值

2. 圆曲线上超高横坡度的确定

由于圆曲线段半径不变，故超高横坡度在圆曲线段上是一个不变的定值，这个定值为最大超高值，圆曲线段称为全超高路段。从直线路拱横坡到圆曲线上的全超高，在缓和曲线段上过渡变化完成，如图2-19所示。

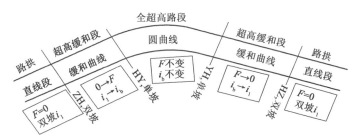

图 2-19　超高路段变化与特点

F-离心力；i_1-路拱坡度；i_b-超高值

（1）各圆曲线最大超高值的确定

各圆曲线上的最大超高值应根据公路等级、设计速度、圆曲线半径、路面类型、自然条件和车辆组成等因素确定。公路项目在设计时可根据表2-7确定各圆曲线上最大超高值，必要时应根据运行速度加以验算。

圆曲线半径与超高值 表2-7

设计速度(km/h)	120			100			80			60				40				30				20			
最大超高(%)	10	8	6	10	8	6	10	8	6	10	8	6	4	8	6	4	2	8	6	4	2	8	6	4	2
超高(%) 2	<5500~2950	<5500~2860	<5500~2730	<4000~2180	<4000~2150	<4000~2000	<2500~1460	<2500(3350)~1410	<2500(3350)~1360	<1500(1900)~900	<1500(1900)~870	<1500(1900)~800	<1500(1900)~610	<600(800)~470	<600(800)~410	<600(800)~330	<600(800)~75	<350(450)~250	<350(450)~230	<350(450)~150	<350(450)~40	<150(200)~140	<150(200)~110	<150(200)~70	<150(200)~20
3	(7550)(5250) 2080	1990	1840	1520	1480	1320	1020	960	890	<900~620	<870~590	<800~500	<610~270	<470~310	<410~250	<330~130		<250~170	<230~140	<150~60		<140~90	<110~70	<70~30	
4	1590	1500	1340	1160	1100	920	770	710	600	<620~470	<590~430	<500~320	<270~150	<310~220	<250~150	<130~70		<170~120	<140~80	<60~35		<90~70	<70~40	<30~15	
5	<1590~1280	<1500~1190	<1340~970	<1160~640	<1100~530	<920~440	<770~410	<710~320	<600~270	<470~360	<430~320	<320~200		<220~160	<150~90	<70~?		<120~90	<80~50	<35~?		<70~50	<40~30	<15~?	
6	<1280~1070	<1190~980	<970~710	<640~540	<530~400		<410~500	<320~420	<270~?	<360~290	<320~240	<200~135		<160~120	<90~60			<90~60	<50~35			<50~40	<30~?		
7	<1070~910	<980~790		<540~450			<500~410	<420~320		<290~240	<240~170			<120~80				<60~40				<40~30			
8	<910~790	<790~650		<450~369			<410~340	<320~250		<240~190	<170~125			<80~55				<40~30				<30~15			
9	<790~680						<340~280			<190~150															
10	<680~570						<280~220			<150~115															

(2)各级公路圆曲线上最大超高值

为了保证慢车特别是停在弯道上的车辆,尤其是在冬季路面有积雪结冰的情况下,不会产生向内侧滑移现象,超高横坡度不能太大。《规范》规定了各级公路圆曲线最大超高值,见表2-8。

各级公路圆曲线最大超高值　　　　表2-8

公路技术等级	高速公路、一级公路	二级公路、三级公路、四级公路
一般地区(%)	8 或 10	8
积雪冰冻地区(%)	6	
城镇区域(%)	4	

注：一般地区公路,圆曲线最大超高应采用8%；以通行中、小型客车为主的高速公路和一级公路,最大超高可采用10%。

(3)各级公路圆曲线上最小超高值

各级公路圆曲线部分的最小超高值应与该公路直线部分的路拱横坡度一致。

三、超高过渡段

超高过渡段是指为完成从直线双向路拱横坡逐渐过渡到圆曲线上的单向超高值而设置的路段,以确保汽车顺势从直线进入圆曲线并保持线形美观,如图2-20所示。

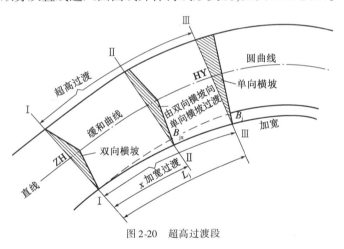

图2-20　超高过渡段

1.超高过渡段的过渡形式

超高过渡段的变化过程,根据不同的旋转基线可分为两种情况(无中间带和有中间带公路)共六种形式,如图2-21所示。

1)无中间带公路的超高过渡

(1)超高横坡度等于路拱坡度时,将外侧车道绕中线旋转,直至路拱坡度值。

(2)超高横坡度大于路拱坡度时,可分别采用下面三种形式过渡。

①绕路面未加宽时的内侧车道边缘旋转(简称内边轴旋转)。先将外侧车道绕路面未加宽前的中心线旋转,待达到与内侧车道构成单向横坡后,整个断面绕路面未加宽前的内侧边缘线旋转,直至全超高横坡度值,如图2-21a)-1所示。绕内边轴旋转,由于行车道内侧没有降

低,有利于路基纵向排水。一般新建公路宜采用这种形式,具体见图2-22。

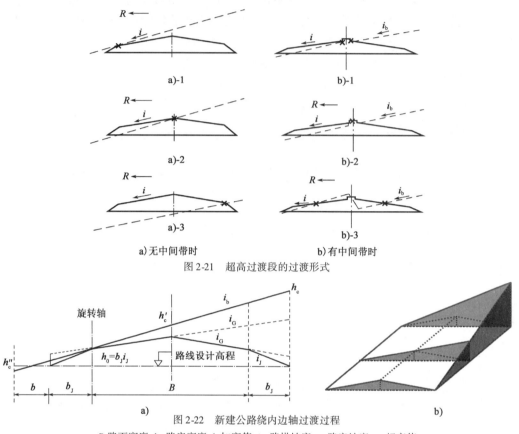

图2-21 超高过渡段的过渡形式

图2-22 新建公路绕内边轴过渡过程

B-路面宽度;b_J-路肩宽度;b-加宽值;i_G-路拱坡度;i_J-路肩坡度;i_b-超高值

②绕路面中心线旋转(简称中轴旋转)。先将外侧车道绕路面未加宽前的中心线旋转,待达到与内侧构成单向横坡后,整个断面绕路面未加宽前的路中心线旋转,直至全超高值,如图2-21a)-2所示。绕中轴旋转可保持中线高程不变,且在超高值一定的情况下,外侧边缘的抬高值小。这种形式多用于旧路改扩(建)工程。

③绕路面外侧边缘旋转(简称外边轴旋转)。先将外侧车道绕路面外侧边缘旋转,与此同时,内侧车道随中线的降低而相应降低,此时内侧横坡不变,待达到单向横坡后,整个断面仍绕外侧车道边缘旋转,直至全超高值,如图2-21a)-3所示。在路基外缘高程受限制或对路容美观有特殊要求时,采用此种形式。

2)有中间带公路的超高过渡

(1)绕中间带的中心线旋转

先将外侧行车道绕中间带的中心线旋转,待达到与内侧行车道构成单向横坡后,整个断面共同绕中间带的中心线旋转,直至全超高值,如图2-21b)-1所示。中间带宽度较窄时可选用此种形式。

(2)绕中央分隔带两侧边缘线旋转

将两侧行车道分别绕中间带两侧边缘线旋转,使之各自成为独立的单向超高断面,中间带维持原水平状态,如图 2-21b)-2 所示。各种宽度的中间带均可选用此种形式。

(3)绕各自行车道中线旋转

将两侧行车道分别绕各自的行车道中心线旋转,使之各自成为独立的单向超高断面,此时中间带两边缘分别升高和降低而成为倾斜断面,如图 2-21b)-3 所示。单向车道大于 4 条的公路可采用此种形式。

对于分离式断面的公路,由于上、下行车道是各自独立的,其超高的设置及其过渡可按两条无中间带的公路分别予以处理。

2. 超高过渡段长度

为了满足行车舒适、路容美观及排水的要求,超高过渡段必须具有一定的长度。其长度确定时应注意以下两点:

(1)在确定缓和曲线最小长度时,已经考虑了超高过渡段所需的最小长度,一般情况下,超高过渡段的长度应等于缓和曲线的长度。为了照顾线形协调性,若缓和曲线较长,超高过渡段的长度可以小于缓和曲线的长度,即超高的过渡在回旋线的某一区段进行。因为若这时仍选用超高过渡段的长度等于缓和曲线的长度,则超高渐变率较小,不利于路面排水。

(2)四级公路可以不设缓和曲线,但如果圆曲线设置超高,应在圆曲线两端直线段设置超高过渡段。

3. 横断面超高值

为了便于公路的施工放样,实际使用的不是超高横坡度,也不是路面内、外侧的超高值,而是由超高横坡度推算出路基内、外侧边缘线及路中线与路基设计高程的(抬高或降低)差值,这个差值即为"超高值"。每一个桩号的路基内、外侧边缘线及路中线与路基设计高程的差值均应计算并列于"路基设计表"中,如表 2-5 中 11、12 及 13 列,以确定施工时中桩的高度,见表 2-5 中 14 及 15 列,便于施工。

超高值的计算与超高方式有关。对于新建的二、三、四级公路,圆曲线半径小于不设超高最小半径时,平曲线段超高过渡段见图 2-23。对于改建的二、三、四级公路,超高过渡段见图 2-24。

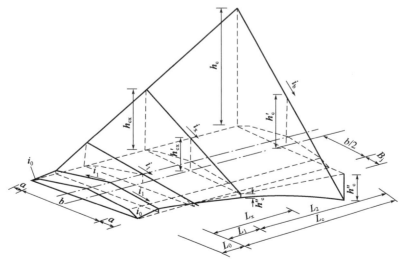

图 2-23　绕内边轴旋转的超高过渡段

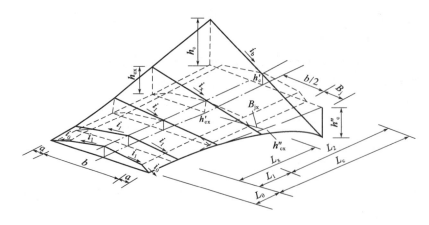

图 2-24 绕中心轴旋转的超高过渡段

以上图中：

    a——路肩宽度；

    b——路面宽度；

    i_0——原路肩横坡度；

    i_1——原路拱横坡度；

    i_b——圆曲线超高横坡度（超高值）；

    L_x——超高过渡段内任意点处距超高缓和段起点的距离；

    L_c——超高过渡段长度；

    L_1——双向坡路面过渡到超高坡度为路拱坡度时所需的临界长度；

    B_j——圆曲线部分路基的全加宽值；

    B_{jx}——缓和段上 x 距离处路基加宽值；

$h_c、h'_c、h''_c$——单向坡路段内任意断面路肩外边缘、路中线、路基内边缘的最大超高值；

$h_{cx}、h'_{cx}、h''_{cx}$——双向坡路段内任意断面路肩外边缘、路中线、路基内边缘的最大超高值。

工作任务三　认知公路加宽

学习目标

1. 熟悉加宽设置条件及技术指标；
2. 会计算各桩号加宽值；
3. 能识读"路基设计表"中的加宽；
4. 具有严谨细致的计算能力和工作作风。

任务描述

1. 某公路的"直线、曲线及转角表"见表 2-1，依据"直线、曲线及转角表"中交点处平曲线半径，判断哪些交点需要设置加宽，全加宽值为多大，独立完成表 2-2 工作任务单中的加宽部分。
2. 表 2-5 为某公路的"路基设计表"，根据规范和资料识读"路基设计表"中的加宽部分。
3. 某公路"路基设计表"的加宽部分见表 2-9，能识读表 2-9 中的加宽部分并补全数据。

某公路"路基设计表"的加宽部分　　　　　　　　表 2-9

桩　　号	路基宽度(m)	
	左	右
ZH K2+094.68	3.75	3.75
+100		
+120		
HY K2+134.68	4.55	
+140		
+160		
QZ K2+174.32		
+180		
+200		
YH K2+213.96		
+220		
+240		
HZ K2+253.96	3.75	3.75

相关知识

一、平曲线上设置加宽的原因及条件

1. 平曲线上设置加宽的原因

(1) 汽车在曲线上行驶时，其四个车轮的行驶轨迹半径不同。其中，前轴外轮半径最大，后轴内轮半径最小，因而圆曲线比直线上的路面需要更大的宽度。

(2) 汽车在曲线上行驶，其行驶轨迹并不完全与理论行驶轨迹相吻合，而是有一定的摆动偏移，因此需要通过路面加宽来弥补，以确保行车安全。

这种在平曲线上适当拓宽路面的形式称为平曲线加宽。

2. 平曲线上设置加宽的条件

我国《规范》规定，当二级公路、三级公路、四级公路的圆曲线半径小于或等于 250m 时，应在平曲线内侧设置加宽，加宽值的大小与圆曲线半径、车辆长度等因素有关。

二、加宽的规定与要求

(1)《规范》规定,当 $R \leqslant 250\text{m}$ 时,应设置加宽,双车道路面的全加宽值见表 2-10。单车道路面的全加宽值按表 2-10 数值的 1/2 取用,三车道以上的路面其加宽值应另行计算。

双车道的全加宽值(m)　　　　表 2-10

加宽类别	设计车辆	圆曲线半径								
		200~250	150~200	100~150	70~100	50~70	30~50	25~30	20~25	15~20
第1类	小客车	0.4	0.5	0.6	0.7	0.9	1.3	1.5	1.8	2.2
第2类	载重汽车	0.6	0.7	0.9	1.2	1.5	2.0	—	—	—
第3类	铰接列车	0.8	1.0	1.5	2.0	2.7	—	—	—	—

(2)作为支线的三级公路,可采用第 1 类加宽值。

(3)作为干线的二级公路,应采用第 3 类加宽值。作为集散的二级公路和三级公路,考虑铰接列车通行时,应采用第 3 类加宽值;不考虑铰接列车通行时,可采用第 2 类加宽值。

(4)圆曲线的加宽应设置在圆曲线的内侧,当路面加宽时,路基也应相应加宽。

(5)双车道公路在采取强制性措施实施分向行驶的路段,当圆曲线半径较小时,内侧车道的加宽值应大于外侧车道的加宽值。

三、加宽过渡段

公路直线段不设加宽,当圆曲线段需要设置全加宽时,为了使路面由直线段正常宽度过渡到圆曲线全加宽段,需要在直线和圆曲线之间设置加宽过渡段,如图 2-25 所示。加宽过渡段设置应符合下列规定:

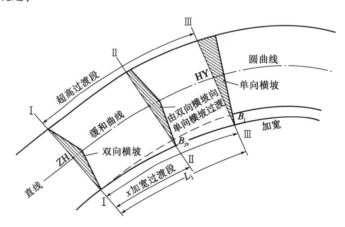

图 2-25　平曲线加宽过渡段

(1)设置回旋线或超高过渡段时,加宽过渡段长度应与回旋线或超高过渡段长度相同。

(2)不设回旋线或超高过渡段时,加宽过渡段长度应按渐变率为 1:15 且长度不小于 10m 的要求设置。

(3)四级公路加宽过渡段应设在紧接圆曲线起点或终点的直线上。受地形条件或其他特殊情况限制时,允许将加宽过渡段的一部分插入曲线,但插入曲线内的长度不得超过加宽过渡段长度的一半。

(4)二、三、四级公路的加宽过渡应在加宽过渡段全长范围内,按其长度成比例增加的方式设置,计算公式如下:

$$B_{jx} = \frac{x}{L_j} B_j \tag{2-17}$$

式中:B_{jx}——加宽过渡段上任意点加宽值,m;
x——任意点距加宽过渡段起点的距离,m;
B_j——圆曲线上的全加宽值,m;
L_j——加宽过渡段全长,可取缓和曲线长为加宽过渡段长度。

工作任务四　认知行车视距

学习目标

1. 熟悉行车视距的基本含义、分类;
2. 能够判断行车视距;
3. 具有独立分析和解决实际问题的职业素养。

任务描述

1. 某山岭区三级公路,设计速度为30km/h,JD_1的平面设计资料见表2-11,路基标准横断面图如图2-26所示,横断面地面线资料及各桩号填挖高见表2-12,设计时不考虑弯道超高。

JD_1的平面设计资料　　　　　表2-11

交点号	交点桩号	转角值(°)	曲线要素值(m)				曲线主点桩号	
			半径	缓和曲线长度	切线长度	曲线长度	ZH	HZ
JD_1	K0+160	121	80	30	158.122	199.386	K0+081.220	K0+280.606

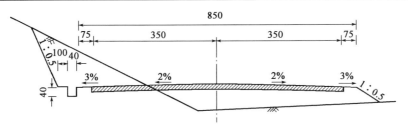

图2-26　路基标准横断面图(尺寸单位:cm)

横断面地面线资料及各桩号填挖高(m)　　　　表2-12

桩号	填挖值	位置	距离	高差	距离	高差	距离	高差	距离	高差	距离	高差
K0+160	+1.05	左侧	4.0	1.70	6.0	1.63	2.0	2.68	3.0	2.86	5.0	3.00
		右侧	3.0	-1.60	5.0	-1.62	4.0	-1.67	5.0	-0.58	3.0	-0.24
K0+180	-0.56	左侧	4.0	1.71	6.0	1.60	2.0	1.66	3.0	1.55	5.0	1.57
		右侧	3.0	-1.65	5.0	-0.31	4.0	-0.27	5.0	0.06	3.0	0.18
K0+220	+0.12	左侧	4.0	0.77	6.0	1.44	2.0	1.52	3.0	1.46	5.0	1.43
		右侧	3.0	-0.73	5.0	-0.56	4.0	0.00	5.0	0.00	3.0	0.00

学生根据基本资料完成:(1)绘制 JD_1 的视距包络图;(2)绘制 JD_1 处 K0+160、K0+180、K0+220 各桩号横断面设计图,并绘制相应的视距平台。

2.根据规范和资料,独立完成表2-2工作任务单中的行车视距部分。

相关知识

一、行车视距的概念及视距不良路段

1.行车视距的概念

驾驶员在公路上行驶时,为了确保行车安全,驾驶员应随时能够看到前方一定距离内的公路路面状况,当发现障碍物或对向来车时,能及时采取措施,使汽车在一定的车速下及时采取制动措施停车或绕行。汽车在这段时间内沿路面所行驶的最短距离称为行车视距。行车视距关系到汽车行驶的安全,是公路主要技术指标之一。因此,无论在公路的平面上还是在纵断面上,都应确保必要的行车视距。

2.视距不良路段

公路上有可能存在视距不良的路段有:

(1)平曲线暗弯处,即平曲线内侧为挖方或有障碍物,如图2-27所示;

(2)平面交叉口前后;

(3)纵断面的凸形竖曲线处,如图2-28所示。

图2-27　平曲线暗弯

图2-28　纵断面凸形竖曲线处

二、行车视距的种类

路线平面设计中,行车视距包括停车视距、会车视距、错车视距和超车视距。

(1)停车视距:指汽车在单车道或有中央分隔带的多车道公路上行驶时,自驾驶员看到障碍物起,至在障碍物前安全停止所需要的最短距离。停车视距包括反应距离、制动距离和安全距离三部分。

(2)会车视距:指在双向混合交通的公路上,对向行驶的车辆为避免发生碰撞,从互相发现起,至双方采取措施进行制动,直至停止时两辆汽车共同行驶的距离。根据计算,会车视距约为停车视距的2倍。

(3)错车视距:指在双向混合交通的公路上,对向行驶的车辆为避免发生碰撞,从互相发现起,至双方采取减速措施直至安全避让所需要的最短距离。错车视距小于会车视距。

(4)超车视距:指在双向混合交通的公路上,各种车辆的行驶速度不同,快速行驶的后车超越前方慢车时,从开始驶离原车道之处起,至在与对向来车相遇之前完成超车后安全驶回原车道时所需要的最短距离,如图2-29所示。

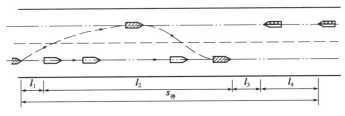

图2-29 超车视距示意图

在四种行车视距中,超车视距最长,会车视距约等于停车视距的2倍,错车视距小于会车视距。四种行车视距中,停车视距是最基本的行车视距,并且双车道公路只要保证会车视距,就可以保证错车视距,此外还应保证有足够长度的超车视距。根据实际调查,计算行车视距时应考虑:驾驶员视线高为1.2m,物高为0.1m。对于高速公路、一级公路以及大型车比例高的二、三级公路的下坡路段,应采用下坡段货车停车视距对相关路段进行检验。货车停车视距的视线高规定为2.0m,物高规定为0.1m。

三、各等级公路行车视距的规定

1.高速公路、一级公路行车视距

由于高速公路、一级公路采用分向分车道行驶,公路上车辆同向行驶不存在会车、错车、超车问题,主要考虑停车视距。我国《规范》规定,高速公路、一级公路的视距应采用停车视距见表2-13。

高速公路、一级公路停车视距　　　　表2-13

设计速度(km/h)	120	100	80	60
停车视距(m)	210	160	110	75

2.二、三、四级公路行车视距

(1)我国《规范》规定二、三、四级公路的视距应采用会车视距,见表2-14。受地形条件或其他特殊限制而采取分道行驶措施的路段,可采用停车视距,但必须采用隔离设施、黄色标线等与对向车的隔离措施。

二、三、四级公路停车视距、会车视距与超车视距　　　　表2-14

设计速度(km/h)		80	60	40	30	20
停车视距(m)		110	75	40	30	20
会车视距(m)		220	150	80	60	40
超车视距最小值(m)	一般值	550	350	200	150	100
	极限值	350	250	150	100	70

注:"一般值"为正常情况下的采用值;"极限值"为条件受限时可采用的值。

(2)二、三、四级公路双车道公路在满足会车视距的基础上,还应根据需要并结合地形间隔设置满足超车视距要求的超车路段。

四、平面视距保证方法

为了保证汽车在平面暗弯处行驶的安全性,应保证平面视距的区域范围内通视,若弯道内侧有建筑物、树木、路堑边坡护栏、防眩设施等障碍物侵入此区域,则应将侵入障碍物进行清除。

在平面暗弯处,均应进行平面视距检查,平面视距检查方法有两种:解析法、视距曲线法。

1. 解析法

最大横净距是指在弯道各点处,汽车行驶轨迹线与驾驶员视线之间的最大距离,如图2-30所示,图中 Z 为该点处的最大横净距。其中,假定驾驶员视线高出路面1.2m(货车可取2.0m),汽车行驶轨迹线距未加宽前路面内边缘1.5m。

采用解析法检查平面视距时,根据汽车行驶轨迹线与驾驶员视线之间的最大横净距 Z 进行检查,具体方法如下:

(1)通过计算确定最大横净距 Z。

(2)在横断面图中量取障碍物线至汽车行驶轨迹线之间的距离 Z_0。

(3)判断:当 $Z < Z_0$ 时,视距能保证;当 $Z > Z_0$ 时,视距不能保证。

(4)当视距不能保证时,绘制该点内侧横断面,确定内侧障碍物清除范围,如图2-31所示,图中阴影部分为清除范围。

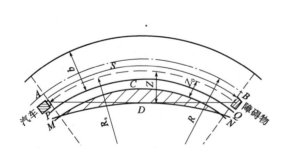

图2-30　平面视距

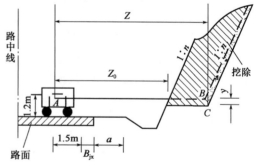

图2-31　视距平台

B_{jx}-加宽值;a-路肩宽度;y-当为土质边坡时,$y = 0.3\text{m}$;当为石质边坡时,$y = 0.1\text{m}$

2.视距曲线法

视距曲线法是指通过绘制视距包络图来确定视距清除范围的方法,如图 2-32 所示,具体方法如下。

(1)按比例绘制弯道平面图,在图中标示出道路中心线、路面两侧边缘线、路基两侧边缘线、汽车行车轨迹线。

(2)在平曲线起点、终点处向直线方向沿汽车行驶轨迹线分别向两端量取设计视距 S 长度,得到 1 点及 n 点。

(3)从 1 点开始,向平曲线方向沿汽车行驶轨迹线将 1 点至曲线中点的汽车行驶轨迹线长度分为若干等份,得 1,2,3,4…。

(4)从 1,2,3,4…,分别沿汽车行驶轨迹线方向量取设计视距 S 长度,得 1′,2′,3′,4′…。

(5)用直线连接 1 − 1′,2 − 2′,3 − 3′…,用曲线板内切各连线,形成一条光滑曲线,该光滑曲线即为视距包络线。

(6)视距包络线两端与障碍线相交,在视距包络线与障碍线之间的部分,就是应该清除障碍物的范围。

采用视距曲线法既能确定最大横净距,也能确定弯道上任意桩号的横净距,而解析法只能确定弯道中点的最大横净距。

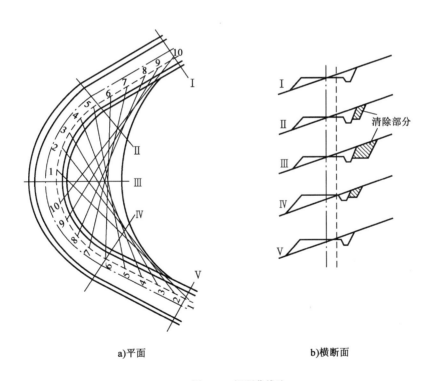

a)平面　　　　　　　b)横断面

图 2-32　视距曲线法

工作任务五　识读公路平面设计成果

1. 熟悉公路平面主要设计成果；
2. 能识读和核对公路平面设计成果；
3. 具有"严控质量，遵从规范"的职业操守和工匠精神，能科学地分析和解决实际工程中常见问题。

本任务要求学生汇总、比较、分析、总结、反思在学习情境二中完成的所有任务，能识读和核对施工图文件中的公路平面设计成果，培养学生逻辑分析、归纳总结的学习方法和工作方法。

公路平面设计成果图纸主要有路线平面设计图、路线总体布置图、路线交叉设计图、公路占地图和纸上移线图等，表格主要有直线、曲线及转角一览表，路线交点坐标表（或含在直线、曲线及转角一览表中），逐桩坐标表，总里程及断链表等。

一、路线平面设计图

路线平面设计图是指包括公路中线在内的有一定宽度的带状地形图，它在公路设计文件中可全面、清晰地反映公路平面位置和经过的地形、地物等，是平面设计的重要成果之一，如图 2-33 所示。

1. 路线平面设计图的比例尺和测绘范围

在工程可行性研究阶段，路线平面设计图可采用 1∶5000 或 1∶10000 的比例尺测绘（或向国家测绘部门和其他工程单位收集）；初步设计、施工图设计文件中路线平面设计图应采用较大的比例尺，一般测绘时常用 1∶2000；在地形复杂地段可采用 1∶500 或 1∶1000 的比例尺测绘。

路线平面设计图的测绘宽度，一般采用路中心线两侧各 100～200m；对 1∶5000 的地形图，测绘宽度每侧不小于 250m；若有比较线，测绘宽度应包括比较线范围。

2. 路线平面设计图的内容

(1) 公路沿线的地形、地物情况。
(2) 公路中心线交点和转点位置及里程桩标注、公路沿线的各类控制桩位置及有关数据。
(3) 路线所经地段的地名，重要地理位置情况标注。

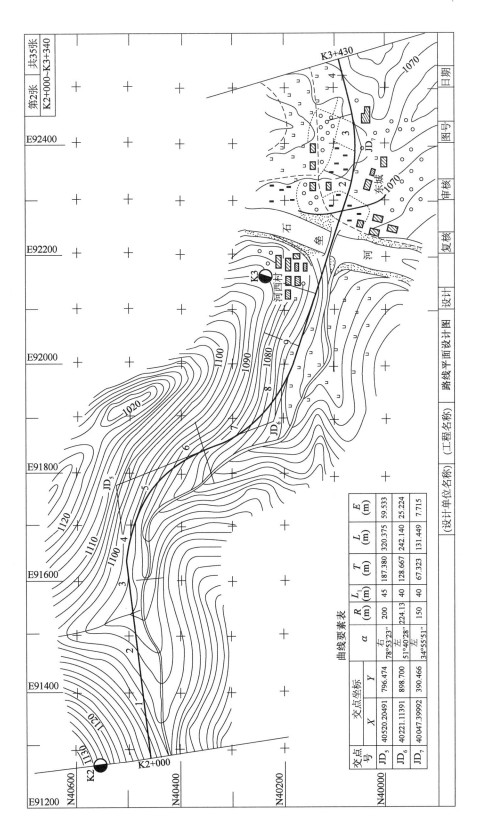

图2-33 公路路线平面设计图示例

(4) 各类结构物的设计成果的标注。
(5) 若图纸中包含弯道,应包括曲线要素表和导线、交点坐标表。
(6) 图鉴和有关说明。

二、直线、曲线及转角一览表

"直线、曲线及转角一览表"全面反映了路线的平面位置和路线平面线形的交点坐标、圆曲线半径等各项指标,它是公路设计的主要成果之一。完成该表后才能计算"逐桩坐标表"和绘制"路线平面设计图",并且在进行公路的横、纵断面和其他构造物设计时,都要使用该表数据,见表 2-15。

1. 交点桩号推算

公路中心线上各点桩号是指该点沿公路中心线到路线起点的水平距离,由于交点并不在公路中心线上,所以交点桩号实际上是计算过程中出现的过渡桩号,是计算某平曲线各主点桩号的基础。如图 2-34a)所示,交点桩号可按下式计算:

$$JD_n = 路线起点(BP)桩号 + D_1 \tag{2-18}$$

$$JD_{n+1} = HZ_n + D_{n+1} \tag{2-19}$$

式中:D_1——路线起点至第 1 个交点(JD_1)的距离,m;

D_{n+1}——第 n 个交点平曲线的 HZ 点至第 $n+1$ 个交点的距离,m。

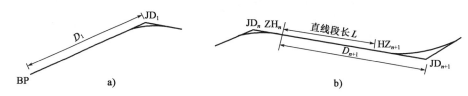

图 2-34 路线交点桩号推算图

2. 直线段长

在"直线、曲线及转角一览表"中,直线段长是指公路中线上相邻两平曲线间的直线段的长度,它可以直观地反映出公路线形的合理性。如图 2-34b)所示,直线段长可按下式计算:

$$L = ZH_{n+1} - HZ_n \tag{2-20}$$

或

$$L = D - T_n - T_{n+1} \tag{2-21}$$

式中:L——直线段长,m;

D——相邻两交点之间的距离,m;

ZH_{n+1}——第 $n+1$ 个交点的平曲线起点 ZH 桩号(圆曲线时为 ZY 桩号);

HZ_n——第 n 个交点的平曲线终点 HZ 桩号(圆曲线时为 YZ 桩号)。

表 2-15

直线、曲线及转角一览表

交点号	交点坐标		交点桩号	转角值	曲线要素值(m)								曲线主点桩号					直线长度及方向			备注
	N(X)	E(Y)			半径	缓和曲线长度	缓和曲线参数	切线长度	曲线长度	外距	校正值	第一缓和曲线起点	第一缓和曲线终点或圆曲线起点	曲线中点	第二缓和曲线起点或圆曲线终点	第二缓和曲线终点	直线段长 (m)	交点间距 (m)	计算方位角	
1	2	3	4	5	6	7	8	9	10	11	12	13	14	15	16	17	18	19	20	21
JD12	3182330.75	501167.94	K6+103.342														782.52	1774.77	276°46′49.7″	
JD13	3182540.29	499405.58	K7+961.804	52°44′06.3″(Z)	1000.000	200.00	447.21	596.49	1120.40	117.98	72.58	K7+365.313	K7+565.313	K7+925.514	K8+285.714	K8+485.714	0.00	980.69	224°02′43.5″	
JD14	3181835.38	498723.78	K8+869.914	17°13′41.5″(Z)	2536.18			384.20	762.60	28.94	5.80		K8+485.714	K8+867.014	K9+248.315		599.97	1157.87	206°49′02″	
JD15	3180802.04	498201.41	K10+021.985	25°27′10.8″(Y)	480.00	130.00	249.80	173.70	343.23	13.59	4.16	K9+848.287	K9+978.287	K10+019.905	K10+061.522	K10+191.522	161.37	577.09	232°16′12.8″	
JD16	3180448.9	497744.99	K10+594.912	28°24′31.7″(Z)	718.32	120.00	293.60	242.02	476.16	23.52	7.88	K10+352.893	K10+472.893	K10+590.974	K10+709.056	K10+829.056	0.00	501.15	203°51′41.1″	
JD17	3179990.58	497542.26	K11+088.184	27°52′01.1″(Y)	842.47	100.00	290.25	259.13	509.75	26.05	8.51	K10+829.056	K10+929.056	K11+083.931	K11+238.806	K11+338.806	0.00	440.37	231°43′42.2″	
JD18	3179717.82	497196.53	K11+520.047	29°09′11.5″(Z)	445.60	130.00	240.68	181.24	356.73	16.45	5.75	K11+338.806	K11+468.806	K11+517.172	K11+565.538	K11+695.538	0.00	381.84	202°34′30.6″	
JD19	3179365.24	497049.94	K11+896.141	49°10′50″	260.00	160.00	203.96	200.60	383.17	30.43	18.03	K11+695.538	K11+855.538	K11+887.125	K11+918.712	K12+078.712	249.93	632.27	251°45′20.6″	
JD20	3179167.29	496449.45	K12+510.381	29°00′04.5″(Z)	450.00	130.00	241.87	181.74	357.78	16.42	5.71	K12+328.639	K12+458.639	K12+507.527	K12+556.414	K12+686.414	413.85	749.79	222°45′16.1″	
JD21	3178616.75	495940.46	K13+254.457	21°04′44.9″(Z)	478.14	130.00	249.32	154.19	305.91	9.70	2.48	K13+100.264	K13+230.264	K13+253.218	K13+276.171	K13+406.171	0.00	443.24	201°40′31.2″	
JD22	3178204.85	495776.75	K13+695.219	29°44′29.7″(Y)	861.94	120.00	321.61	289.05	567.42	30.59	10.68	K13+406.171	K13+526.171	K13+689.881	K13+853.592	K13+973.592	0.00	684.31	231°25′00.8″	
JD23	3177778.07	495241.82	K14+368.857	79°36′50.2″(Y)	375.61	160.00	245.15	395.27	681.92	117.02	108.61	K13+973.592	K14+133.592	K14+314.551	K14+495.510	K14+655.510	0.00	590.51	311°01′51″	
JD24	3178165.73	494796.36	K14+850.757	40°04′21.8″(Z)	298.92	170.00	225.42	195.25	379.06	23.53	11.43	K14+655.510	K14+825.510	K14+845.040	K14+864.571	K15+034.571	0.00	195.25	270°57′29.2″	
JD25	3178168.99	494601.14	K15+034.571																	

三、逐桩坐标表

公路施工时，需用坐标来进行施工放样，以便确定具体施工位置。平面设计成果中"逐桩坐标表"反映了每个中桩的具体坐标，见表 2-16。

逐 桩 坐 标 表　　　　　　　表 2-16

桩　号	坐标(m)		方向角 (° ′ ″)	桩　号	坐标(m)		方向角 (° ′ ″)
	x	y			x	y	
K1+500.00	40632.336	90840.861	116 46 33	K2+140.00	40471.158	91436.529	82 14 27
K1+540.00	40614.316	90876.572	116 46 33	K2+160.00	40473.858	91456.346	82 14 27
K1+570.00	40600.801	90903.355	116 46 33	K2+180.00	40476.558	91476.163	82 14 27
K1+600.00	40587.286	90930.139	116 46 33	K2+200.00	40479.258	91495.980	82 14 27
K1+630.33	40573.623	90957.261	116 46 33	K2+220.00	40481.959	91515.797	82 14 27
K1+669.00	40556.202	90991.740	116 46 33	K2+240.00	40484.659	91535.613	82 14 27
K1+680.00	40551.246	91001.561	116 46 33	K2+260.00	40487.359	91555.430	82 14 27
K1+700.00	40542.236	91019.461	116 46 33	K2+280.00	40490.059	91575.247	82 14 27
K1+720.00	40533.226	91037.272	116 46 33	K2+300.00	40492.759	91595.064	82 14 27
K1+750.00	40519.711	91064.055	116 46 33	ZH K2+315.89	40494.905	91610.809	82 14 27
K1+780.00	40506.196	91090.838	116 46 33	K2+340.00	40497.902	91634.730	84 05 27
K1+800.00	40497.186	91108.694	116 46 33	HY K2+360.89	40499.302	91655.568	88 41 09
K1+820.00	40488.176	91126.549	116 46 33	K2+380.00	40498.828	91674.665	94 09 37
K1+840.00	40479.166	91144.405	116 46 33	K2+400.00	40496.383	91694.506	99 53 24
K1+856.33	40471.593	91159.412	116 46 33	K2+420.00	40491.969	91714.005	105 37 10
K1+870.00	40465.708	91171.216	115 56 42	K2+440.00	40485.631	91732.965	111 20 57
K1+896.81	40455.191	91195.860	109 08 10	K2+460.00	40477.431	91751.198	117 04 43
K1+900.00	40454.177	91198.885	107 55 03	QZ K2+476.08	40469.544	91765.206	121 41 07
K1+922.01	40448.963	91220.253	99 30 30	K2+500.00	40455.794	91784.761	128 32 16
K1+940.00	40447.061	91238.126	92 38 19	K2+520.00	40442.573	91799.757	134 16 03
K1+947.00	40446.902	91245.344	89 52 51	K2+540.00	40427.920	91813.357	139 59 49
K1+960.00	40447.413	91258.112	85 46 44	K2+560.00	40411.983	91825.427	145 43 36
K1+980.00	40449.567	91277.993	82 29 23	K2+580.00	40394.921	91835.845	151 27 22
K1+987.22	40450.531	91285.148	82 14 27	YH K2+591.27	40384.875	91840.947	154 41 05
K2+000.00	40452.257	91297.811	82 14 27	K2+600.00	40376.910	91844.518	156 56 35
K2+010.00	40453.607	91307.719	82 14 27	K2+620.00	40358.262	91851.740	160 17 15
K2+030.00	40456.307	91327.536	82 14 27	CQ K2+636.27	40342.893	91857.077	161 07 48
K2+050.00	40459.007	91347.353	82 14 27	K2+650.00	40329.916	91861.563	160 31 48
K2+070.00	40461.707	91367.170	82 14 27	K2+670.00	40311.219	91868.655	157 30 02
K2+100.00	40465.757	91396.895	82 14 27	K2+700.00	40284.324	91881.898	149 57 30
K2+120.00	40468.458	91416.712	82 14 27				

(1)公路平面线形是由直线、圆曲线和缓和曲线构成的。通常把直线、圆曲线、缓和曲线称为平面线形三要素。在进行平面线形设计时,应确定直线长度,选择圆曲线半径,确定缓和曲线参数及缓和曲线长度。

(2)汽车在平曲线上行驶时,为了减小离心力的作用,当平曲线半径小于不设超高最小半径时,应在曲线上设置超高。平曲线超高由圆曲线上的全超高和两端的超高缓和段组成。当二、三、四级公路的圆曲线半径小于或等于250m时,应在平曲线内侧设置加宽。平曲线加宽由圆曲线上的全加宽和两端的加宽缓和段组成。

(3)平面线形的组合类型有简单型、基本型、凸形、复合型、S形、C形、复曲线、回头曲线,设计时应注意各组合类型设计参数的合理取值。

(4)为保证行车安全,高速公路和一级公路应满足停车视距的要求,二、三、四级公路应满足会车视距的要求。

(5)公路平面设计主要成果有"路线平面设计图""直线、曲线及转角一览表"和"逐桩坐标表"等。

一、填空题

1.当设计车速 $V=60\text{km/h}$ 时,同向曲线间的直线段长度要求是_____;反向曲线间直线段长度要求是_____。

2.我国规定的缓和曲线的数学方程式是_____。

3.公路的平面线形由_____、_____和_____组成。

4.当圆曲线半径_____时,圆曲线内侧需加宽。

5.平面线形中基本型曲线的主点有_____、_____、_____、_____和缓直点(HZ)。

6.行车视距包括_____、_____、_____。

7.路线平面线形基本组合类型有_____、_____、_____、_____、_____、_____。

二、选择题

1.公路弯道加宽一般在( )进行。
　 A.外侧　　　　　　　　　　B.内侧
　 C.两侧同时

2.高速公路、一级公路一般情况下应保证( )。
　 A.停车视距　　　　　　　　B.会车视距
　 C.超车视距　　　　　　　　D.错车视距

3.满足设置基本型曲线的几何条件是缓和曲线角与转角之间存在

( )的关系。

  A. $\beta_0 < \alpha$ B. $\beta_0 > \alpha$

  C. $2\beta_0 < \alpha$ D. $2\beta_0 = \alpha$

4. 二级公路一般情况下应保证( )。

  A. 停车视距   B. 会车视距

  C. 超车视距   D. 错车视距

5. 新建二、三、四级公路的路基设计高程一般是指( )。

  A. 路基中线高程   B. 路面边缘高程

  C. 路基边缘高程

6. 公路直线部分的路拱横坡度为2%，则公路圆曲线部分最小超高值应是( )。

  A. 3%   B. 2%

  C. 非定值

7. 绘制路线平面设计图的比例尺一般为( )。

  A. 1∶100   B. 1∶2000

  C. 1∶500   D. 1∶50

8. 下列说法正确的是( )。

  A. 无论转角α多小，均应设平曲线

  B. 当转角α<7°时，可以不设平曲线

  C. 三级及三级以上公路，当半径小于不设超高最小半径时必须设置缓和曲线

  D. 四级公路可以不设缓和曲线

9. 当圆曲线半径满足( )时，公路弯道应加宽；当圆曲线半径满足( )时，公路弯道应设超高。

  A. <一般最小半径   B. <极限最小半径

  C. ≤250m   D. <不设超高最小半径

10. 作为干线的二级公路，应采用第( )类加宽的标准。

  A. 1   B. 2   C. 3   D. 4

三、判断题

  ( ) 1. 改建二级公路的公路超高旋转轴一般为未加宽前路中心线。

  ( ) 2. 二级公路在平面线形的暗弯处应满足停车视距。

  ( ) 3. 路线平面设计图中平面线形上只需表示整桩号，即百米桩和公里桩。

  ( ) 4. 当圆曲线半径大于一般最小半径时，可以不设超高，因此一般最小半径也称不设超高的最小半径。

  ( ) 5. 圆曲线半径越大越好，因此半径大小没有上限。

(   )6. 路基设计高程指路基边缘的高度。
(   )7. 所有平曲线处都必须设超高。
(   )8. 所有路段都必须设置加宽。

四、简答题

1. 简述圆曲线半径的类型及适用条件。
2. 简述缓和曲线的设置条件及其作用。
3. 简述平面设计的目的及其主要设计成果。
4. 简述平面线形的组合形式。

五、计算题

1. 下列是某路线平面设计资料：
$JD_1 = K4 + 650.56, JD_2 = K5 + 321.21$
$ZH_1 = K4 + 525.82, ZH_2 = K5 + 238.27$
$HY_1 = K4 + 585.82, HY_2 = K5 + 298.27$
$YH_1 = K4 + 709.08, YH_2 = K5 + 339.50$
$HZ_1 = K4 + 769.08, HZ_2 = K5 + 399.50$

求：(1)两曲线的切线长、曲线长、缓和线长度及曲线中点桩号；(2)两曲线间交点间距及所夹直线段长度。

2. 已知两相邻平曲线：JD_3 桩号为 $K9+977.54$，$T=65.42m$，缓和曲线长 $35m$，切曲差 $J=1.25m$；JD_4 桩号为 $K10+182.69$，$T=45.83m$。

计算：(1)JD_3 平曲线5个主点里程桩号；(2)JD_3 与 JD_4 交点间距；(3)两曲线间的直线长度。

六、分析题

某交点的平面超高和加宽基本资料见表2-17。根据资料分析说明：当超高横坡度为6%时，(1)平曲线的全超高路段、全加宽路段为哪一段？(2)平曲线的全加宽值是多少？(3)路基设计高程在什么地方？(4)超高过渡段长度是多少？(5)该平曲线是左转还是右转？

某交点的平面超高和加宽一览表　　表2-17

桩　号	路基宽度(m)		路基边缘及中桩与设计高程之高差(m)		
	左	右	左	中	右
ZH K2+094.68	3.75	3.75	0.00	0.08	0.00
+100					
+120					

续上表

桩号	路基宽度(m)		路基边缘及中桩与设计高程之高差(m)		
	左	右	左	中	右
HY K2+134.68	4.55				
+140					
+160					
QZ K2+174.32			-0.07	0.20	0.43
+180					
+200					
YH K2+213.96					
+220					
+240					
HZ K2+253.96	3.75	3.75	0.00	0.08	0.00

学习情境三
LEARNING CONTEXT THREE
识读公路纵断面

工作任务一　分析公路纵断面线形组成

 学习目标

1. 熟悉公路纵断面的基本组成、基本规定、路基设计高程的规定;
2. 熟悉公路纵断面直坡段和竖曲线的主要技术指标、平纵组合类型;
3. 学会计算直坡段坡度、坡长,以及各桩号路基设计高程;
4. 能识读和核对公路施工图文件中纵断面主要技术指标;
5. 具有"敬畏自然,节约环保"的工作理念以及公路建设的安全意识、责任意识。

 任务描述

1. 某公路为平原微丘区三级公路,设计速度为40km/h,该公路的"路线纵断面图"如图 3-1 所示。识读图 3-1,根据规范完成"识读公路纵断面设计成果"工作任务单,见表 3-1。

2. 根据规范和变坡点高程及桩号、竖曲线半径,完成"纵坡竖曲线表"中坡度、坡长、竖曲线要素等计算,见表 3-2。

3. 通过在任务单中设置"障碍",培养学生识图能力、分析能力和计算能力,在此过程中提升学生公路建设的安全意识、环保意识和责任意识。

 相关知识

一、公路路线纵断面的组成与规定

1. 公路路线纵断面的组成

公路平面设计确定了公路中线位置,沿着公路中线用曲面竖直剖切,然后展开拉直所得到

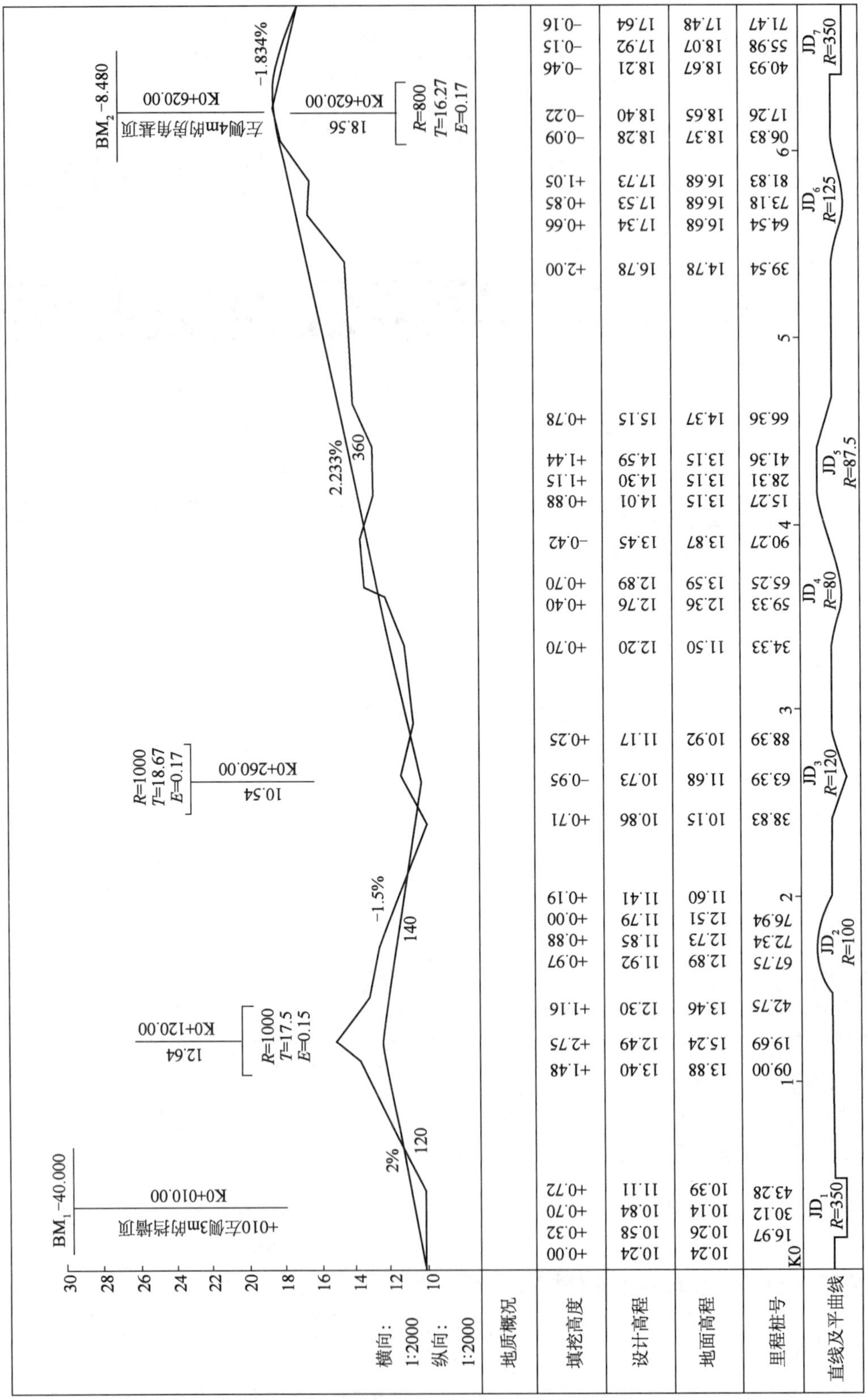

图3-1 路线纵断面图

工作任务单 3　识读公路纵断面设计成果　　　　　　　　　表 3-1

项目概况	公路等级		
	地形		
	设计使用年限		
	设计速度		
	路基设计高程位置		
识读公路纵断面	公路纵断面图比例		
	纵断面变坡点个数		
	变坡点桩号、高程		
	纵坡规定	最大纵坡	
		最小纵坡	
	直坡段坡度		
	坡长规定	最大坡长	
		最短坡长	
	直坡段坡长		
	竖曲线半径规定	凸形	
		凹形	
	竖曲线半径		
	平纵组合类型		
	公路纵断面设计目的		
	纵断面主要成果名称		
平、纵组合类型示意图：			
公路纵断面技术指标总体分析			

的展开剖面图,即是公路路线纵断面图。它与平面图、横断面图结合能准确地定出道路的空间位置与立体线形。

工作任务单 4　纵坡竖曲线表　　　　表 3-2

桩号	高程(m)	凸曲线半径R(m)	凹曲线半径R(m)	切线长T(m)	外距E(m)	起点桩号	终点桩号	纵坡(%)+	纵坡(%)-	变坡点间距(m)	直坡段长(m)
K12+768	671.5	—	—								
K12+868	670.3		1200								
K12+953	671.8	2500									
K13+220	670		3000								
K13+412	672.3	2000									
K13+590	669.2		2000								
K13+740	671.72	1300									
K13+820	669.4		1000								
K13+930	671.8	1800									
K14+040	670.8		1100								
K14+146	674.8	700									

公路纵断面可确定公路中线的高度,即确定每个中桩的设计高程。由于自然因素的影响以及经济性要求,公路起、终点之间不可能设计为一条水平线,必定具有一定的起伏,路线纵断面设计就是确定路线的高度、形状及尺寸。

某公路路线纵断面图,如图 3-1 所示。纵断面图采用直角坐标,以横坐标表示里程桩号,纵坐标表示高程。为了清楚地反映道路中心线上地面起伏情况,通常横坐标的比例采用 1∶2000,纵坐标采用 1∶200。纵断面图由上下两部分组成。图的上半部主要有两条线形:一条是地面线,是根据公路中线上各桩号地面高程而点绘的一条不规则折线,反映了公路中线所经过的地面起伏情况。另一条是设计线,是经过技术上、经济上及视觉效果等方面的比选而定出来的几何线形,它反映了公路路线的起伏情况以及路线在纵断面上的形状、位置及尺寸。纵断面设计线是由直坡段和竖曲线组成的。图的下半部主要是用来填写有关数据,自下而上分别填写:直线与平曲线、里程桩号、地面高程、设计高程、填挖高度、坡度坡长、土壤地质说明等。

2. 公路纵断面的基本规定

1) 设计高程

(1) 新建公路的路基设计高程

高速公路和一级公路宜采用中央分隔带的外侧边缘高程;二、三、四级公路宜采用路基边缘高程,在设置超高、加宽路段为超高、加宽前该处边缘高程。

(2) 改建公路的路基设计高程

通常情况下采用新建公路的路基设计高程,也可视具体情况而采用中央分隔带中线或行车道中线高程。

纵断面上任一桩号的设计高程与地面高程之差,称为该桩号断面的填挖高度。填挖高度的大小决定了道路施工时的填方高度和挖方深度。填方是指设计线在地面线之上,施工时需填筑的路堤。挖方是指设计线在地面线之下,施工时需开挖的路堑。

2) 直坡段

直坡段有上坡(+)、下坡(-)与平坡之分,可用坡度和坡长表示。坡度是指两点间的高差与水平距离的比值;坡长是指两变坡点之间的水平直线距离。

3) 竖曲线

变坡点是指相邻直坡段由于坡度不同形成的转折点。竖曲线是指在变坡点处为了平顺过渡、缓和行车舒适性而设置的一定长度的曲线。竖曲线有凹形和凸形两种,其大小用曲线的半径和水平长度来表示。

二、直坡段

纵断面的直坡段有坡度和坡长两个技术指标,坡度有最大纵坡、最小纵坡限制,坡长有最大坡长、最小坡长限制。

1. 最大纵坡

1) 最大纵坡的规定

最大纵坡是指在纵坡设计时各级公路容许采用的最大坡度值,它是公路纵断面设计的一项重要控制指标。

最大纵坡的确定主要取决于汽车的动力性能、公路等级和自然因素,另外,还必须保证行车安全、快速、经济。从实际调查可知,一般情况下最大纵坡不宜超过8%,但由于各级公路要求不同,8%不能作为各级公路的统一指标。公路等级越高,最大纵坡应越小,否则会大大降低车速,增大危险程度。我国《规范》对各级公路最大纵坡的规定见表3-3。

各级公路最大纵坡 表3-3

设计速度(km/h)	120	100	80	60	40	30	20
最大纵坡(%)	3	4	5	6	7	8	9

2) 最大纵坡的应用规定

(1) 高速公路和三、四级公路

设计速度为120km/h、100km/h、80km/h的高速公路,受地形条件或其他特殊情况限制时,经技术论证,最大纵坡可在表3-3规定的基础上增加1%。

利用原有公路的改扩建公路,设计速度为40km/h、30km/h、20km/h的路段,经技术经济论证,最大纵坡可增加1%。

四级公路位于海拔2000m以上或积雪冰冻地区的路段,最大纵坡不应大于8%。

(2) 桥上及桥头路线的纵坡

小桥处的纵坡随路线纵坡设计;大、中桥上的纵坡不宜大于4%;桥头引道纵坡不宜大于

5%;易结冰、积雪的桥梁,桥上纵坡宜适当减小;位于城镇混合交通繁忙处的桥梁,桥上及桥头引道纵坡均不得大于3%。

(3)隧道及其洞口两端路线的纵坡

隧道内的纵坡应大于0.3%且小于3%,但长度小于100m的隧道,其纵坡不受此限;高速公路、一级公路的中、短隧道,当条件受限制时,经技术论证后,最大纵坡可适当增大,但不宜大于4%。隧道内的纵坡宜设置成单面坡,地下水发育的隧道及特长、长隧道宜采用人字坡。

(4)城镇附近且非汽车交通量较大的路段

位于城镇附近及非汽车交通量较大的路段,可根据具体情况将纵坡适当放缓。通常情况下,平原、微丘区一般不大于2%~3%,山岭、重丘区一般不大于4%~5%。

(5)高原地区的纵坡

高原地区空气密度下降,导致汽车爬坡能力下降。此外,在高原地区,汽车水箱中的水容易开锅而破坏冷却系统。因此《规范》规定,对于设计速度小于或等于80km/h,位于海拔3000m以上高原地区的公路,最大纵坡应按表3-4的规定予以折减。最大纵坡折减后小于4%时仍应采用4%。

高原纵坡折减值　　　　　　　　　　　　　　　　　表3-3

海拔高度(m)	3000~4000	>4000~5000	>5000
折减值(%)	1	2	3

2. 最小纵坡

一般来说,适当降低公路路线的纵坡值将有利于行车的快速和安全。但在挖方路段、设置边沟的低填方路段和横向排水不畅路段,为保证纵向排水要求,防止积水渗入路基影响其稳定性,在这些路段上应考虑最小纵坡限制。《规范》规定,公路纵坡不宜小于0.3%。在横向排水不畅路段或长路堑路段,采用平坡(0%)或小于0.3%的纵坡时,对其边沟应进行纵向排水设计。

3. 最大坡长

根据汽车的动力性能可知,纵坡坡度设置越陡、坡长越长,对行车越不利。上坡时,由于汽车在陡坡上长时间低速行驶,易使水箱开锅,导致汽车爬坡无力,甚至使发动机熄火;下坡时,由于汽车连续制动,易使汽车的制动器发热而失效,导致交通事故。所以《规范》规定,各级公路不同纵坡的最大坡长应符合表3-5的规定。

不同纵坡的最大坡长(m)　　　　　　　　　　　　　　表3-5

	设计速度(km/h)	120	100	80	60	40	30	20
纵坡坡度(%)	3	900	1000	1100	1200			
	4	700	800	900	1000	1100	1100	1200
	5		600	700	800	900	900	1000
	6			500	600	700	700	800
	7					500	500	600
	8					300	300	400
	9						200	300
	10							200

4. 最小坡长

最小坡长的限制是从汽车行驶平稳性、乘客舒适性、纵面视距和相邻两竖曲线的布置等方面综合考虑的。若坡长过短,变坡点增多,纵坡线形呈锯齿形状,汽车将频繁增重与减重,乘客会感觉不舒适,路容也不美观。另外,当相邻坡段的纵坡相差较大,而坡长又较短时,汽车运行需频繁换挡,增加了驾驶员的操作劳动强度。最小坡长以设计速度行驶 9~15s 的行程作为规定值。《规范》规定了各级公路相应的最小坡长,见表 3-6。

最 小 坡 长　　　　表 3-6

设计速度(km/h)	120	100	80	60	40	30	20
最小坡长(m)	300	250	200	150	120	100	60

5. 缓和坡段

缓和坡段的作用主要是为了改善汽车在连续陡坡上行驶的紧张状况,避免汽车长时间采用低速挡行驶或汽车在下坡时产生不安全因素。因此,当陡坡的长度达到限制坡长时,应安排一段缓坡,用以恢复汽车在陡坡上行驶所降低的速度。

《规范》规定,各级公路的连续上坡路段,在不大于最大坡长的纵坡长度之间设置缓和坡段。当设计速度小于或等于 80km/h 时,缓和坡段的纵坡应不大于 3%;当设计速度大于 80km/h 时,缓和坡段的纵坡应不大于 2.5%。缓和坡段的长度应大于最小坡长。

6. 平均纵坡

平均纵坡是指一定长度的路段纵向所克服的高差与这段路线长度之比,用百分率(%)表示,即 $i = H/L$。平均纵坡是为了合理运用最大纵坡、坡长及缓和坡段的规定,以保证车辆安全、顺利行驶的限制性指标,它是衡量纵断面线形设计质量的重要指标之一。

根据对山区公路行车的实际调查发现,虽然有的公路纵坡设计完全符合最大纵坡、坡长限制和缓和坡段的规定,但仍不能确保车辆安全行驶。例如,对地形困难、高差较大的地段,设计者可能交替使用了极限长度的最大纵坡及缓和坡长,即"陡坡最大坡长 + 缓和段最小坡长",形成"台阶式"纵断面线形,这是一种"合法但不合理"的做法,以这种方法设计的路段不利于保障行车安全性,因此有必要从行车平顺性和安全性方面来考虑控制设计纵坡的平均值。

《规范》规定:二、三、四级公路的越岭线连续上坡或下坡路段,相对高差为 200~500m 时,平均纵坡应不大于 5.5%;相对高差大于 500m 时,平均纵坡应不大于 5%;任意连续 3km 路段的平均纵坡宜不大于 5.5%。

7. 合成坡度

合成坡度是指路线纵坡与超高横坡或路拱横坡组合而成的最大坡度,其坡度方向为最大流水方向。合成坡度的计算公式为:

$$I = \sqrt{i_h^2 + i^2} \tag{3-1}$$

式中:I——合成坡度,%;

i——路线纵坡度,%;

i_h——超高横坡度或路拱横坡度,%。

进行路线设计时,将合成坡度控制在一定范围之内,目的是尽可能地避免急弯和陡坡的不利组合,防止因合成坡度过大而引起汽车横向滑移和行车危险,确保车辆在弯道上安全、顺适地行驶。《规范》规定的各级公路容许的最大合成坡度值见表3-7。

公路最大合成坡度　　　　　　　　　　表3-7

公路等级	高速、一级公路				二、三、四级公路				
设计速度(km/h)	120	100	80	60	80	60	40	30	20
合成坡度(%)	10.0	10.0	10.5	10.5	9.0	9.5	10.0	10.0	10.0

当陡坡与小半径平曲线重叠时,宜采用较小的合成坡度。在冬季路面有结冰、积雪的地区,或自然横坡较陡峻的傍山路段,或非汽车交通量较大的路段,其合成坡度必须小于8%。

合成坡度过小则排水不畅,路面积水易使汽车滑移,前方车辆溅水造成的水幕会影响通视,使行车中易发生交通事故。因此《规范》规定,各级公路最小合成坡度不宜小于0.5%,否则应采取综合排水措施,保证路面排水畅通。在超高过渡的变化处,合成坡度不应设计为0%。

三、竖曲线

1. 竖曲线形式和类型

纵断面上相邻两个坡度不同的直坡段相交会形成转折点,该转折点称为变坡点。为缓和行车的舒适性和保证视距,变坡点处必须设置竖曲线,竖曲线通常采用圆曲线或二次抛物线。在实际设计中,一般根据计算方便而采用圆曲线。

在纵坡设计时,由于纵断面上只反映水平距离和竖直高度,因此竖曲线的切线长与曲线长是其在水平面上的投影,相邻两条纵坡线相交角用坡度差 ω 表示,坡度差 ω 为 i_1 和 i_2 的代数差,即 $\omega = i_1 - i_2$。当 $\omega > 0$ 时,为凸形竖曲线;当 $\omega < 0$ 时,为凹形竖曲线。

2. 竖曲线的要素计算

竖曲线要素如图3-2所示,计算如下:

曲线长
$$L = R\omega \tag{3-2}$$

切线长
$$T \approx \frac{L}{2} = \frac{R\omega}{2} \tag{3-3}$$

外距
$$E = \frac{T\omega}{4} = \frac{T^2}{2R} = \frac{R\omega^2}{8} = \frac{L\omega}{8} \tag{3-4}$$

曲线上任意一点 P 的竖距(任意一点切线与竖曲线之间的竖向距离)
$$h = \frac{x^2}{2R} \tag{3-5}$$

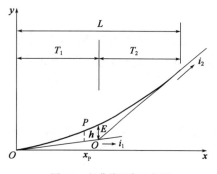

图3-2　竖曲线要素示意图

3. 竖曲线的最小半径和最小长度

确定竖曲线的最小半径和最小长度时主要考虑缓和冲击、行驶时间及视距三个限制因素。

根据计算比较,凹形竖曲线最小半径和最小长度依据缓和冲击的要求来确定,凸形竖曲线最小半径和最小长度以满足视距要求为控制因素。《规范》规定竖曲线最小半径和长度应符合表3-8的规定。

竖曲线最小半径和最小长度　　　　　表3-8

设计速度(km/h)		120	100	80	60	40	30	20
凸形竖曲线半径(m)	一般值	17000	10000	4500	2000	700	400	200
	极限值	11000	6500	3000	1400	450	250	100
凹形竖曲线半径(m)	一般值	6000	4500	3000	1500	700	400	200
	极限值	4000	3000	2000	1000	450	250	100
竖曲线长度(m)	一般值	250	210	170	120	90	60	50
	极限值	100	85	70	50	35	25	20

注:表中所列"一般值"为正常情况下的采用值;"极限值"为条件受限制时,经技术论证后的采用值。

四、路基设计高程计算

公路纵断面设计目的之一是确定每个中桩的设计高程。纵断面设计线由直坡段和竖曲线组成。直坡段上每个桩号的路基设计高程的计算方法与竖曲线上切线高程的计算方法相同。竖曲线上每个桩号的设计高程计算步骤如下:

(1)根据实际情况合理地选定竖曲线半径。
(2)计算竖曲线基本要素 ω, L, T, E。
(3)计算竖曲线起、终点桩号。

竖曲线起点桩号 = 变坡点的桩号 − T
竖曲线终点桩号 = 变坡点的桩号 + T

(4)计算指定桩号的平距 x 和竖距 h。

变坡点前:　　　平距 x = 该点桩号 − 竖曲线起点桩号
变坡点后:　　　平距 x = 竖曲线终点桩号 − 该点桩号

竖距按照式(3-5)计算。

(5)计算指定桩号的切线高程:

该桩号切线高程 = 变坡点高程 ± $(T-x)i$

(6)计算指定桩号的路基设计高程:

该桩号路基设计高程 = 切线高程 ± h

【例3-1】 某山岭区二级公路,变坡点桩号为K6+140,其高程为428.90m,两相邻坡段的坡度 $i_1 = +4.0\%$, $i_2 = -5.0\%$,选用竖曲线半径 $R = 2000$m。试计算竖曲线要素及桩号K6+080和K6+160处的路基设计高程。

解:(1)计算竖曲线要素

$i_1 = 4\% > 0$,上坡; $i_2 = -5\% < 0$,下坡,为凸形竖曲线。

坡度差:
$$\omega = i_1 - i_2 = 0.04 - (-0.05) = 0.09$$

曲线长：
$$L = R\omega = 2000 \times 0.09 = 180(\text{m})$$
切线长：
$$T = \frac{L}{2} = \frac{180}{2} = 90(\text{m})$$
外距：
$$E = \frac{T^2}{2R} = \frac{90^2}{2 \times 2000} = 2.03(\text{m})$$

(2) 计算起、终点桩号

竖曲线起点桩号 = K6 + 140 − 90 = K6 + 050
竖曲线终点桩号 = K6 + 140 + 90 = K6 + 230

(3) 计算路基设计高程

① 桩号 K6 + 080。

平距：
$$x = K6 + 080 - K6 + 050 = 30(\text{m})$$
竖距：
$$h = \frac{x^2}{2R} = \frac{30^2}{2 \times 2000} = 0.23(\text{m})$$
$$切线高程 = 428.9 - (90 - 30) \times 0.04 = 426.50(\text{m})$$
$$设计高程 = 426.50 - 0.23 = 426.27(\text{m})$$

② 桩号 K6 + 160。

平距：
$$x = K6 + 230 - K6 + 160 = 70(\text{m})$$
竖距：
$$h = \frac{x^2}{2R} = \frac{70^2}{2 \times 2000} = 1.23(\text{m})$$
$$切线高程 = 428.9 - (90 - 70) \times 0.05 = 427.90(\text{m})$$
$$设计高程 = 427.90 - 1.23 = 426.67(\text{m})$$

五、平、纵线形组合

1. 平、纵线形组合规定

公路平、纵线形组合设计是指在满足汽车运动学和力学要求的前提下，结合地形、地物、景观、视觉和经济性等，研究如何满足驾驶员在视觉方面的连续性和心理方面的舒适性以及与周围环境相协调，以确保汽车行驶的安全性、舒适性与经济性。

公路建成后，公路线形最终是以平面、纵断面、横断面三者间组合的立体线形展现在驾驶员眼前的。行驶过程中驾驶员所选择的实际行驶速度，是由他对平纵横组合而成的立体线形做出的判断，由此，平纵横组合而成的立体线形的优劣最后集中反映在汽车的车速上。如果是按照平面、纵断面、横断面标准分别设计，而不将三者综合起来考虑，最终不一定能得到好的设计,如图3-3所示。公路建成后,要改变公路线形几乎是不可能的。因此,不理想的平、纵线形组合将长期限制着汽车的运行速度。

a)平纵线形组合合理

b)平纵线形不利组合

图3-3　平纵线形组合设计

《规范》规定,设计速度大于或等于60km/h的公路,应注重路线平、纵线形组合设计;设计速度小于或等于40km/h的公路,首先应在确保行驶安全的前提下,正确地运用技术指标,在条件允许的情况下力求做到平、纵线形组合合理,并尽量避免不利组合。

2. 平、纵线形组合原则

(1)在视觉上应能自然地诱导驾驶员的视线,并保持视线上的连续性。

(2)平面与纵断面线形的技术指标应大小均衡,避免出现平面高标准、纵断面低标准,或出现与此相反的情况,使线形在视觉上、心理上保持协调。

(3)选择组合得当的合成坡度,以利于路面排水和行车安全。

(4)平、纵线形组合应注意与周围环境相协调,充分利用公路周围的地貌、地形、天然树林以及建筑物等,尽量保持自然景观的连续性,消除景观单调感,使得公路与大自然融为一体,如图3-4所示。

a)

b)

图3-4　线形与周围景观相协调

3. 平、纵线形组合类型

平面线形由直线段与平曲线组成,纵断面设计线由直坡段与竖曲线组成。因此,公路上平、纵线形组合一共有四种基本类型:平曲线与竖曲线组合、平曲线与纵断面直坡段组合、平面直线与竖曲线组合、平面直线与纵断面直坡段组合。

1)平曲线与竖曲线组合

平曲线与竖曲线组合应符合以下要求。

(1)平曲线与竖曲线宜相互对应,且平曲线宜比竖曲线长

平曲线与竖曲线组合时应将竖曲线的起、终点分别设在平曲线的两段缓和曲线的中间,即"平包竖"。平曲线的曲中点 QZ 与竖曲线的顶点(底部)位置错开不超过平曲线长度的 1/4 时,这是平、纵面最佳的组合,如图 3-5 所示。

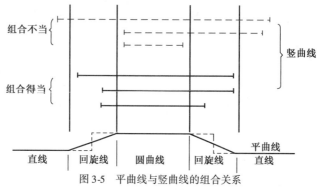

图 3-5　平曲线与竖曲线的组合关系

注:不设回旋线时为虚线。

如果平曲线与竖曲线不能较好的组合,且两者的半径均较小(一般指平曲线半径小于一般最小半径值)时,宁可把平曲线、竖曲线错开相当距离,使竖曲线位于平面的直线上,平曲线位于直坡段上。但如果平曲线与竖曲线半径都很大时,则平、竖曲线的位置可不受上述限制。

(2)平曲线与竖曲线的大小应保持均衡

平曲线与竖曲线其中一方大而平缓时,则另一方也要与之相适应,不能变化过多。长的平曲线内不宜包含多个竖曲线;短的平曲线不宜与短的竖曲线组合。一个平曲线内若含有两个以上的竖曲线或与此相反的情况,线形看上去都会非常别扭,如图 3-6 所示。平曲线与竖曲线重合时,如果平曲线半径小于 1000m,当竖曲线半径为平曲线半径的 10~20 倍时,在视觉上便可获得满意的效果。

(3)暗弯、明弯与凸形、凹形竖曲线

暗弯与凸形竖曲线、明弯与凹形竖曲线的组合是合理、悦目的。对于暗弯与凹形曲线、明弯与凸形曲线的组合,当坡差较大时,会给人以舍弃平坦坡道、近路不走,而故意爬坡、绕弯的感觉;当坡差不大时,矛盾不是很突出。

(4)平曲线与竖曲线应避免的组合

①凸形竖曲线的顶部和凹形竖曲线的底部,应避免插入小半径平曲线。如果在凸形竖曲线的顶部设有小半径的平曲线,驾驶员须驶近坡顶才能发现平曲线,会导致驾驶员紧急操纵转向盘而容易发生行车危险;在凹形竖曲线的底部设有小半径平曲线,也会因汽车高速下坡时急转弯而发生行车危险。

图 3-6 平曲线与竖曲线组合

②凸形竖曲线的顶部或凹形竖曲线的底部不宜与反向平曲线的拐点重合。两者外观都存在不同程度的扭曲，前者易导致驾驶员操作失误，引发交通事故；后者会使汽车加速而急转弯，且不利于路面排水，如图 3-7 所示。

a)凸形竖曲线与反向曲线拐点重合

b)凹形竖曲线与反向曲线拐点重合

图 3-7 平曲线与竖曲线应避免的不利组合

③半径小的圆曲线起、讫点，不宜接近或设在凸形竖曲线的顶部或凹形竖曲线的底部。对凸形竖曲线诱导性差，事故发生率高；对凹形竖曲线路面排水不畅。

2）平曲线与纵断面直坡段组合

平曲线与纵断面直坡段组合应选择适宜的合成坡度，尽量避免急转弯与陡坡组合。

3）平面直线与竖曲线组合

在直线上一次变坡是较好的组合，即包含一次凸形竖曲线为好，凹形竖曲线次之。长直线不宜与半径小且长度短的竖曲线组合。在平面的长直线中应避免反复变坡，否则会形成锯齿、驼峰状，使得线形不连贯，导致驾驶员只能看见脚下与前方，而看不见中间的凹陷部分，产生视线中断的感觉，如图 3-7 所示。

4)平面直线与纵断面直坡段组合

平面上的长直线与纵断面上的直坡段组合适用于桥梁、隧道、交叉口等路段,但由于该组合线形单调,驾驶员易产生疲劳。平面与纵坡组合时,在平面的长直线上不宜设置陡坡,并应避免在长下坡路段、长直线路段或大半径圆曲线路段的末端接小半径圆曲线的组合。

工作任务二　识读纵断面设计成果

 学习目标

1. 熟悉纵断面主要设计成果;
2. 能识读和核对公路纵断面设计成果;
3. 具有"严控质量,遵从规范"的职业操守,能科学地分析和解决实际工程中常见问题。

 任务描述

本任务要求学生汇总、比较、分析、总结、反思在学习情境三中完成的所有工作任务,能识读纵断面在施工图文件中的主要设计成果,培养学生逻辑分析、归纳总结学习方法和工作方法能力。

 相关知识

纵断面设计成果,主要包括路线纵断面图、纵坡竖曲线表、路基设计表。

一、路线纵断面图

纵断面图是公路设计的重要文件之一,它反映了路线所经地区的地面起伏情况以及各个桩号的填挖高度。纵断面线形与平面线形组合起来,可以反映公路线形在空间的具体位置。

二、纵坡竖曲线表

纵坡竖曲线表反映了路线纵断面各变坡点的桩号与高程、各直坡段的坡度与坡长、各竖曲线半径及曲线要素,见表3-2。

三、路基设计表

路基设计表是公路设计文件的组成内容之一,它同时反映了平、纵、横三面的设计指标。表中填写路线平面、纵面等主要测设与设计资料,里程桩号,填、挖宽度(包括加宽),超高值等有关内容,为公路横断面设计提供基本数据,同时也是路基施工的依据之一。一般公路的路基设计表可参见表2-5。

路基设计表的填写方法如下:

(1)第1栏桩号,第3、4栏坡度及竖曲线,第5栏地面高程,第6栏设计高程,第7、8栏填挖高度,都从纵断面图中抄录。

(2)第2、3栏都从直线、曲线及转角表中抄录。

(3)第9、10栏为路肩、行车道宽度,当 $R \leqslant 250$m 时,应考虑平曲线内侧加宽。

(4)第11、12、13栏为路基两边缘和行车道两边缘与设计高程之高差,当 $R \leqslant 250$m 时,应考虑平曲线超高。

(5)第14栏为第7栏与第12栏之和,第15栏为第8栏与第12栏之差。

(1)路线纵断面设计就是确定路线在原地面上的高度、形状及尺寸。纵断面设计线由直坡段和竖曲线组成。直坡段有上坡与下坡之分,用坡度和坡长表示。坡度是指两点间的高差与水平距离的比值;坡长是指两变坡点之间的水平直线距离。

(2)纵断面直坡段的具体技术指标有最大纵坡与最小纵坡、最大坡长与最小坡长、平均纵坡、缓和坡段、合成坡度等。

(3)在实际设计中,一般根据计算方便,竖曲线常采用圆曲线形式,有凸形竖曲线和凹形竖曲线两种。竖曲线的设计标准包括竖曲线的最小半径和最小长度,凸形竖曲线最小半径和最小长度以满足视距要求为控制因素,凹形竖曲线最小半径和最小长度应依据缓和冲击的要求来确定。竖曲线计算的目的是确定设计纵坡上指定桩号的路基设计高程。

(4)公路线形是由平面线形、纵断面线形组合而成的立体线形,因此,在进行线形设计时,必须注重平、纵线形组合设计。平面线形由直线段与平曲线组成;纵断面设计线由直坡段与竖曲线组成。平、纵线形组合有四种基本类型:平曲线与竖曲线组合、平曲线与直坡段组合、直线与竖曲线组合、直线与直坡段组合。

(5)纵断面设计成果,主要包括路线纵断面图、纵坡竖曲线表和路基设计表。

一、填空题

1.纵断面图上的设计线由_____和_____组成。

2.《规范》规定,各级公路的_____路段,在不大于_____的纵坡长度之间设置缓和坡段。当设计速度小于或等于80km/h时,缓和坡段的纵坡应不大于_____;当设计速度大于80km/h时,缓和坡段的纵坡应不大于_____。缓和坡段的长度应大于_____。

二、选择题

1. 二、三、四级改建公路的路基设计高程一般是指（　　）。
   A. 路基中线高程　　　　　　　　B. 路面边缘高程
   C. 路基边缘高程

2. 竖曲线起、终点对应的里程桩号之差为竖曲线的（　　）。
   A. 切线长　　　　　　　　　　　B. 切曲差
   C. 曲线长

3. 新建二级公路某桩号的路基设计高程为415.60m，那么施工时415.60m是下列哪点高程？（　　）
   A. 路基中线高程　　　　　　　　B. 路面边缘高程
   C. 路基边缘高程

4. 纵断面设计线上某一变坡点处：$i_1=4\%$，$i_2=-5\%$，该变坡点处所设的曲线为（　　）。
   A. 凹形竖曲线　　　　　　　　　B. 凸形竖曲线
   C. 平曲线　　　　　　　　　　　D. 缓和曲线

5. 路基设计表是汇集了路线（　　）设计成果。
   A. 平面　　　　　　　　　　　　B. 纵断面
   C. 横断面　　　　　　　　　　　D. 平、纵、横

6. 在实际设计中，一般根据计算方便，竖曲线常采用的是（　　）。
   A. 回旋线　　　　　　　　　　　B. 抛物线
   C. 圆曲线　　　　　　　　　　　D. 螺旋线

7. 《规范》对平均纵坡的要求适合于（　　）。
   A. 各种地形的路线　　　　　　　B. 三、四级公路路线
   C. 二、三、四级公路越岭线　　　D. 高原地区

8. 在挖方路段、设置边沟的低填方路段和横向排水不畅路段，为保证纵向排水要求，防止积水渗入路基影响其稳定性，《规范》规定，公路纵坡不宜小于（　　）。
   A. 0.3%　　　　　　　　　　　　B. 0.4%
   C. 0.5%　　　　　　　　　　　　D. 0.55%

三、判断题

（　　）1. 路基填挖高度就是中桩施工高度。
（　　）2. 所有直坡段都必须限制最大坡长。
（　　）3. 任何等级公路都需考虑平均纵坡。

四、简答题

1. 简述纵断面的设计线的组成及其规定。
2. 简述路基设计高程的规定。
3. 简述纵断面设计的目的及其主要设计成果。

五、计算题

1. 某公路有连续三个变坡点分别为 K8+700,K9+100,K9+380,对应的高程分别为 77.756m,65.356m,68.716m,试计算其坡度与坡长。

2. 某山岭区三级公路,变坡点桩号为 K6+770,其高程为 396.67m,两相邻坡段的坡度 $i_1 = -3.0\%$, $i_2 = +4.0\%$,选用竖曲线半径 $R = 2000$m。试计算竖曲线要素及桩号 K6+740 和 K6+800 处的路基设计高程。

学习情境四 LEARNING CONTEXT FOUR
识读公路横断面

工作任务一 分析公路横断面线形组成

 学习目标

1. 熟悉公路横断面的基本规定、基本组成及各部分的技术指标；
2. 能识读和核对公路施工图文件中的横断面图；
3. 具有"遵从规范，严控质量"的职业操守，以及公路建设的安全意识、责任意识。

 任务描述

1. 识读某公路一般路基横断面图和路基横断面设计图，如图4-1和图4-2所示。
2. 某新建二级公路，设计速度 $V=80\text{km/h}$，路基土质为砂性土，挖方土质状态较为密实，填方高度和挖方深度均在正常范围，各部分均取《规范》规定的一般值，路堤边坡坡度为1∶1.5，路堑边坡坡度为1∶0.75。根据《规范》和资料确定路基横断面组成，完成"识读公路横断面"工作任务单，见表4-1。
3. 通过完成工作任务单，培养学生"遵从规范，严控质量"的职业操守以及认真细致的工作作风。

 相关知识

一、认识公路横断面

公路平面设计确定了公路中线位置和路线起、终点之间的公路走向，以及公路的总里程和每个中桩的坐标。在公路施工中，依据平面设计成果通过施工放样可以确定公路具体位置。公路纵断面确定了公路中线的高度，即确定每个中桩的设计高程。在公路施工中依据纵断面设计成果确定了每个中桩的施工高度，而公路横断面可确定每个桩号的施工宽度。

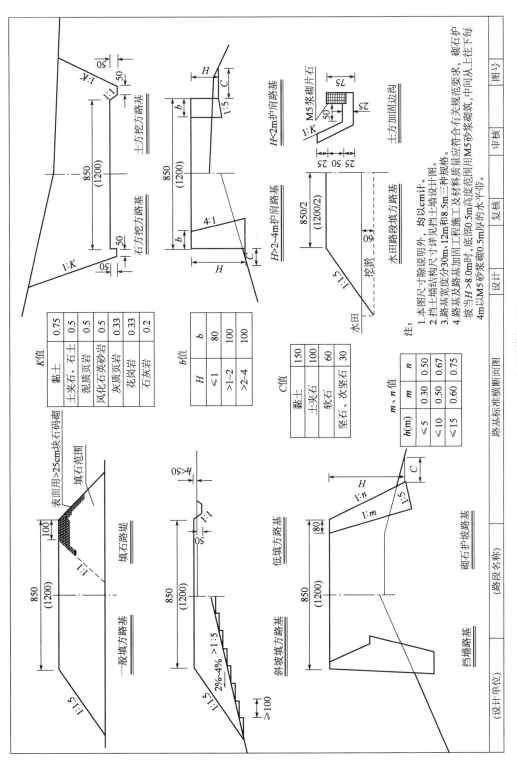

图4-1 一般路基横断面图

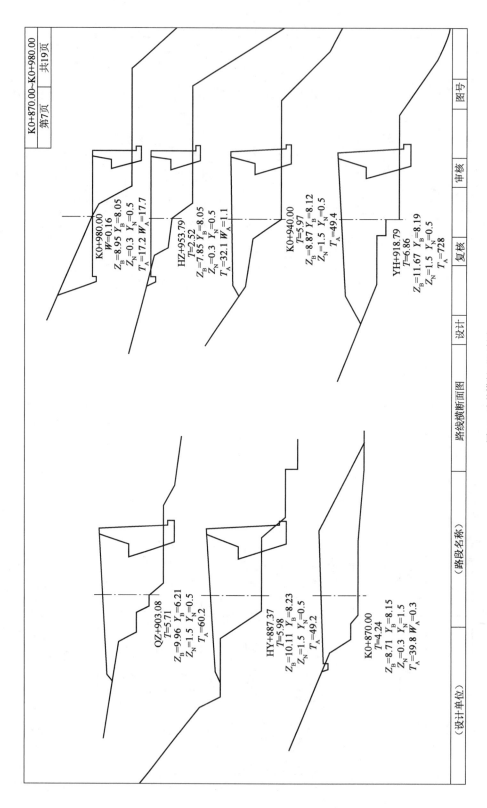

图4-2 路基横断面设计图

工作任务单 5　　识读公路横断面　　　　　　　　　　表 4-1

项目概况	公路等级	
	设计速度	
	路基设计高程位置	
公路横断面识读	公路横断面图比例	
	车道数	
	行车道宽度	
	硬路肩宽度	
	土路肩宽度	
	公路对向分隔方式	
	路基宽度	
	路拱坡度	
	路肩坡度	
	典型横断面类型	
	横断面设计目的	

路线典型横断面图：

公路中线的法线方向剖面图称为公路横断面图，简称横断面，它是由横断面设计线与横断面地面线所围成的图形。横断面设计线一般包括：行车道、中间带、路肩、边坡、边沟、截水沟、护坡道以及取土坑、弃土堆、环境保护等设施各部分的位置、名称，如图 4-3 所示。

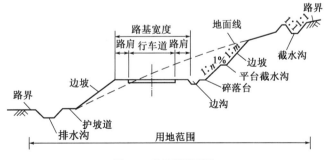

图 4-3　公路横断面图

由于地形、地质的变化和各桩号填挖高度的不同，各桩号处的横断面也各不相同。路基横断面有三种典型形式：路堤、路堑、半填半挖。路堤是指高于原地面的填方路基；路堑是指低于原地面的挖方路基;半填半挖路基是指在一个断面内,一部分要填、另一部分要挖的路基,如图 4-4 所示。

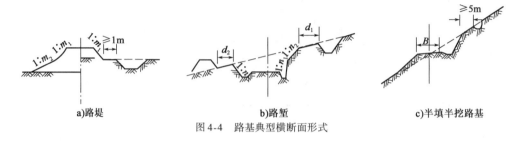

图 4-4　路基典型横断面形式

二、公路横断面组成

1. 公路路基标准横断面组成

(1)高速公路、一级公路的路基标准横断面分为整体式或分离式两类,如图 4-5 所示。整体式路基的标准横断面应由行车道、中间带、路肩(右侧硬路肩、土路肩)等部分组成。分离式路基的标准横断面应由行车道、路肩(右侧硬路肩、左侧硬路肩、土路肩)等部分组成。

a) 整体式路基横断面

b) 分离式路基横断面

图 4-5　横断面分类

(2)二级公路路基的标准横断面应由行车道、路肩(硬路肩、土路肩)等部分组成。

(3)三级公路、四级公路路基的标准横断面应由行车道、路肩等部分组成。

2.公路路基横断面形式

(1)高速、一级公路应根据需要采用整体式或分离式路基横断面形式。

(2)双向十车道及以上车道数的高速公路可采用复合式路基横断面形式。

(3)二、三、四级公路应采用整体式路基横断面形式。

3.路基横断面一般组成及规定

路基宽度是指在一个横断面上两路肩外边缘之间的宽度,一般是指行车道与路肩宽度之和。当设有中间带、加(减)速车道、紧急停车带、爬坡车道、错车道、侧分隔带、非机动车道(或慢车道)和人行道等时,均应包括在路基宽度内。

1)行车道

(1)行车道及宽度。行车道是指公路上供各种车辆行驶部分的总称。行车道宽度由汽车宽度和富余宽度组成。各级公路行车道宽度见表4-2。

各级公路行车道宽度 表4-2

设计速度(km/h)	120	100	80	60	40	30	20
车道宽度(m)	3.75	3.75	3.75	3.50	3.50	3.25	3.00

八车道及以上公路在内侧车道(内侧第1、2车道)仅限小客车通行时,其车道宽度可采用3.5m;四级公路采用单车道时,车道宽度应采用3.5m;设置慢车道的二级公路,慢车道宽度应采用3.5m。

(2)车道数。公路的车道数主要根据该道路的设计交通量来确定,车道数应在一个较大的路线长度内保持不变,而且当车道数需要增加或减少时,一次增加或减少的车道应不多于一条。各级公路的车道数见表4-3。

各级公路的车道数 表4-3

公路技术等级	高速、一级公路	二级公路	三级公路	四级公路
车道数(条)	≥4	2	2	2(1)

2)路肩

(1)路肩及其作用。路肩是具有一定宽度的位于行车道外缘至路基边缘之间的带状结构物。路肩的主要作用是保护行车道,供行人、自行车通行和临时停放车辆,增加行车道的富余宽度。

(2)路肩组成及宽度。路肩包括硬路肩和土路肩,二级及二级以上公路的路肩包括硬路肩和土路肩两部分,三、四级公路的路肩一般只设土路肩。各级公路路肩宽度见表4-4。

各级公路右侧路肩宽度 表4-4

设计速度(km/h)		高速公路			一级(干线功能)公路	
		120	100	80	100	80
右侧硬路肩宽度(m)	一般值	3.00(2.50)	3.00(2.50)	3.00(2.50)	3.00(2.50)	3.00(2.50)
	最小值	1.50	1.50	1.50	1.50	1.50
土路肩宽度(m)	一般值	0.75	0.75	0.75	0.75	0.75
	最小值	0.75	0.75	0.75	0.75	0.75

续上表

设计速度(km/h)		一级(集散功能)和二级公路		三、四级公路		
		80	60	40	30	20
右侧硬路肩宽度(m)	一般值	1.50	0.75	—	—	—
	最小值	0.75	0.25			
土路肩宽度(m)	一般值	0.75	0.75	0.75	0.50	0.25(双车道)
	最小值	0.50	0.50			0.50(单车道)

注:1. 正常情况下,应采用"一般值";在设爬坡车道、变速车道及超车道路段,受地形、地物等条件限制路段及多车道公路特大桥,可论证采用"最小值"。
    2. 高速公路和作为干线的一级公路以通行小客车为主时,右侧硬路肩宽度可采用括号内数值。
    3. 高速公路局部设计速度采用60km/h 的路段,右侧硬路肩宽度不应小于1.5m。

3) 中间带

高速公路、一级公路整体式路基断面必须设置中间带,中间带由两条左侧路缘带和中央分隔带组成,如图4-6 所示。路缘带的主要功能是诱导驾驶员的视线和提供部分侧向余宽。

(1) 中间带的作用

①分离不同方向的交通流,减少车辆的对向干扰,以防止无序的交叉运行和转弯运行。

②在不妨碍公路限界的前提下,作为设置公路标牌的场地。

图4-6 中间带

③提供绿化带,以遮挡对向车灯的眩光。
④埋设管线等设施。

(2) 中间带的宽度

高速公路和作为干线的一级公路,中央分隔带宽度应根据公路项目中央分隔带功能确定;作为集散的一级公路,中央分隔带宽度应根据中间隔离设施的宽度确定。左侧路缘带宽度不应小于表4-5 的规定。

左侧路缘带宽度   表4-5

设计速度(km/h)		120	100	80	60
左侧路缘带宽度(m)	一般值	0.75	0.75	0.50	0.50
	最小值	0.75	0.50	0.50	0.50

注:1. "一般值"为正常情况下的采用值。
    2. 设计速度为120km/h、100km/h 时,受地形、地物限制的路段或多车道公路内侧仅限小型车辆通行的路段,可论证采用"最小值"。

在互通式立交、隧道、特大桥、服务区等构造物前后,以及整体式路基、分离式路基的分离(汇合)处,应设置中央分隔带开口,最小间距应不小于2km,开口长度不宜大于40m,开口处应设活动护栏。

4. 路基横断面特殊组成

1) 紧急停车带

紧急停车带是车辆发生故障时紧急停车的区域。高速公路和作为干线的一级公路的右侧硬路肩宽度小于2.50m时,应设置紧急停车带。紧急停车带的宽度应不小于3.50m,有效长度不应小于40m,间距不宜大于500m,并应在其前后设置不短于70m的过渡段。高速公路、一级公路的特大桥、特长隧道,根据需要可设置紧急停车带,其间距不宜大于750m。二级公路根据需要设置紧急停车带,其间距宜按实际情况确定。

2) 加(减)速车道

在高速公路、一级公路的互通式立体交叉、服务区等与主线连接处,车辆需要加速合流或减速分流时,为使变速车辆不致因速度的变化而影响其他车辆的正常行驶,应增加一段供车辆速度过渡的加速车道或减速车道,如图4-7所示。其宽度一般为3.5m,长度与速度变化范围、车辆特性等因素有关。二级公路在加油站、客运汽车停靠站、停车区、观景台等各类出入口处,也应设置过渡段,即加(减)速车道。

图4-7 变速车道

3) 错车道

四级公路采用单车道时,应在不大于300m的距离内选择有利地点设置错车道,使驾驶员能看到相邻两错车道之间的车辆。设置错车道路段的路基宽度应不小于6.5m,有效长度不小于20m。错车道的尺寸规定,如图4-8所示。

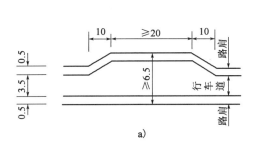

图4-8 错车道(尺寸单位:m)

4) 爬坡车道

高速公路、一级公路以及二级公路的连续上坡路段,当通行能力、运行安全受到影响时,应设置爬坡车道。爬坡车道宽度不应小于3.50m,且不大于4.0m。六车道及以上的高速公路、一级公路可不设爬坡车道。高速公路、一级公路的爬坡车道应紧靠车道的外侧设置。

5) 避险车道

连续长、陡下坡路段,应结合交通安全性评价论证设置避险车道。

工作任务二 路基土石方数量计算与调配

学习目标

1. 熟悉土石方数量计算与调配的基本概念；
2. 能计算路基土石方数量；
3. 能识读"路基土石方数量计算与调配表"；
4. 具有认真、细致的工作作风和"敬畏自然，节约环保"的工作理念。

任务描述

1. 某公路的"路基土石方数量计算与调配表"见表4-6，识读该表。
2. 通过典型的公路横断面设计案例，引导学生树立公路建设与自然环境协调发展理念，控制高填深挖路段，树立敬畏自然、节约环保的工作理念。

相关知识

路基土石方是公路工程的主要工程量，在整个工程项目中工程量所占比例较大，是比选路线方案时的主要技术经济指标之一。土石方的数量及其调配，关系到取土或弃土地点、公路用地范围，同时是确定工程造价、所需劳动力、机具设备数量以及施工期限等的依据。

一、路基土石方数量计算

由于天然地面起伏多变，填挖体积不可能是一个简单的几何体，因此路基土石方的计算通常只能近似计算，计算精度按工程的要求而定。一般情况下，路基横断面的面积以平方米为单位；土石方的体积以立方米为单位。

1. 横断面面积

路基横断面面积是指原地面线与路基设计线所包围的面积，包括填方面积和挖方面积，同一桩号横断面的填挖面积需分别计算。

1) 面积计算

横断面面积计算有积距法、几何图形法等多种方法。目前公路设计均采用路线软件进行设计，路基横断面尺寸确定后，横断面面积可以自动生成。

2) 面积计算时应注意的问题

(1) 填方和挖方的面积应分别计算。

(2) 填方或挖方的土石因其造价不同，也应分别计算。

(3) 有些情况下，横断面上的某一部分面积既可能是挖方面积，也可能被算作填方面积。例如，遇到淤泥时既要挖除，又要回填其他材料；又如当地面自然坡度较陡时，按《公路路基设

路基土石方数量计算及调配表

表4-6

桩号	横断面面积(m²) 挖方	横断面面积(m²) 填方	距离(m)	总数量	挖方分类及数量(m³) I %	I 数量	II %	II 数量	III %	III 数量	IV %	IV 数量	V %	V 数量	VI %	VI 数量	填方数量(m³) 总数量	填方数量 土	填方数量 石	本桩利用 土	本桩利用 石	填缺 土	填缺 石	挖余 土	挖余 石	远运利用及纵向调配示意	备注
1	2	3	4	5	6	7	8	9	10	11	12	13	14	15	16	17	18	19	20	21	22	23	24	25	26	27	28
K0+000	5.88	0.00	11.85	202.8			30	60.8			50	101.4	20	40.6			1.0	1.0		1.0					59.7	14.19		
K0+011.854	3.14	0.16	8.15	123.4			30	37.0			50	61.7	20	24.7			2.4	2.4		2.4					34.2	86.4		
K0+020	1.97	0.44	20.00	246.8			30	74.0			50	123.4	20	49.4			4.4	4.4		4.4					69.0	172.8		
K0+040	0.00	2.49	20.00	158.0			30	47.4			50	79.0	20	31.6											47.4	110.6		
K0+060	0.00	6.91	20.00	65.5			30	19.7			50	32.8	20	13.1											19.7	45.9		
K0+080	0.00	11.73	1.85	1.2			30				50	0.6	20	0.2											0.4	0.8		
K0+081.854	0.00	12.21	18.15	3.6			30	1.1			50	1.8	20	0.7														
K0+100	0.00	16.98	20.00				30				50		20				39.7	37.0	2.7		0.9	2.7	36.1				土230.3(79m) 石558.4(113m)	
K0+120	0.00	22.63	20.00				30				50		20				144.1	144.1					144.1					
K0+140	0.00	28.69	20.00				30				50		20				261.2	18.4	242.9				18.4	242.9				
K0+160	0.00	35.16	20.00				30				50		20				386.6	7.8	378.8				7.8	378.8			就地取土	
K0+163.531	0.00	36.35	3.53				30				50		20				81.8	28.3	53.5				28.3	53.5				
K0+180	0.00	41.73	16.47				30				50		20				435.4	150.6	284.8				150.6	284.8				
K0+200	0.00	48.70	20.00				30				50		20				652.2	225.6	426.7				225.6	426.7				
K0+220	0.00	55.13	20.00				30				50		20				786.3	271.9	514.3				271.9	514.3				
K0+233.531	0.00	59.59	13.53				30				50		20				605.6	209.5	396.2				209.5	396.2				
K0+240	0.00	62.28	6.47				30				50		20				312.7	108.1	204.5				108.1	204.5				
K0+260	0.00	133.16	20.00				30				50		20				1702.4	588.8	1113.6				588.8	1113.6			土7851.5 石11777.2	
K0+280	0.00	150.43	20.00				30				50		20				2583.9	893.7	1690.2				893.7	1690.2				
K0+300	0.00	191.63	20.00				30				50		20				3168.6	1095.9	2072.7				1095.9	2072.7				
K0+320	0.00	241.74	20.00				30				50		20				4081.7	1411.7	2670.0				1411.7	2670.0				
K0+340	0.00	297.15	20.00				30				50		20				5136.9	1776.7	3360.2				1776.6	3360.2				
K0+800	0.00	190.76	460.00				30				50		20				2922.6	2922.6					2922.6					
K0+820	0.00	126.70	20.00	399.3			30	119.8			50	199.6	20	79.9			1146.6	842.8	303.8	103.3	303.8	739.5				土4248.3(51m)	
K0+840	27.33	0.56	20.00	3804.9			30	1141.5			50	1902.4	20	761.0			5.6	5.6		5.6					1134.9	2663.4		
K0+860	327.96	0.00	20.00	10528.2			30	3158.5			50	5264.1	20	2105.6											3158.5	7369.7		
K0+880	699.66	0.00	20.00				30				50		20															
小计				15534				4660				7767		3107			24462	10747	13715	118	307	10629	13408	4524	10592		
累计				15534				4660				7767		3107			24462	10747	13715	118	307	10629	13408	4524	10592		

编制： 复核：

计规范》(JTG D30—2015)的要求需开挖台阶的面积等。

2. 填挖方体积

1) 填挖方体积计算

相邻桩号之间的填方或挖方体积就是路基土石方数量,为简化计算,通常把两个断面间的路基近似成棱柱体。其计算方法可采用平均断面法或棱台体积法。

(1) 平均断面法

假定两相邻的断面组成一个棱柱体,两断面即为棱柱体的上底和下底,中线距离(两桩号里程差)即为棱柱的高,如图 4-9 所示。其体积的计算方程式如下:

$$V = \frac{1}{2}(A_1 + A_2)L \tag{4-1}$$

式中:V——体积,即土石方数量,m^3;

A_1、A_2——分别为相邻两断面的面积,m^2;

L——相邻断面之间的距离,m。

采用平均断面法计算土石方体积的特点简便、实用,是公路工程中常采用的方法。但其精度较差,只有当 A_1、A_2 相差不大时才较准确。

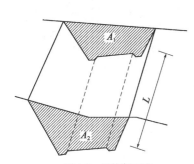

图 4-9 平均断面法

(2) 棱台体积法

当相邻两断面 A_1、A_2 相差较大时,按棱台体积法计算土石方数量更接近实际,其公式如下:

$$V = \frac{1}{3}(A_1 + A_2)L\left(1 + \frac{\sqrt{m}}{1+m}\right) \tag{4-2}$$

式中,$m = A_1/A_2$,其中,$A_1 < A_2$。

棱台体积法精度相对较高,应尽量采用该方法计算土石方数量。

2) 计算土石方数量时需注意的问题

(1) 用上述方法计算的土石方体积包含了路面体积。若纵断面填挖基本平衡时,则填方断面中多计算的路面体积与挖方断面中少计算的路面体积相互抵消,其总体积与实际体积相差不大;若路基是以填方或以挖方为主,则需要在计算断面面积时考虑路面体积。填方时,需要扣除路面体积;挖方时,需要增加路面体积,特别是路面厚度较大时更不能忽略。

(2) 计算路基土石方数量时,应扣除大、中桥及隧道所占路线长度的体积;桥头引道的土石方,可视需要全部或部分列入桥梁工程项目中,但应注意不要遗漏或重复;小桥涵所占的体积一般可不扣除。

(3) 路基工程中的挖方按天然密实方体积计算,填方按压实后的体积计算,各级公路各类土石方与天然密实方换算系数,见表 4-7,在土石方调配时应注意换算。

路基土石方换算系数   表 4-7

公路等级	土石类别				
	土方				石方
	松土	普通土	硬土	运输	
二级及二级以上公路	1.23	1.16	1.09	1.19	0.92
三、四级公路	1.1	1.05	1.00	1.08	0.84

二、路基土石方调配

1. 基本概念

在路基施工过程中,就某一断面的土石方而言可能会产生:填方、挖方、本桩利用、填缺、挖余。填方是指某断面填筑路基所需的土石方数量;挖方是指某断面路基的开挖土石方数量;本桩利用是指某断面有填有挖时,同断面内利用的土石方数量;填缺是指某断面填方本桩利用后仍缺的土石方数量;挖余是指某断面挖方本桩利用后所剩余的土石方数量。

"挖余"有两种处理方法:调至其他断面为"填缺"利用或弃土成为废方。"填缺"也有两种解决办法:从其他有"挖余"断面调土或从路外取土坑借土。

2. 土石方调配目的

土石方调配的目的是确定填方用土的来源、挖方弃土的去向以及计价土石方的数量和运量等。通过调配,合理解决各路段土石方的平衡与利用问题,使"挖余"在经济合理的调运条件下移挖作填,使填方有所"取",挖方有所"用",避免不必要的借方和废方,以达到减少占地和降低公路造价的目的。

3. 调配原则

(1)土石方调配时,先横向后纵向,首先进行本桩利用的横向调配,然后再考虑纵向调配,以减少借方和废方以及土石方总的运量。

(2)综合考虑施工方法、运输条件、地形情况等因素,确定合理的经济运距。

(3)土和石应分别调配。不同性质的土石应分别调配,以便分层填筑,分别计价。

(4)考虑到施工的因素,土石方一般不跨深沟或上坡调运;借土、废方要考虑借土还田、整地造田、排灌养殖,使公路建设和其他相关方面形成良性循环。

(5)位于山坡上的回头曲线路段,要优先考虑上下线的土方竖向调运。

(6)借土和弃土,应事先同当地协商,妥善处理。借土应结合地形、农田规划等选择借土地点,并综合考虑借土还田、整地造田等措施。弃土应尽量不占或少占耕地,防止乱弃、乱堆或堵塞河流、损坏农田。

4. 调配计算中的基本问题

(1)免费运距

土方作业包括挖、装、运、卸等工序,在规定的距离范围内,只按土石方数量计价。计价包括挖、装、运、卸的所有工作,不再另计运费,不计运费所规定的距离就是免费运距。施工方法不同,其免费运距也不同,如人工作业时,人工运输的免费运距为20m,铲运机的免费运距为100m。各种作业方法的免费运距可在现行《公路工程概算定额》(JTG/T 3831)和《公路工程预算定额》(JTG/T 3832)中查到。

(2)经济运距

填方用土有两个来源:一是路上纵向调土,二是路外就近借土。一般情况下,调运路堑挖方来填筑距离较近的路堤是比较经济的,但如果调运距离过长,以致运价超过了在填方附近借土所需费用时,这种移挖作填就不如在附近借土经济。因此,具体采用"调"还是"借",有一个限度距离,这个限度距离称为"经济运距"。

(3) 平均运距

从挖方段体积重心到填方段体积重心之间的距离,称为平均运距。为了简化计算,通常以挖方段的中心到填方段的中心间距表示平均运距。在纵向调运中,当其平均运距超过免费运距时,应按其超运运距计算土石方运量。

(4) 计价土石方数量

在土石方计算与调配中,所有挖方均应计价,但填方则应按土的来源决定是否计价。如果是路外借土则应计价,如果是移"挖"作"填"的纵向调配利用方,则不应计价,否则将形成双重计价(即路堑挖方和路堤填方两次计价)。计价土石方数量为挖方数量(含废方和调出利用方)与借方数量之和。

工作任务三 识读横断面设计成果

学习目标

1. 熟悉横断面主要设计成果;
2. 能识读和核对公路横断面设计成果;
3. 具有"严控质量,遵从规范"的职业操守,能科学地分析和解决实际工程中常见问题。

任务描述

本任务要求学生汇总、比较、分析、总结、反思在学习情境四中完成的所有任务,识读施工图文件中横断面的主要设计成果,使学生掌握学习方法和工作方法。

相关知识

公路横断面设计成果主要包括路基横断面图、路基土石方数量计算及调配表。

一、路基横断面图

公路施工图文件中路基横断面图包括路基标准横断面图、一般路基横断面设计图、路基横断面设计图。

1. 路基标准横断面

路基标准横断面是根据设计交通量、交通组成、设计车速、通行能力和满足交通安全的要求,按照公路等级、断面的类型、路线所处地形规定的路基横断面各组成部分横向尺寸的行业标准。各级公路的路基标准横断面,如图 4-10 所示。

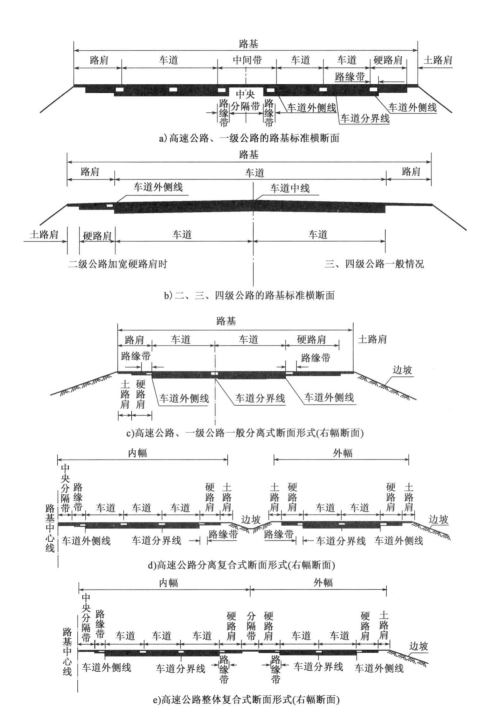

图 4-10　各级公路路基标准横断面图

2. 一般路基横断面设计图

一般路基横断面设计图就是绘制路堤、路堑、半填半挖路基以及其他不同的具有代表性的路基设计图,它可以反映该公路的路基横断面类型(图4-1)。

3. 路基横断面设计图

路基横断面设计图是反映每个中桩的具体横断面图,一条公路从起点至终点有多少个桩号(除去构造物),一般就需要绘制多少个路基横断面设计图(图4-2)。路基横断面图上各桩号横断面地面线可以在外业勘测后直接绘制在图纸上,也可按实测记录到室内绘制在图纸上。在图纸上绘制横断面地面线时,必须从图纸的左下方开始,按顺序逐个桩号向图纸上方排列。在图纸上的绘制顺序是从左至右、由下至上,直至图纸的右上方为本页图纸的最后一个桩号的横断面地面线。

路基横断面设计图比例尺一般采用1∶200,每页图纸的右上角应标明横断面图的总页数和本页图纸的编码数,在横断面图上要标注桩号、填(挖)高度、填(挖)面积、边坡坡度,在有超高、加宽的断面还要标明其相应数值。

二、路基土石方数量计算及调配表

路基土石方数量计算和调配是计算工程数量的主要环节,它直接影响工程数量的正确与否。因此,在填表和计算中要注意每一栏的相互关系,做到填表、计算、复核三个环节统一,确保数据的准确性。

小结

(1)公路横断面图是指公路中线的法线方向剖面图,是由横断面设计线与横断面地面线所围成的图形。横断面设计线包括行车道、中间带、路肩、边坡、边沟、截水沟、护坡道以及取土坑、弃土堆、环境保护等设施。

(2)高速公路、一级公路的路基标准横断面分为整体式或分离式两类,如图4-5所示。整体式路基的标准横断面应由行车道、中间带、路肩(右侧硬路肩、土路肩)等部分组成。分离式路基的标准横断面应由行车道、路肩(右侧硬路肩、左侧硬路肩、土路肩)等部分组成。二级公路路基的标准横断面应由行车道、路肩(硬路肩、土路肩)等部分组成。三级公路、四级公路路基的标准横断面应由行车道、路肩等部分组成。

(3)土石方数量计算与调配的主要任务是计算每公里路段的土石方数量和全线总土石方工程数量,确定挖方的利用和弃土的去向、填方用土的来源以及计价土石方的数量和运量等,为编制工程预(概)算、确定合理的施工方案以及计量支付提供依据。

(4)横断面设计成果主要包括路基横断面图、路基土石方数量计算及调配表。

一、填空题

1. 二级公路路基宽度由_____和_____组成。
2. 高速公路、一级公路的路基标准横断面分为_____和_____两类。

二、选择题

1. 下列需计价的土石方是(　　)。
   A. 废方　　　　　　　　　　B. 借方
   C. 纵向调出　　　　　　　　D. 纵向调入
2. 行车道宽度为(　　)m。
   A. 3.75　　　B. 3.5　　　C. 3.25　　　D. 3
3. 路基填方用土取"调"或"借"的界限距离称为(　　)。
   A. 经济运距　　　　　　　　B. 平均运距
   C. 超运运距　　　　　　　　D. 免费运距
4. 横断面图常采用的比例是(　　)。
   A. 1∶100　　　B. 1∶500　　　C. 1∶200　　　D. 1∶50

三、判断题

(　　)1. 所有挖方,无论是"废方"还是"移挖作填",均应加以计价。
(　　)2. 所有填方,无论是"借方"还是"移挖作填",均应加以计价。
(　　)3. 中间带又称中央分隔带。
(　　)4. 任何等级公路都需设硬路肩。
(　　)5. 路基土石方数量包括路基土石方数量和小桥涵的土石方数量。

四、简答题

1. 简述土石方调配原则。
2. 简述横断面主要设计成果及其主要内容。

Part 2 模块二

路基施工技术

学习情境五 LEARNING CONTEXT FIVE
路基施工准备

工作任务一 识读路基施工图

 学习目标

1. 熟悉路基基本类型、基本构造、基本要求、平衡湿度状况及材料要求；
2. 知道路基施工主要控制深度；
3. 能够识读和核对路基横断面图及路基说明；
4. 具有"绿色建设，节约环保"的工作理念；树立公路建设与自然环境的协调发展理念。

 任务描述

1. 某新建二级公路，设计速度 $V=80 \text{km/h}$，路基土质为砂类土，挖方土质状态较为密实，填方高度和挖方深度均在正常范围，各部分均取《规范》规定的一般值，路堤边坡坡率为 1∶1.5，路堑边坡坡率为 1∶0.5。根据《规范》和资料确定路基横断面组成，绘制路堤、路堑及半填半挖横断面示意图，在图中标明路基设计高程、地面高程、路基宽度、路面宽度、行车道宽度、路肩宽度、路拱坡度、路肩坡度、公路直接用地宽度、填挖高度、中桩施工高度、边坡坡度的位置及常用尺寸。

2. 结合路基用土偏重采用当地材料，培养学生"绿色建设，节约环保"的工作理念；结合自然区划，引入"两路"精神，引导学生树立不怕苦、不怕累的铺路石精神；引入万丈盐桥典型案例，引导学生树立公路建设与自然环境协调发展的理念。

 相关知识

路基是按照路线位置和一定的技术要求在天然地面上填筑或开挖修筑而成的带状构造物，它作为路面的基础，承受由路面传递下来的行车荷载，同时承受各种自然因素的影响。

一、路基的基本知识

1. 路基基本要求

公路通车运营后,路基会长期承受车辆荷载作用与自然因素影响。为保证路基使用寿命和通行质量,路基应满足以下基本要求。

(1)结构承载力

路基应具有足够的强度和刚度,以保证在外力作用下,不致产生超过容许范围的变形。路基因承载力不足产生的沉陷如图 5-1 所示。

图 5-1　路基沉陷

(2)稳定性

路基的稳定性是指路基在车辆荷载作用及自然因素影响下,不致产生过大的变形和破坏的能力。路基应具有边坡稳定性与整体稳定性,以防止路基边坡发生滑塌或沿着陡坡地面下滑。路基因边坡稳定性不足而发生的滑塌如图 5-2 所示。

(3)水温稳定性

路基的水温稳定性是指路基在水和温度的共同作用下保持其强度的能力,包括水稳定性和温度稳定性。路基在季节性冰冻地区,随着水温状况发生变化,路基将会发生冻胀和翻浆(图 5-3),使其强度急剧下降。因此,路基不仅要有足够的强度和刚度,而且要在最不利的水温状况下,确保其结构承载力不会显著降低,这就要求路基具有足够的水温稳定性。

图 5-2　路基边坡滑塌　　　　　　　　图 5-3　路基翻浆

2. 路基工作区的概念

路基在工作过程中，承受自重和车辆荷载。车辆荷载产生的应力会随深度的增加而减小，自重应力则随深度的增加而增大。路基工作区是指车辆荷载所产生的应力与路基土自重应力之比大于 0.1 的应力分布深度范围，在此深度以下，车辆荷载对路基强度和稳定性的影响很小，可以忽略不计。

路基工作区深度，随着车辆荷载的增大而加深，随着路面强度和厚度的增加而减小，路基工作区深度一般为 1~2m。路基工作区深度是公路路基施工的主要控制深度，在此深度范围内，从路面底面向下依次分为上路床、下路床、上路堤、下路堤，见表5-1。在此深度内，路基的强度与稳定性对于保证路面的强度与稳定、满足行车要求极为重要。因此，路基施工时应严格要求应力作用区内的土质、压实度等。

路基工作区深度最小承载比及压实度要求　　　　　　　　　　　　表5-1

项目分类 （路面底面以下深度，m）		填料最小承载比CBR(%)			压实度(%)		
		高速、一级公路	二级及以下公路	三、四级公路	高速、一级公路	二级公路	三、四级公路
上路床(0~0.3)		8.0	6.0	5.0	≥96	≥95	≥94
下路床	轻、中等及重交通 (0.3~0.8)	5.0	4.0	3.0	≥96	≥95	≥94
	特重、极重交通 (0.3~1.2)	5.0	4.0	—	≥96	≥95	—
上路堤	轻、中等及重交通 (0.8~1.5)	4.0	3.0	3.0	≥94	≥94	≥93
	特重、极重交通 (1.2~1.9)	4.0	3.0	—	≥94	≥94	—
下路堤	轻、中等及重交通 (1.5以下)	2.0	2.0	2.0	≥93	≥92	≥90
	特重、极重交通 (1.9以下)						

3. 路基用土

公路路基用土依据土的颗粒组成特征、塑性指标和有机质含量，分为巨粒土、粗粒土、细粒土和特殊土四大类，并进一步细分为 13 种土，其分类总体系示意图如图5-4所示。各类土具有不同的工程性质，在选择其作为路基填料以及路面组成材料时，应分别采取不同的工程技术措施。

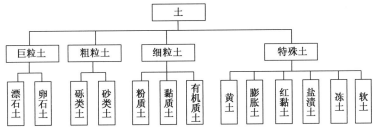

图5-4　土的分类总体系

(1) 巨粒土

巨粒土包括漂石土和卵石土，具有很高的强度及稳定性，是良好的路基填料。漂石土还可用于砌筑边坡。

(2) 粗粒土

粗粒土包括砾类土和砂类土。

砾类土由于粒径较大，内摩擦力也大，因而其强度和稳定性均能满足要求，是良好的填筑材料。级配良好时或经人工处理后，可用于路面的基(垫)层。

砂类土由于无塑性，透水性强，毛细上升高度很小，内摩擦系数较大，其强度和水稳定性均较好。当砂类土中细粒含量小于或等于5%时，简称砂，砂的黏结性小，易松散，压实困难，需采用振动法压实，并掺加少量黏土，以改善其使用质量。

砂类土既含有一定数量的粗颗粒，使得路基具有足够的强度和水稳性，又含有一定数量的细颗粒，使其具有一定的黏结性，不致过于松散，易压实。砂类土遇水干得快，不膨胀，雨天不泥泞，晴天不扬尘。因此，砂类土是良好的路基填料。

(3) 细粒土

细粒土包括黏质土、粉质土和有机质土。

黏质土中细颗粒含量多，土的内摩擦系数小而黏聚力大，透水性小而吸水性强，毛细现象显著。黏质土干燥时较坚硬，不易挖掘，浸水后能较长时间保持水分，因而承载能力小。对于黏质土，如在适当含水率时对其加以充分压实并设置良好的排水设施，筑成的路基也能获得足够的稳定性。

粉质土含有较多的粉土颗粒，干时稍有黏性，易被压碎，具有扬尘性，浸水时很快被浸透，易成稀泥。粉质土的毛细作用强烈，上升高度大(可达0.9~1.5m)，在季节性冰冻地区，容易造成冻胀、翻浆等危害，粉质土属于不良的筑路材料，应采取相关技术措施改善其工程性质。

有机质土(如泥炭、腐殖土等)不宜用作路基填料。如遇有机质土，均应在设计和施工时采取适当措施进行处理。

(4) 特殊土

特殊土包括黄土、膨胀土、红黏土、盐渍土、冻土及软土。黄土属大孔和多孔结构，具有湿陷性；膨胀土浸水后易发生膨胀，失水则会收缩；红黏土失水后体积收缩量较大；盐渍土潮湿时承载力很低；软土是天然含水率高、孔隙比大、压缩性高、抗剪强度低的细粒土，泛指软黏土、淤泥质土、淤泥、泥炭质土、泥炭等软弱土。因此，特殊土不宜用作路基填料。

4. 路基平衡湿度

(1) 路基平衡湿度类型

路基的平衡湿度状况反映路基工作时路基土的含水状态，影响路基的强度与稳定性。路基土的湿度来源主要有大气降水、地面水、地下水、凝结水。

路基平衡湿度状况依据路基土的湿度来源分为干燥、中湿、潮湿三类。《公路路基设计规范》(JTG D30—2015)规定按下列条件判别路基湿度状态。

①干燥类路基：当地下水位很低，路基工作区处于地下水毛细润湿面之上，路基平衡湿度状况由气候因素所控制，这种路基湿度状态为干燥类路基。

②中湿类路基:路基工作区被地下水毛细润湿面分为上、下两部分,下部受地下水毛细润湿的影响,上部则受气候因素影响,路基平衡湿度兼受地下水和气候因素影响,这种路基湿度状态为中湿类路基。

③潮湿类路基:当地下水或地表长期积水水位高,路基工作区均处于地下水毛细润湿影响范围内,路基平衡湿度由地下水或地表长期积水的水位升降所控制,这种路基湿度状态为潮湿类路基。

为确保路基路面结构的稳定性,一般要求路基处于干燥或中湿状态。潮湿状态的路基必须经过处理后方可铺筑路面。

(2)路基平衡湿度状况预估方法

正确判定路基平衡湿度状况是做好路基路面设计的前提。《公路路基设计规范》(JTG D30—2015)规定,采用饱和度表征路基土的平衡湿度状态,土的饱和度既反映了含水率,也包含了密实度的影响。

①干燥状态的路基平衡湿度:根据路基所处自然区划的湿度指标 TMI 值和路基土组类别确定,即按路基所在区的 TMI 值和路基土组类别,查取该地区相应的路基饱和度,具体见表 5-2。

各路基土组在不同 TMI 值时的饱和度(%) 表 5-2

土 组	TMI					
	-50	-30	-10	10	30	50
砂(S)	20~50	25~55	27~60	30~65	32~67	35~70
粉土质砂(SM)	45~48	62~68	73~80	80~86	84~89	87~90
黏土质砂(SC)						
低液限粉土(ML)	41~46	59~64	75~77	84~86	91~92	92~93
低液限黏土(CL)	39~41	57~64	75~76	86	91	92~94
高液限粉土(MH)	41~42	61~62	76~79	85~88	90~92	92~95
高液限黏土(CH)	39~51	58~69	85~74	86~92	91~95	94~97

②中湿状态的路基平衡湿度:先按路基工作区上部和下部分别确定其平衡湿度,再以厚度加权平均计算路基的平衡湿度,如图 5-5 所示。

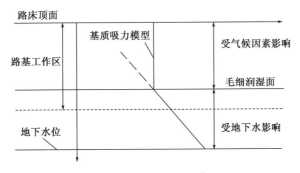

图 5-5 中湿类路基的湿度状况

③潮湿状态的路基平衡湿度:根据路基土组类别及地下水位高度,查表5-3,确定距地下水位不同高度处的饱和度。

各路基土组距地下水位不同高度处的饱和度(%)　　　表5-3

土　组	计算点距地下水或地表长期积水水位的距离(m)						
	0.3	1.0	1.5	2.0	2.5	3.0	4.0
粉土质砾(GM)	69~84	55~69	50~65	49~62	45~59	43~57	—
黏土质砾(GC)	79~96	64~83	60~79	56~75	54~73	52~71	—
砂(S)	95~80	70~50	—	—	—	—	—
粉土质砂(SM)	79~93	64~77	60~72	56~68	52~66	52~64	—
黏土质砂(SC)	90~99	77~87	72~83	68~80	66~78	64~76	—
低液限粉土(ML)	94~100	80~90	76~86	83~73	71~81	69~80	—
低液限黏土(CL)	93~100	80~93	76~90	73~88	70~86	68~85	66~83
高液限粉土(MH)	100	90~95	86~92	83~90	81~89	80~87	—
高液限黏土(CH)	100	93~97	90~93	88~91	86~90	85~89	83~87

二、路基的基本类型

由于填挖情况的不同,路基可分为路堤、路堑和半填半挖路基三种类型。

1. 路堤

路堤是指在原地面全部用土或石填筑而成的填方路基,其设计高程高于地面高程,如图5-6所示。

图5-6　路堤

路堤按其填土高度不同可划分为:低路堤(填土高度小于路基工作区深度);一般路堤;高路堤(填土高度边坡高度大于20m)。按其所处的环境和加固类型的不同,可划分为浸水路堤、护脚路堤及挖渠填筑路堤等。常见的路堤横断面形式如图5-7所示。

在平坦地区,取土困难时宜选用低路堤。采用低路堤时,应注意满足最小填土高度的要求,路基两侧均应设边沟。采用高路堤时须进行个别设计和稳定性验算,保证路基稳定及断面经济合理。

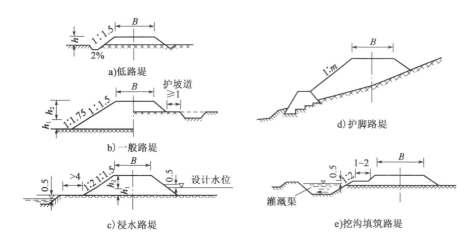

图 5-7　路堤横断面的常见形式(尺寸单位:m)
B-路基宽度;h_1-边坡下部高度;h_2-边坡上部高度

当路堤高于天然地面时,通风性良好,易于排水,路基易处于干燥状态;并且,路堤为人工填筑,对填料的性质、状态和密实度等都可以按要求加以控制。因此,路堤病害少,强度与稳定性易保证,是经常采用的路基类型。

2. 路堑

路堑是指在原地面开挖形成的挖方路基,其设计高程低于地面高程,如图 5-8 所示。

图 5-8　路堑

路堑按其开挖形状可分为:全挖式、台口式、半山洞式,如图 5-9 所示。全挖式断面边坡坡脚处须设置边沟,用以汇聚和排除路基范围内的地表径流。陡峭山坡上的路堑,为避免路基外侧出现少量填方,宜将路中线内移,以山体自然坡面为下边坡,开挖成台口式路基。三、四级公路悬崖陡壁地段,当山体岩石整体性好时,为减少石方工程,可采用半山洞式路基,但须确保安全可靠。

路堑低于天然地面,通风和排水效果不佳;路堑是在天然地面上开挖形成,其路基及边坡都为原状土,受所处地的自然条件限制。因此,一般路堑比路堤的病害多,路堑在设计和施工时须特别注意排水设施和边坡稳定性。

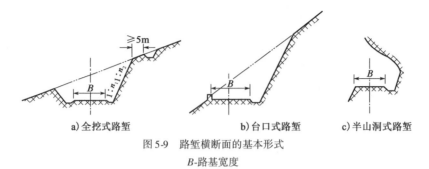

a) 全挖式路堑　　　b) 台口式路堑　　　c) 半山洞式路堑

图 5-9　路堑横断面的基本形式
B-路基宽度

3. 半填半挖路基

半填半挖路基是指在一个横断面内，一侧为路堤，另一侧为路堑的路基，主要设置在原地面较陡的山坡上，如图 5-10 所示。

图 5-10　半填半挖路基

半填半挖路基兼具路堤和路堑两者的特点，一方面可以移挖作填，属于比较经济的断面形式；另一方面对路堤和路堑的要求均须满足。半填半挖常见的横断面形式如图 5-11 所示。

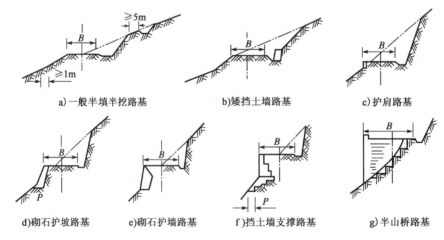

a) 一般半填半挖路基　　b) 矮挡土墙路基　　c) 护肩路基

d) 砌石护坡路基　　e) 砌石护墙路基　　f) 挡土墙支撑路基　　g) 半山桥路基

图 5-11　半填半挖路基横断面的基本形式
B-路基宽度

半填半挖路基由于开挖部分为原状土,而填方部分为扰动土,这两部分密实程度不同;另外,填方部分与山坡的结合不够稳定,若处理不当,路基会在填挖交界面处出现纵向裂缝、填方沿基底滑动等情况。因此,应加强半填半挖路基填挖交界面结合处的处理。

三、路基的基本构造

路基的基本构造一般包括宽度、高度和边坡坡率。路基宽度取决于公路等级及使用要求;路基高度取决于纵坡设计、地形、地质及水文等条件;路基的边坡坡率则取决于地质、水文条件、填料性质等,并经边坡稳定性及横断面经济分析比较确定。

1. 路基宽度

路基宽度是指公路路基顶面两侧路肩外边缘之间的宽度。路基宽度为行车道宽度与两侧路肩宽度之和,当设有中间带、加(减)速车道、爬坡车道、紧急停车带、错车道等时,路基宽度也包括这些部分的宽度。

2. 路基高度

路基高度包括路基中心高度与边坡高度。路基中心高度是指路堤的填筑高度和路堑的开挖深度,是路基设计高程和中桩地面高程的差值。路基两侧边坡高度是指填方坡脚或挖方坡顶与路基边缘的相对高差。当地面横坡度较大时,路基边坡高度对路基的稳定性影响较大。

确定路基高度时,应尽量满足"浅挖、低填、缓边坡"的要求。同时为确保路基的强度和稳定性,使路基上部土层处于干燥或中湿状态,路基高度还应满足最小填土高度的要求。对于高路堤和深路堑,由于土石方数量大、占地多、施工困难、边坡稳定性差,应尽量避免使用。低路堤和浸水路堤,还要考虑排水和设计洪水频率要求。沿河及受水浸淹路段的路基边缘高程,应高出设计洪水频率的计算水位加壅水高、波浪侵袭高和 0.5m 的安全高度之和。

3. 路基边坡

路基边坡主要包括边坡坡率和边坡形状。

1) 边坡坡率

路基边坡坡率,可用边坡高度 h 与边坡宽度 b 之比表示。通常将边坡高度 h 定为1,写成 $1:m$,$m=b/h$,如图 5-12 所示边坡坡率分别为 $1:1.5$ 及 $1:0.5$。

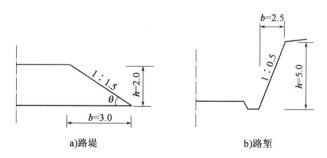

图 5-12 路基边坡坡率示意图(尺寸单位:m)

路基边坡坡率关系到边坡稳定和路基工程数量。m 越小,边坡越陡,稳定性越差,易造成塌方等情况;m 越大,边坡越缓,稳定性越好,但土石方数量增大,裸露面积增大,易受雨水冲刷和渗透。因此,确定边坡坡率时,要考虑全面,力求合理。

路基边坡坡率的大小,主要取决于边坡的土质、岩石的性质及水文地质条件等自然因素和边坡的高度。一般路基的边坡坡率可根据工程实践经验和设计规范中推荐的数值综合确定。对于边坡高度大于 20m 的路堤、边坡高度大于 20m 的土质路堑、岩质挖方边坡高度超过 30m 的深路堑以及不良地质、特殊岩土地段的边坡,应进行专门勘察设计。

2) 边坡形状

路基边坡形状一般有直线形、折线形和台阶形三种形状,如图 5-13 所示。

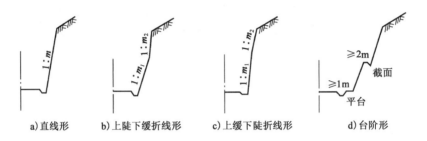

a) 直线形　　b) 上陡下缓折线形　　c) 上缓下陡折线形　　d) 台阶形

图 5-13　路堑边坡形式

(1) 直线形

当工程地质条件和水文地质条件较好,土质均匀,且边坡高度不大时,可采用一坡到顶的直线形。

(2) 折线形

当边坡较高或由多层土组成,而上部岩(土)层的稳定性较下部土层好时,可采用上陡下缓的折线形;当上部为覆盖层,或其稳定性较下部岩(土)层差时,宜采用上缓下陡的折线形。

折线形边坡在变坡点处易出现冲刷破坏,在降雨量大的地区,应采用适当的防护措施,或者改用直线形或台阶形边坡。

(3) 台阶形

当边坡由多层土组成且高度较大(超过 15～20m)时,可在边坡中部或岩(土)层分界处,设置宽度不小于 2.0m 的平台,使边坡成为台阶形,以增加边坡的稳定性,减少坡面冲刷,拦挡上边坡剥落的小石(土)块。

对于易风化的软质岩石边坡及松散的碎(砾)石类土路堑边坡,容易产生碎落物,造成边沟堵塞或影响交通,应在边沟外侧设置宽度不小于 1.0m 的碎落台,如图 5-14 所示。

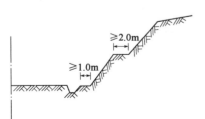

图 5-14　碎落台示意图

工作任务二 路基施工准备

 学习目标

1. 知道路基施工准备的主要工作内容;
2. 知道路基单位工程中分部工程及分项工程的划分;
3. 能进行路基施工准备;
4. 能客观、科学地分析和解决实际工程中常见问题,具有善于沟通和合作的品质。

 任务描述

本任务要求学生根据路基施工准备的主要工作内容,收集整理路基开工报告、交工竣工验收报告、路基施工组织设计等工程资料。

 相关知识

路基施工一般包括施工前准备工作、正式施工阶段和竣工验收阶段三方面。施工单位接收路基工程中标通知书后,就必须有步骤、有计划地进行路基施工准备,路基施工前准备是确保路基现场施工顺利进行的前提条件。

一、路基单位工程、分部工程及分项工程的划分

根据公路建设任务、施工管理和质量检验评定的需要,应在施工准备阶段将建设项目划分为单位工程、分部工程和分项工程。施工单位、工程监理单位和建设单位应按相同的工程项目划分进行工程质量的监督和管理。路基单位工程中的分部工程及分项工程的划分见表5-4。

路基单位工程中分部工程及分项工程的划分　　表5-4

单位工程	分部工程	分项工程
路基工程 (每10km或每标段)	土石方工程(1~3km路段)*	土方路基,填石路基,软土地基处治,土工合成材料处治层等
	排水工程(1~3km路段)*	管节预制、混凝土排水管安装、检查(雨水)井砌筑、土沟、浆砌水沟、盲沟、跌水、急流槽、水簸箕、排水泵站沉井、沉淀池等
	小桥及符合小桥标准的通道,人行天桥,渡槽(每座)	钢筋加工及安装,砌体,混凝土扩大基础,钻孔灌注桩,混凝土墩、台,墩、台身安装,台背填土,就地浇筑梁、板,预制安装梁、板等
	涵洞、通道(1~3km路段)*	钢筋加工及安装,涵台,管节预制,混凝土涵管安装,波形钢管涵安装,盖板制作,盖板安装,箱涵浇筑,拱涵浇(砌)筑等
	防护支挡工程(1~3km路段)*	砌体挡土墙,墙背填土,边坡锚固防护,土钉防护,砌体坡面防护,石笼防护,导流工程等
	大型挡土墙、组合挡土墙(每处)	钢筋加工及安装,砌体挡土墙,悬臂式挡土墙,扶壁式挡土墙,锚杆、锚定板和加筋挡土墙,墙背填土等

注:*按路段长度划分的分部工程,高速公路、一级公路宜取低值,二级及二级以下公路可取高值。

二、路基施工开工条件和施工方法

1.路基施工开工条件

按照施工合同管理的规定,路基施工准备工作经监理工程师审核达到合同规定的要求后方可正式开工。开工审批制度是为了使承包人的工、料、机、法(方法)、环(环境)等施工准备情况满足规范要求,不具备开工条件的坚决不得开工。

2.路基施工方法

目前,我国大多数高等级公路施工都是采用综合机械化施工方法,该方法是指使用配套机械,主机配以辅机,相互协调,共同形成主要工序的综合机械化作业施工方法。它能极大地减轻劳动强度,显著地加快施工进度,提高工程质量和劳动生产率,降低工程造价,确保施工安全。

三、路基施工准备

路基施工准备工作的基本任务是了解施工现场的客观条件,根据路基工程的特点、进度要求,从人力、物力、技术和施工组织等方面合理安排施工,为路基施工的顺利进行提供一切必要条件。路基施工准备的主要内容包括:组织准备、技术准备、物资准备、现场准备、铺筑试验路段、编制开工报告六个方面。

1.组织准备

路基组织准备工作的主要内容是建立路基施工组织机构、路基施工班组,编制路基施工管理规划,确定路基施工目标。组织准备是做好一切施工准备工作的前提。

(1)建立施工组织机构

施工组织机构是指为完成施工任务而成立的负责现场施工和管理工作的项目经理部(项目部),包括生产、安全、环保、质量等职能部门基层操作体系,如图5-15所示。我国主要实行项目经理负责制,即项目经理全面负责的目标责任制。施工企业接受施工任务后,首先组建工程项目部,确定工程项目经理和项目领导班子,项目部在项目经理的领导下开展工作。

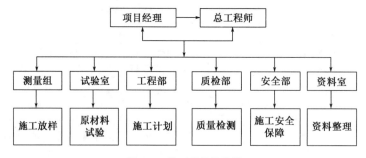

图5-15　施工组织机构图

(2)组建路基施工班组

路基施工班组是直接参与施工的基层生产组织,路基施工时应根据专业、工种确定合理的施工班组。施工班组人员与施工单位签订劳务合同,实行合同管理。

考虑到路基工程的具体情况,结合施工队伍施工特点、技术装备情况、技术熟练程度和施工能力,应对施工队伍进行培训,以满足工程施工的要求。

(3)建立健全各项规章制度

项目部应建立施工图纸学习制度、技术交底制度、职工考勤制度、技术质量责任制度、工程技术方案制度、工程质量检查与验收制度、材料出入库登记和保管制度、安全操作制度等,以保证各项施工工作顺利进行。

2.技术准备

路基施工技术准备工作包括工程项目资料交接、熟悉和核对设计文件、补充资料调查、编制实施性施工组织设计和施工预算、施工技术交底等。

(1)工程项目资料交接

工程中标后,应会同上级有关主管部门及时进行工程资料的交接工作。需要交接的主要资料包括投标期间的现场考察技术资料、投标答疑资料、投标文件、中标通知书、合同文件、与业主签订的协议、投标承诺、图纸等。工程项目资料交接时的注意事项:①检查交接资料是否齐全,并办理交接手续;②保留一套完整的合同文件及设计图纸用以存档,为今后编制竣工文件提供依据;③根据需要为相关人员提供资料的复印件。

(2)熟悉和核对设计文件

设计文件是工程施工的主要依据。技术人员必须熟悉和复核施工图纸,领会设计意图,明确工程内容,掌握工程特点。复核图纸时应重点注意以下几点:①是否符合现行相关技术标准、规范要求,有无重大原则错误;②现有施工技术水平能否满足设计要求;③设计是否符合现场和施工的实际条件;④设计能否进一步优化;⑤图纸内容有无矛盾;⑥图纸中的工程数量表、材料表是否存有错误;⑦控制测量数据是否准确。

从设计到施工通常会间隔几年时间,勘测设计时的原始自然状况或许由于各种原因已有所变化,因此公路施工前必须对设计文件和图纸进行现场核对。现场核对时,如发现设计文件有错误或不合理之处,应提出修改意见并上报设计主管机关审批,待核准批复再进行现场测量、修改设计文件、补充图纸等工作。

(3)补充调查现场资料

对现场进行补充调查,是为了优化和修改设计、编制实施性施工组织设计、因地制宜地布置施工现场等收集资料。现场调查的主要内容包括:工程地点的地形、地质、水文、气候条件;自采加工材料场储量、地方生产材料情况、施工期间可供利用的房屋数量;当地劳动力资源、工业生产加工能力、运输条件和运输工具;施工场地的水源、水质、电源以及生活物资供应状况;当地民俗风情、生活习惯等。

(4)编制实施性施工组织设计和施工预算

根据核实的工程量、工地条件、工期要求、施工设备等情况,制订实施性施工组织设计(包括选择施工方案、确定施工方法、布置施工场地、编制施工进度计划、材料、劳动力、机械计划、拟定关键工程的施工技术措施与安全措施等)和相应的施工预算,报监理工程师审批。

(5)技术交底

技术交底通常包括施工图技术交底、施工技术交底及安全技术交底等。

施工人员熟悉和核对设计文件后,由建设单位负责组织设计、施工、监理、科研人员参加技术交底会议。设计单位向施工方进行技术交底,讲清设计意图,明确对施工的主要要求;施工人员对图纸和有关问题提出质询,设计单位提出相应解释或解决方案。设计技术交底记录是对施工图的补充,是工程施工的依据之一,未经过技术交底的工程不得开始施工。

施工技术交底是指把施工图设计文件中设计对施工的要求、施工方案及措施传达到基层甚至每个工人,这是落实技术责任制的前提。每一单位工程或分部(分项)工程开工前均应进行技术交底,以确保施工方严格按照施工图、施工组织设计、施工操作规程、安全生产规程、工程施工及验收规程和其他技术规程进行施工作业。

技术交底一般由高一级技术负责人、单位工程负责人、施工队长、作业班组逐级组织进行。其内容主要包括:①说明有关工程的各项技术要求;②指出图样上必须注意的尺寸、轴线、高程、构造物的位置、规格和数量;③使用材料的品种、规格等级、配合比和质量要求;④施工方法、施工顺序,各班组及各工种之间交叉配合注意事项;⑤工程质量要求和安全操作要求;⑥设计变更情况等。

3. 物资准备

物资准备工作应按实施性施工组织设计的要求和合同的相关规定进行,包括各种材料与机具设备的购置、采集、加工、调运、储存以及生活后勤供应等。

(1)驻地建设

工程开工前,施工单位应根据路基工程的施工任务进行驻地建设,驻地应设有项目部各机构的办公室、会议室、试验室、职工宿舍、食堂等。

(2)路基施工机械准备

路基施工机械可分为土石方机械和压实机械两大类。土石方机械主要包括推土机、挖掘机、装载机、平地机、自卸汽车、凿岩机等,如图5-16所示。压实机械主要包括静力碾压式、振动式及夯击式三类,如图5-17所示。

a)路堤填筑机械

b)路堑开挖机械

图5-16 土方施工机械

(3)材料准备

工程开工前,施工单位应编制好材料预算,包括:材料的需用量,选择合适的路基填料,做好运输情况调查。根据施工平面图安排,落实材料的堆放和临时仓库设施,组织材料分批进场。

a)光面碾、羊足碾

b)轮胎碾

c)冲击碾

d)夯击机械

图 5-17 压实机械

(4)测量、试验检测设备的准备

工程开工前,应根据工程性质及工程量大小,建立具备相应检测能力的工地试验室,配备相应的测量、试验检测设备。工程中使用的测量、试验检测设备,应通过计量部门标定和交通质量监督部门认证合格后才能投入使用。

工地试验室建立后,应尽快开展试验工作,测定沿线和取土场代表性土样的天然含水率、液限、塑限、颗粒分析、击实试验、CBR等指标,必要时还应做相对密度、有机质含量、易溶盐含量、冻胀和膨胀量等试验,并测定当地地下水位和长期地表积水水位等。

4.现场准备

路基施工现场准备主要包括恢复路线、划定路界并征地和拆迁、路基放样、清理场地、修建临时工程等。

(1)恢复路线

设计单位向施工单位交桩(控制点和水准点)后,施工单位必须保护好交桩成果,并对控制桩进行复测,对决定路线位置的各测点加以恢复,其主要内容有:导线复测、中线放样、水准点复测与加密、横断面检查与补测。

①导线复测。导线复测是指在现场交桩基础上,复测原控制网,根据施工需要适当加密、优化,建立施工测量控制网。同一项目内相邻施工段的导线应闭合,并满足同等级精度要求,且导向桩点复测周期应不超过6个月。

②中线放样。路基施工前,应进行全段中线放样并应固定路线主要控制桩,宜采用坐标法进行测量放样。中线放样时,路线中线应与结构物中心、相邻施工段的中线闭合。

③水准点复测与加密。水准点复测与加密是指中线恢复后,对沿线的水准点进行复核性水准测量,以复核水准点一览表中各点的水准基点高程和中桩的地面高程。沿线每500m宜设一个水准点,高速、一级公路宜加密,每200m设一个水准点。在桥涵、挡土墙等较大构造物附近,以及高路堤、深路堑等集中土石方路段附近应增设水准点。水准点复测周期应不超高6个月。

④横断面检查与补测。横断面检查与补测是指恢复中线后,应详细检查与核对路线横断面,如检查路基边坡设计是否恰当,涵洞、挡土墙的设计是否合适,取土坑、弃土堆的位置是否合理,必要时应进行复测。对于恢复中线时新设的桩点,应进行横断面的补测。

(2)划定路界并征地和拆迁

由建设单位划定工程建设用地范围,将公路用地范围及其附近由于施工影响的既有房屋、道路、河沟、水利设施、通信及电力设施、上下水管道以及其他建筑物等障碍物进行拆除、迁移或加固。

(3)路基放样

路基放样包括横断面放样、排水设施放样等。路基放样的目的是根据中桩和设计图表在现场标识路基界桩、路堤坡脚、路堑坡顶、排水设施及各种附属设施等具体位置,确定路基的几何轮廓,指导具体施工,如图5-18所示。

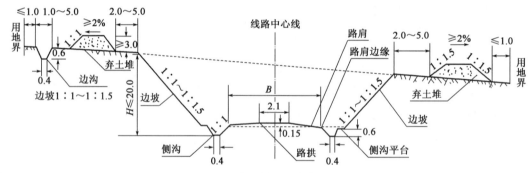

图5-18 路基放样(尺寸单位:m)

路基横断面放样包括路基边桩放样和边坡放样,如图5-19、图5-20所示。路基边桩放样方法有图解法、计算法、渐进法、坐标法共四种。施工中对高填深挖路段,每挖(填)3~5m或者一个边坡平台(碎落台)应复测中线和横断面。

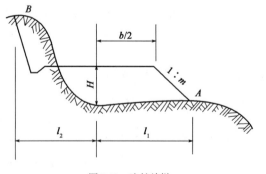

图5-19 边桩放样

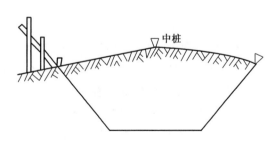

图5-20 路堑边坡样板架

(4) 清理场地

施工前,应清理公路用地范围内原有构造物、原地面上的残余杂物或障碍物,平整场地,如图 5-21 所示。

(5) 建立临时工程

临时工程包括:修筑便道、便桥(图 5-22),搭建工棚;施工现场的供电、给水、供热及通信设备的安装、调试及试运行。场地布置应做到节约用地、少占农田,尽可能地利用现场原有建筑物,减少临时搭建。

图 5-21　清理场地

图 5-22　临时便桥

5. 铺筑试验路段

(1) 铺筑试验路段的条件

二级及二级以上公路路堤、填石路堤、土石路堤、特殊地段路堤、特殊填料路堤以及在特殊地区或拟采用新技术、新工艺、新材料进行路基施工时,应采用不同的施工方案做试验路段,从中选出路基施工的最佳方案来指导全线施工。

(2) 试验路段的选择

试验路段应选择在地质条件、断面形式等工程特点具有代表性的地段,路段长度不宜小于 200m。选择试验路段时应尽量满足以下要求:①距驻地较近、地势平坦、交通方便、施工条件较好的路段;②工程量集中、施工时间长的路段;③土质较好且对施工具有广泛指导意义的路段。

(3) 试验路段施工总结

试验路段施工总结应包括以下内容:①填料试验、检测报告等;②压实工艺主要参数:机械组合,压实机械规格、松铺厚度、碾压遍数、碾压速度、最佳含水率及碾压时含水率允许偏差等;③过程质量控制方法、指标;④质量评价指标、标准;⑤优化后的施工组织方案及工艺;⑥原始记录、过程记录;⑦对施工设计图的修改建议等。

作为施工技术员,应熟练掌握试验路段施工的全过程及各工序的施工和各种试验的详细资料,熟悉关键的相关技术参数、施工要点等,以便能在全线或负责的路段指导施工。

6. 编制开工报告

施工准备工作完成后,即可编制开工报告,向业主或监理工程师提出开工申请。开工报告应按规定格式编写,并按工程合同规定的最后日期之前提出申请。

 工程应用

某工程的开工申请报告见表5-5、施工组织设计报审表见表5-6、开工令见表5-7。

表 5-5

某工程的开工申请报告

承包单位:	合同号:
监理单位:	日期:

致总监理工程师: 　　根据合同条款的要求,我合同段已做好K×××+×××～K×××+×××段所有工程开工前的一切准备工作,现申请正式开工,请予审批。 　　附件:1. 总体施工组织设计 　　　　2. 总体进度计划 　　　　3. 分部分项划分 　　　　4. 人员机械进场计划 　　　　5. 原材料试验报告 　　　　6. 测量施工放样报告 　　　　　　　　　　　　　　　　　　　　　　　　　　　　　承包人: 　　　　　　　　　　　　　　　　　　　　　　　　　　　　　日　期:
驻地监理工程师意见: 　　　　　　　　　　　　　　　　　　　　　　　　　　　　　签字: 　　　　　　　　　　　　　　　　　　　　　　　　　　　　　日期:
总监理工程师意见: 　　　　　　　　　　　　　　　　　　　　　　　　　　　　　签字: 　　　　　　　　　　　　　　　　　　　　　　　　　　　　　日期:
项目办代表意见: 　　　　　　　　　　　　　　　　　　　　　　　　　　　　　签字: 　　　　　　　　　　　　　　　　　　　　　　　　　　　　　日期:

某工程施工组织设计报审表　　　　　　　　　　　　　　　　　　　　　表 5-6

承包单位：	合同号：
监理单位：	日期：

致总监理工程师：
　　根据合同条款，现报上 K×××+×××～K×××+××× 段所有工程的总体施工组织设计，请予审批。

　　附件：1. 工程概况及主要工程数量
　　　　　2. 详细的施工进度计划（网络图、横道图）
　　　　　3. 项目管理组织机构、人员的组成及分工
　　　　　4. 材料、设备、人员进场计划
　　　　　5. 关键工程施工技术方案
　　　　　6. 质量控制措施
　　　　　7. 安全生产保证措施
　　　　　8. 环境保护措施

　　　　　　　　　　　　　　　　　　　　　　　　　　　　　　　　承包人：
　　　　　　　　　　　　　　　　　　　　　　　　　　　　　　　　日　期：

驻地监理工程师意见：

　　　　　　　　　　　　　　　　　　　　　　　　　　　　　　　　签字：
　　　　　　　　　　　　　　　　　　　　　　　　　　　　　　　　日期：

总监理工程师意见：

　　　　　　　　　　　　　　　　　　　　　　　　　　　　　　　　签字：
　　　　　　　　　　　　　　　　　　　　　　　　　　　　　　　　日期：

项目办代表意见：

　　　　　　　　　　　　　　　　　　　　　　　　　　　　　　　　签字：
　　　　　　　　　　　　　　　　　　　　　　　　　　　　　　　　日期：

某工程开工令　　　　　　　　　　　　　　　　表 5-7

承包单位：　　　　　　　　　　　　　　　　合同号：
监理单位：　　　　　　　　　　　　　　　　日　期：

致承包人：
　　根据你合同段呈报的项目开工申请报告及合同通用条款××条的规定，经审核确认符合合同文件有关要求，特发此开工令。接到开工令后，应按合同条款的要求连续均衡安排施工，并提出分部及分项工程开工报告，报总监理工程师或监理工程师(代表)审批。

　　　　　　　　　　　　　　　　　　　　　　　　　　　　　总监理工程师：
　　　　　　　　　　　　　　　　　　　　　　　　　　　　　日　期：

（1）路基是按照路线位置和一定的技术要求进行修筑的带状构造物，它作为路面的基础，承受由路面传递的行车荷载。

（2）路基工作区深度是公路路基施工主要控制深度。在此深度内，路基的强度与稳定性对于保证路面的强度与稳定、满足行车要求极为重要。因此，在路基施工时应严格控制路基工作区的土质、压实度等。

（3）按照《公路土工试验规程》(JTG 3430—2020)中土的工程分类方法，将路基土分为巨粒土、粗粒土、细粒土和特殊土四大类。

（4）路基平衡湿度状况依据路基土的湿度来源分为干燥、中湿、潮湿三类。路基工作时要求处于干燥或中湿状态。采用饱和度表征路基土的平衡湿度状态。

（5）典型的路基断面有路堤、路堑和半填半挖三种形式。路基的基本构造包括宽度、高度和边坡坡率。路基的附属设施有取土坑、弃土堆、护坡道和碎落台。

（6）根据建设任务、施工管理和质量检验评定的需要，施工单位应在施工准备阶段将建设项目划分为单位工程、分部工程和分项工程。路基施工工程序一般包括施工前准备、正式施工、竣工验收三阶段的工作。路基施工前的准备工作主要包括组织准备、技术准备、物资准备、现场准备、铺筑试验路、编制开工报告。

一、填空题

1. 根据建设任务、施工管理和质量检验评定的需要，施工单位应在施工准备阶段将建设项目划分为_____、_____和_____。

2. 按照《公路土工试验规程》(JTG 3430—2020) 中土的工程分类方法，将路基土分为_____、_____、_____和_____四大类。

3. 路基平衡湿度状况依据路基土的湿度来源可分为_____、_____和_____三类，为保证路基强度和稳定性，路基工作时要求处于_____或_____状态。

4. 根据填挖情况的不同，路基横断面的典型形式可分为_____、_____和_____。

5. 路基单位工程可划分为_____、_____、_____、_____、_____和_____六个分部工程。

6. 路基施工机械可分为_____和_____两大类。

二、选择题

1. 作为公路路基用土，以下最优的是(　　)，最差的是(　　)。
   A. 砂类土　　　　　　　　　B. 粉质土
   C. 黏质土　　　　　　　　　D. 砂土

2. 路基产生翻浆与下列哪几项因素有关。(　　)
   A. 填料　　　　　　　　　　B. 水
   C. 荷载　　　　　　　　　　D. 温度

3. 公路上路床是指从路基顶面向下(　　)。
   A. 0~30cm　　　　　　　　　B. 0~80cm
   C. 30~80cm　　　　　　　　 D. 80~150cm

4. 为保证路基的强度和稳定性，路基平衡湿度状况要求处于(　　)。
   A. 干燥或中湿　　　　　　　B. 中湿或潮湿
   C. 潮湿或过湿　　　　　　　D. 干燥或潮湿

5. 路基开工前，一般路基土的检测项目包括：含水率、液塑限测定、标准击实试验及(　　)。
   A. 有机质含量测定　　　　　B. 易溶盐含量测定
   C. CBR 试验　　　　　　　　D. 冻胀和膨胀量试验

6. 高等级公路和填方高度小于(　　)的其他等级公路，应将路基范围内的树根全部挖除并将坑穴填平夯实。
   A. 1.0m　　　　　　　　　　B. 1.8m
   C. 2.5m　　　　　　　　　　D. 3.0m

三、判断题

(　　)同一条公路土质相同时，路堑边坡较路堤边坡陡。

四、简答题

1. 简述路基施工准备的主要工作内容。
2. 简述路基的基本构造及其要求。

五、绘图分析题

绘制一般路堤横断面图,并在图中标明路基宽度、路拱坡度、路基填挖高度、中桩施工高度、边坡高度、公路用地范围,并根据自己所绘制的地面线设置排水设施。

学习情境六 LEARNING CONTEXT SIX
土石方工程施工

工作任务一　填方路基施工

学习目标

1. 熟悉土质路堤施工工序及质量控制要点；
2. 知道土质路堤填筑方法；
3. 熟悉路基压实流程、压实机械、压实要点；
4. 能编制填方路基施工方案，能进行填方路基现场施工；
5. 具有遵守规范、质量第一、安全第一的工程意识和绿色建设、节约环保的工作理念。

任务描述

1. 扫描"道路工程施工工艺虚拟仿真"中袋装砂井施工、塑料排水板施工、土质路堤施工项目二维码，学习现场施工工艺及技术要点。

2. 某高速公路双向四车道，设计速度为120km/h，整体性路基宽28.0m。LJ-1合同段主线长25.6km，路基土石方769.63万m^3，其中挖土方250.34万m^3，挖石方57.62万m^3，填土方409.80万m^3，填石方51.88万m^3，主线涵洞6道，通道18道。根据合同及指挥部要求，工期2年。根据资料和行业规范，完成"土质路堤施工及质量控制"工作任务单，见表6-1。

3. 通过引入典型事迹和案例，引导学生树立正确的世界观、人生观、价值观以及具备良好的职业操守，培养学生遵守规范，质量第一、安全第一的工程意识；通过完成任务单，培养学生依据规范独立分析和解决实际问题的职业素养。

工作任务单 6　土质路堤施工及质量控制

表 6-1

1. 土质路堤施工工序：			

2. 土质路堤施工机械类型：

3. 适用规范名称及颁布时间：

4. 基底处理方法

基底状况	处理措施

5. 填料技术要求

序号	检查项目	规定值或允许偏差	检查方法	检测仪器

6. 各工序质量控制要点

工序	施工机械或仪器	质量控制要点或控制指标

7. 土方路基实测项目及要求

项次	检查项目	规定值或允许偏差	检查方法和频率

相关知识

为便于现场组织路基施工,土质路堤施工工艺分为三阶段、四区段、八流程,具体流程如图6-1所示。每个区段的长度应根据机械能力和数量确定,为确保机械有足够的安全作业场地,每区段长度不得小于40m。长度不够或因桥涵隔断不连续时,也应按四个区段安排施工。分段工作由主管技术人员、队长、领工员在现场确定。

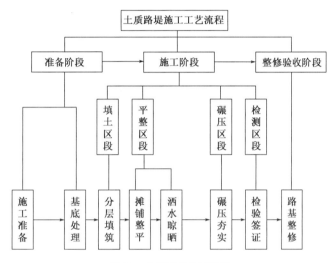

图6-1 土质路堤施工流程

1. 基底处理

基底是指路堤填料与原地面的接触部分。填筑路堤时,首先应根据基底的土质、横坡、水文等情况采取相应的措施处理基底,防止路基出现沉陷或滑动等破坏情况。

(1)密实稳定的土质基底。当地面横坡缓于1:5时,需清除地表草皮、腐殖土,一般清除深度不小于15cm,然后整平并在填土前碾压,如图6-2a)所示;当地面横坡为1:5~1:2.5或地面纵坡大于12%时,在清除草皮和杂物后,还应将坡面挖成宽度不小于2.0m、高度不小于0.2~0.3m的台阶,台阶顶面做成内倾2%~4%的斜坡,如图6-2b)所示;当地面横坡陡于1:2.5时,须验算路堤的整体稳定性,若不能满足要求,则应采取设置支挡结构物等防滑措施。

a)清表

b)原坡面开挖台阶

图6-2 地表处理

（2）当路基受到地下水影响时，应予以拦截或排除，引地下水至路堤基础范围之外。

（3）路堤填筑范围内，原地面的坑、洞、穴等，应用合格填料分层回填，并按规定压实。

（4）当地基原状土的强度不符合要求时，应根据具体情况采用换填土层法、碾压夯实等方法进行加固处理。

（5）对于低路堤，应对地基表层土进行超挖、分层回填压实，其处理深度不应小于路床深度，使其压实度达到规定的要求。

2. 路堤填料

路堤填料应选择强度高、水稳定性好、便于施工压实以及运距短的土或石。因此在选择填料时，一方面要考虑料源和经济性，另一方面还要考虑填料的性质。路基填筑前，应对照设计文件，现场调查填料，初拟路堤填料的类型、来源地点、可供开采的数量、运输距离与条件、上路桩号，并对填料进行试验，以判断填料的可用性。一般路堤填料来源有：路堑或附属工程的挖方，在荒地、空地或劣地上布置取土坑进行借方。填料来源确定后，应对填料进行检验，确定土的种类和工程性质，见表6-2。根据试验结果，判断土样是否可用于填筑。各级公路路基填料的最小承载比和最大粒径应符合要求，见表6-3。

土质填料的主要试验项目　　　　　　　　　　　表6-2

序号	主要试验项目	序号	主要试验项目
1	颗粒大小分析试验	4	土的强度试验（CBR值）
2	液限、塑限、塑性指数、天然稠度或液性指数试验	5	土的标准击实试验
3	含水率试验		

路基填料的最小承载比和最大粒径　　　　　　　表6-3

项目分类（路面底面以下深度，m）			填料最小承载比CBR（%）			填料最大粒径（mm）
			高速、一级公路	二级公路	三、四级公路	
填方路基	上路床(0~0.3)		8	6	5	100
	下路床	轻、中等及重交通(0.3~0.8)	5	4	3	100
		特重、极重交通(0.3~1.2)				
	上路堤	轻、中等及重交通(0.8~1.5)	4	3	3	150
		特重、极重交通(1.2~1.9)	4	3	—	
	下路堤	轻、中等及重交通(>1.5)	3	2	2	150
		特重、极重交通(>1.9)				
零填及挖方路基	上路床(0~0.3)		8	6	5	100
	下路床	轻、中等及重交通(0.3~0.8)	5	4	3	100
		特重、极重交通(0.3~1.2)				

注：1. 表中承载比是根据路基不同填筑部位压实标准的要求，按《公路土工试验规程》（JTG 3430—2020）中的试验方法规定浸水96h确定的CBR。

2. 三、四级公路铺筑沥青混凝土和水泥混凝土路面时，应采用二级公路的规定。

3. 表中上、下路堤填料最大粒径150mm的规定不适用填石路堤和土石路堤。

根据《公路路基施工技术规范》(JTG/T 3610—2019),路基填料应符合下列规定:

(1)宜选用级配好的砾类土、砂类土等粗粒土作为填料,填料最大粒径应小于150mm。

(2)含草皮、生活垃圾、树根、腐殖质的土严禁作为路基填料。

(3)泥炭、淤泥、冻土、强膨胀土、有机质土及易溶盐含量超过规定的土不得直接用于填筑路堤。如需使用,必须采取技术措施处理,经检查合格后方可使用。

(4)粉质土不宜直接用于填筑二级及二级以上公路的路床,不得直接用于填筑季节性冰冻地区的路床及浸水部分的路堤。

(5)液限大于50%、塑性指数大于26的细粒土,不得直接作为路基填料。

(6)高速公路、一级公路路床填料宜采用砂砾、碎石等水稳性好的粗粒料,也可采用级配好的碎石土、砾石土等;粗粒料缺乏时,可采用无机结合料改良细粒土。

3.填筑方法与技术要点

1)路堤填筑方法

《公路路基施工技术规范》(JTG/T 3610—2019)规定,填土路堤填筑时,性质不同的填料应水平分层、分段填筑;填石路堤应分层填筑压实。一般路堤填筑方法有分层填筑法、倾填方式填筑两种。

(1)分层填筑法

分层厚度根据公路等级、土质、压实机具的有效压实深度和要求的压实度而定。分层填筑方法可分为水平分层填筑和纵坡分层填筑。

①水平分层填筑

水平分层填筑是指按照横断面全宽分成水平层次,逐层向上填筑。如果原地面不平时,应由最低处分层填起,每填一层,经压实合格后再填上一层,依此循环直至达到设计高程。该施工方法操作简便、安全,压实质量易保证,如图6-3所示。

②纵坡分层填筑

纵坡分层填筑是指采用推土机或铲运机从路堑取土填筑运距较短的路堤,依纵坡方向分层、逐层推土填筑。该施工方法常用于地面纵坡大于12%的路段,如图6-4所示。

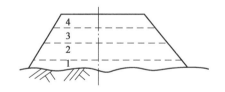 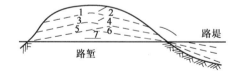

图6-3 水平分层填筑法 图6-4 纵坡分层填筑法
注:数字1~4表示填筑顺序。 注:图中数字1~7表示路堑开挖顺序。

(2)倾填方式填筑

倾填方式填筑是指从路基的一端按各横断面的全部高度,逐步推进填筑,适用于无法自下而上分层填筑的陡坡、断岩或泥沼地段,如图6-5所示。《公路路基施工技术规范》(JTG/T 3610—2019)规定,填石路堤在陡峻山坡地段施工特别困难时,三级及三级以下砂石路面公路的下路堤可采用倾填方式填筑。

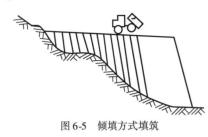

图 6-5 倾填方式填筑

2）土质路堤填筑要点

（1）土质路堤应分层填筑、分层压实、分层检测，不得混杂乱填。路床填筑中，每层最大压实厚度宜不大于 300mm，顶面最后一层压实厚度应不小于 100mm。每种填料的填筑层压实后的连续厚度宜不小于 500mm。每种填料的松铺厚度应通过试验路段确定。

（2）在透水性较差的压实层上填筑透水性好的填料前，应在其顶面设 2%～4% 的双向横坡，并采取相应的防水措施，确保来自上层透水性填土的水分能够及时排出。

（3）路基上部宜采用水稳性好或冻胀敏感性小的填料。

（4）不得在透水性好的填料所填筑的路堤边坡上覆盖透水性差的填料，以确保水分蒸发和排出。

（5）填方分段施工时，接头部位如能交替填筑，应分层相互交替搭接，搭接长度不小于 2m；如不能交替填筑，先填路段应按 1:1～1:2 坡度分层留台阶。

（6）路基填挖交界处，应开挖宽度大于 2m、高度小于 1m 的台阶进行衔接，必要时应在路床顶面或底面设置土工格栅等加固措施。

（7）路堤填筑时，应从最低处起分层填筑，逐层压实。每一层路堤边缘两侧填筑宽度可增加至 30～50cm，压实完成后再刷坡整平。

3）桥涵及其他构造物处的填筑

桥涵、挡土墙及其他构造物处的回填土填筑工作必须在隐蔽工程验收合格后，结构物强度达到设计强度的 75% 以上时进行。

桥涵、挡土墙及其他构造物处的回填填料应采用砾石土、砂类土等透水性材料、轻质材料、无机结合料稳定材料等分层回填、分层压实。分层压实厚度宜不大于 15cm，填料粒径宜小于 10cm，涵洞两侧回填填料粒径宜小于 5cm，压实度应不小于 96%。台背与墙背 1.0m 范围内回填宜采用小型夯实机具压实。涵洞两侧应对称均匀分层回填压实。回填部分的路床宜与路堤路床同步填筑。

4. 路基压实

路基压实是指利用机械的方法，改变土的结构，使土颗粒彼此挤紧、结构变密，减小孔隙率，从而提高土的强度和稳定性。路基压实是路基填筑工程的关键工序之一。

1）压实目的

工程实践证明，有效地压实路基填土，可以提高路基的密实度，降低透水性，减小毛细水上升高度，防止水分积聚和造成侵蚀而导致路基软化或因冻胀而引起不均匀变形，从而提高路基的强度和水温稳定性。

2）压实影响因素

影响路基压实效果的主要因素包括内因和外因两方面，内因主要是含水率和土质，外因主要是分层厚度和压实功。在路基压实施工中，控制最佳含水率是关键，在此前提下，采取分层填土，控制有效土层厚度，必要时适当增大压实功，才能确保路基压实取得良好效果。

细粒土、砂类土和砾类土不论采用何种压实机械，均应在其最佳含水率 ±2% 以内压实。当土的含水率较小时，应均匀加水；当土的含水率过大时，应在碾压前将土摊开、晾晒，使其达到或接近最佳水率,否则易发生"弹簧"现象。

3)压实机具选择

压实机具的类型和数量选择是否恰当,直接关系到压实质量和施工进度。选择时应综合考虑以下几点:

(1)土的性质和分层厚度。正常条件下,对于砂类土的压实效果,振动式压实机具较好,夯击式次之,碾压式较差;对于黏质土的压实效果,则宜选用碾压式或夯击式压实机具,振动式较差甚至无效。填石路堤、土石路堤,压实机械宜选用自重不小于18t的振动压路机。当土的天然含水率较小、填土层较厚、压实度要求高时,宜选择重型压实机具,并适当增加碾压遍数,反之,选择轻型压实机具。各种土质适宜的压实机具见表6-4。

各种土质适宜的压实机具 表6-4

机械名称	细粒土	砂类土	砾类土	巨粒土	备 注
6~8t 两轮光轮压路机	A	A	A	A	用于预压整平
12~18t 两轮光轮压路机	A	A	A	B	最常使用
25~50t 轮胎压路机	A	A	A	A	最常使用
羊足碾	A	C/B	C	C	粉黏土质砂可用
振动压路机	B	A	A	A	最常使用
凸块式振动压路机	A	A	A	A	最宜使用含水率较高的细粒土
手扶式振动压路机	B	A	A	C	用于狭窄地点
振动平板夯	B	A	A	B/C	用于狭窄地点,机械重量8kN的可用于巨粒土
手扶式振动夯	A	A	A	B	用于狭窄地点
夯锤(板)	A	A	A	A	夯击影响深度最大
推土机、铲运机	A	A	A	A	仅用于摊平土层和预压

注:"A"代表适用;"B"代表无适当的机械时可用;"C"代表不适用。

(2)工作面。当工作面较大时,可采用碾压机具;当工作面较窄时,宜采用夯实机具。

(3)与其他施工机械的协调。选择的压实机具类型和数量应考虑与其他工序的施工机械相配合,使机具的生产能力相适应,不影响施工进度且不增加施工费用。

4)压实原则与方法

路基压实前,需将路基表面做2%~4%的路拱横坡,并对松铺层进行整平,检查松铺厚度和含水率。

路基碾压时,横向接头的轮迹应有一部分重叠。振动压路机一般重叠40~50cm,三轮压路机一般重叠1/2后轮宽;前后相邻两区段纵向重叠1~1.5m。碾压中应确保碾压均匀,做到无漏压、无死角。碾压时应先慢后快、先两边后中间、先低后高,并控制压实速度、松铺厚度和最佳含水率,以保证路基的压实质量。路基每层碾压结束后,施工单位的自检人员应分层检验压实度,合格后方可填筑上一层。

5)压实流程

土质路堤压实施工工艺流程,如图6-6所示。

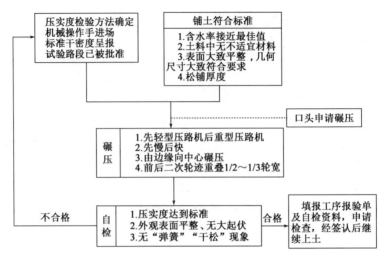

图 6-6 土质路堤压实施工工艺流程

6）压实标准

（1）压实度

我国以压实度作为控制土质路基压实的标准。所谓压实度是指工地上压实达到的现场干密度 ρ_d 与用室内标准击实试验所得的该路基土的最大干密度 ρ_0 之比，其比值用 K 表示，即：

$$K = \frac{\rho_d}{\rho_0} \times 100 \tag{6-1}$$

（2）土质路基压实度标准

我国《公路路基施工技术规范》（JTG/T 3610—2019）采用重型击实试验标准。土质路基的压实标准，见表6-5。

土质路基压实度标准   表6-5

填筑部位			压实度(%)		
（路面底面以下深度，m）			高速、一级公路	二级公路	三、四级公路
填方路基	上路床(0~0.3)		≥96	≥95	≥94
	下路床	轻、中及重交通(0.3~0.8)	≥96	≥95	≥94
		特重、极重交通(0.3~1.2)			—
	上路堤	轻、中及重交通(0.8~1.5)	≥94	≥94	≥93
		特重、极重交通(1.2~1.9)			—
	下路堤	轻、中及重交通(>1.5)	≥93	≥92	≥90
		特重、极重交通(>1.9)			
零填及挖方路基	上路床(0~0.3)		≥96	≥95	≥94
	下路床	轻、中及重交通(0.3~0.8)	≥96	≥95	—
		特重、极重交通(0.3~1.2)			

（3）压实度检测

土质路基的压实度检测可采用灌砂法、环刀法、灌水法（水袋法）或核子密度湿度仪法进行。

5.路基整修

路基工程完成后,在交接验收前,应对外观质量进行整修,对局部缺陷进行处理。路基整修应由施工单位会同监理单位按设计文件和施工规范要求检查路基中线、高程、宽度、边坡、防护和支挡工程、排水工程等,根据检查结果制订整修计划,整修工作应在检查结果和整修计划经监理工程师核查与批准后方能动工。路基整修流程如图6-7所示。

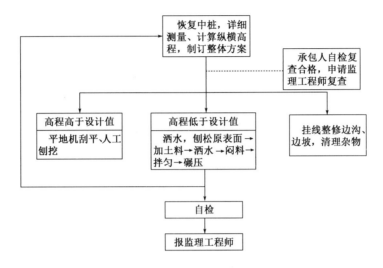

图6-7 路基整修流程

工作任务单6-土质路堤施工及质量控制,按下列步骤实施:

(一)土质路堤具体施工流程

土质路堤施工流程如图6-8所示。

(二)土质路堤施工机械类型

见学习情境五路基施工准备工作任务二路基施工准备中物资准备的具体介绍。

(三)适用规范

《公路路基施工技术规范》(JTG/T 3610—2019);
《公路路基设计规范》(JTG D30—2015)。

(四)基底处理方法

见本任务相关知识中基底处理具体介绍。

(五)填料技术要求

见本任务相关知识中填料选择具体介绍。

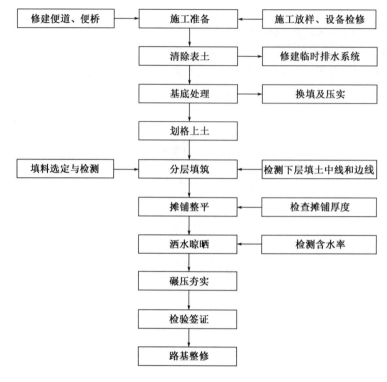

图 6-8 土质路堤施工流程

(六)各工序质量控制要点

1. 施工准备

测量放样,组织有关人员学习设计文件及设计和施工技术规范,根据填料和施工机械编制实施性施工组织,建立土工试验室,做有关土工试验,准备好现场质量测试仪器及设备。

2. 基底处理

基底处理应根据施工时的地面和土质的具体情况,按照设计文件的要求进行处理。二级及二级以上公路的路堤基底压实度不得小于90%,三、四级公路不得小于85%。当路基的填土高度小于路床的总厚度时,基底应按路床设计的要求处理。

3. 划格上土

测量人员进行现场施工测量放样,放出路基中线和边线。根据自卸车容量和堆土间距,将路堤划分为若干网格,每一方格中卸一车填料,并由专人指挥卸土,如图6-9所示。

4. 分层填筑

(1)路堤填筑时应采取横断面全宽、纵向水平分层填筑方法。当原地面高低不平时,应先从最低处分层填筑,由两边向中心填筑。为保证路堤全断面压实均匀一致,确保边坡压实质量,边坡两侧各超填0.3~0.5m,竣工时刷坡并整平。

a)　　　　　　　　　　　　　　　b)

图 6-9　划格上土

(2) 根据填土高度及试验段确定的分层厚度及压实参数,由主管技术人员计算出计划分层数、压路机行走速度、碾压遍数,并向队长、领工员、班长、指挥卸土人员、压路机司机进行书面技术交底。队长、领工员必须认真控制铺土厚度,并配合机械随时调整厚度。

5. 摊铺整平

填筑区段完成一层卸土后,先用推土机进行初平,再用平地机进行终平,如图 6-10 所示。做到填铺面纵向和横向平顺均匀,控制层面无显著的局部凹凸,以保证压路机压轮表面能基本均匀地接触地面进行碾压,达到碾压效果。

a)　　　　　　　　　　　　　　　b)

图 6-10　整平作业

6. 洒水晾晒

当填料含水率较低时,应及时采用洒水措施;当填料含水率较高时,应摊铺晾晒。碾压前,控制土的含水率为最佳含水率 ±2%,如图 6-11 所示。

7. 碾压夯实

(1) 碾压前,应向压路机司机进行技术交底,其内容包括碾压起讫范围、压实遍数、压实速度等。

(2) 压实顺序应按先两侧后中间,先慢后快,先静压后振压的操作程序进行碾压,如图 6-12 所示。压实速度以慢速效果最佳,除羊足碾和凸块碾外,其他压实机械的压实速度以 2~4km/h 为宜。

(3)非绿化区边坡压实采用小型机具进行,对于设计有绿化要求的坡面,采用人工夯拍与种植植被相结合的方法进行。

(4)碾压完成一段后,宜采用纵向退行的方式继续进行第二遍碾压,不得采用掉头的方式,以免机械在掉头时搓挤填土,使压实的填土被翻松。因此,压路机始终要以纵向进退的方式进行压实作业。

(5)当纵向分段压实后进行第二段压实时,在纵向接头处宜重叠1~2m,以确保接头处平顺过渡。

图6-11 路基洒水

图6-12 路基碾压

8. 检验签证

路基填土的检测应遵循分层填筑、分层压实、分层检测的原则。在填料质量、填筑厚度、填层面纵横方向平整度等均符合标准的基础上,检测人员进行压实度检测,自检合格后,上报监理工程师检验,验收合格后予以签证,填筑下一层,直至路床顶面高程,如图6-13所示。凡没有达到标准者,不予签证,并下达质量不合格通知单,要求根据标准重新压实,直到合格为止。填土路堤施工过程中,每填筑2m宜检测路线中线和宽度。

a)灌砂法

b)环刀法

图6-13 压实度检测

9. 路基整修

(1)路堤按设计高程填筑完成后,进行终平和测量,恢复中线,测量高程,计算路基高度,放样路肩边桩,修筑路拱,并用压路机碾压一遍,使路基表面平整无浮土,路拱横坡符合要求,如图6-14所示。

(2)依据路肩边线桩,人工按设计坡度挂线刷去超填部分,并整修拍实,如图6-15所示。整修后的边坡应达到转折处棱线明显,直线处平直,变化处顺滑,坡面平顺没有凹凸。

图 6-14　恢复中桩和边桩

图 6-15　边坡整修

（七）土方路基实测项目及要求

土方路基实测项目及要求，见表 6-6。

土方路基实测项目　　　　表 6-6

项次	检查项目	规定值或允许偏差			检查方法和频率
		高速公路、一级公路	其他公路		
			二级公路	三、四级公路	
1△	压实度（%）	符合表 6-5 的规定			按规范要求检查；密度法：每 200m 每压实层测 2 处
2△	弯沉（0.01mm）	≤设计验收弯沉值			—
3	纵断高程（mm）	+10，-15	+10，-20		水准仪：中线位置每 200m 测 2 个断面
4	中线偏位（mm）	50	100		全站仪：每 200m 测 2 点，弯道加 HY、YH 两点
5	宽度（mm）	满足设计要求			尺量：每 200m 测 4 处
6	平整度（mm）	≤15	≤20		3m 直尺：每 200m 测 2 处×5 尺
7	横坡（%）	±0.3	±0.5		水准仪：每 200m 测 2 个断面
8	边坡	满足设计要求			尺量：每 200m 测 4 处

注：△为检测关键项目，后同。

工作任务二　挖方路基施工

 学习目标

1. 熟悉挖方路基施工工序及质量控制要点；
2. 知道土质路堑开挖方法；

3. 能够编制挖方路基施工方案,进行挖方路基现场施工;
4. 具有绿色建设、节约环保的工作理念和生态环境保护意识。

任务描述

1. 扫描"道路工程施工工艺虚拟仿真"中土质路堑开挖施工项目二维码,学习现场施工工艺及技术要点。

2. 某高速公路双向四车道,设计速度为120km/h,整体性路基宽28.0m。LJ-1合同段主线长25.6km,路基土石方769.63万 m^3,其中挖土方250.34万 m^3,挖石方57.62万 m^3,填土方409.80万 m^3,填石方51.88万 m^3。根据合同及指挥部要求的计划,开工日期为2014年3月1日,竣工日期为2015年12月1日。根据规范和任务资料,编写该工程挖方路基施工方案。

3. 通过引入施工中排水处理、挖方利用、边挖边防护等,培养学生公路建设与自然环境和谐共建的工作理念,以及现场施工安全意识。

相关知识

一、土质路堑施工的作业方法

按照不同的掘进方向,路堑开挖方法可分为横挖法、纵挖法和混合式开挖法三种。路堑开挖方方法应根据开挖深度、纵向长度、当地地形、工程量、施工工期和机械设备条件等因素确定。

1. 横挖法

横挖法是指从路堑的一端或两端按整个横断面全宽和深度逐渐向前开挖的方式。横挖法有单层横挖法和分层横挖法两种。

(1)单层横挖法适用于开挖深度小且较短的路堑,一次开挖到设计高程,如图6-16a)所示。

(2)分层横挖法适用于开挖较深且较短的路堑,在不同高度处分几个台阶按断面全宽进行挖掘,一般分层台阶深度为3~4m,每层设有独立的出土道和临时排水设施,使得工作面纵向拉开,可以安排较多的劳动力和施工机械,以加快施工进度,如图6-16b)所示。

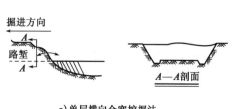

a) 单层横向全宽挖掘法　　b) 分层横向全宽挖掘法

图6-16 横挖法

2. 纵挖法

纵挖法分为分层纵挖法、通道纵挖法、分段纵挖法三种。

(1)分层纵挖法:沿路堑全宽以深度不大的纵向分层挖掘前进的开挖方法,适用于较长但深度较小的路堑,如图6-17a)所示。

(2)通道纵挖法:沿路堑纵向挖掘一通道,然后将通道向两侧拓宽,上层通道拓宽至路堑边坡后,再开挖下层通道,按此方法直至开挖到挖方路基顶面高程。该方法适用于较长且深度较大的路堑,如图6-17b)所示。

(3)分段纵挖法:沿路堑纵向选择一个或几个适宜位置,从路堑较薄一侧横向挖穿,将路堑在纵向上按桩号分成两段或数段,各段再纵向开挖,这种开挖方式称为分段纵挖法,如图6-17c)所示。该方法适用于路堑较长,弃土运距较远的傍山路堑或一侧开挖较薄的路堑开挖。

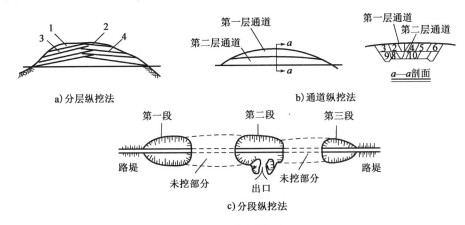

图6-17 纵向挖掘法

注:图a)中数字表示挖掘顺序;图b)中数字表示拓宽顺序。

3. 混合式开挖法

混合式开挖法是指将横挖法与纵挖法混合使用,即先沿路堑纵向挖通通道,然后沿横向坡面挖掘,以增加开挖坡面,如图6-18a)所示;或再沿横向挖出横向通道,如图6-18b)所示。该方法适用于纵向开挖长度和挖深都较大的路堑,每个坡面都能容纳一个施工组或一台开挖机械作业。

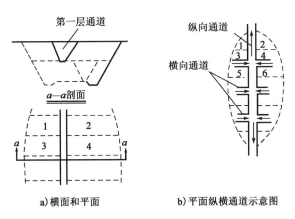

图6-18 混合式开挖法

注:图中箭头表示运土与排水方向,数字表示工作面数。

二、土质路堑施工工艺流程

(1) 土方开挖多采用机械化施工,常用的开挖机械有推土机、铲运机、挖掘机等。

(2) 路堑开挖前应处理好排水问题,施工期间应修建临时排水设施,临时排水设施应与永久性排水设施相结合,排出的水流不得排入农田、耕地和污染自然水源。

(3) 土方开挖必须按横断面自上而下依照设计边坡逐层进行,不得乱挖、超挖,严禁掏底开挖;在地质不良的路段,应考虑分段开挖,同时分段修建支挡构造物,以确保安全。

(4) 土方开挖时,先用机械开挖,开挖至边坡线前,应预留出20~30cm的余量,然后采用人工或平地机、挖掘机修整,以避免出现超挖或欠挖。

(5) 开挖至零填、路堑路床部分后,应尽快进行路床施工;如不能及时进行,宜在路床顶设计高程以上预留至少30cm厚的保护层。

(6) 路床土含水率高或为含水层时,应采取设置渗沟、换填、改良土质等处理措施,路床填料除应符合一般规定外,还应具有良好的透水性和水稳性。

(7) 土方开挖时,对适用的土、砂、石等材料,在经济合理的前提下,应尽量利用。

任务实施

土质路堑施工流程及质量控制要点,如图6-19所示。

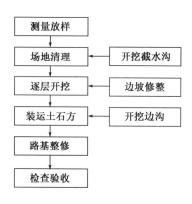

图6-19 土质路堑的施工工艺流程图

1. 施工准备

(1) 熟悉图纸、合同文件、技术规范和路线控制点。

(2) 编制实施性施工组织设计,制订开挖方案、调运路线及弃土场。

(3) 施工班组、机械设备、测量及试验检测仪器进场。

(4) 将路堑开挖方案上报监理工程师。

2. 测量放样

根据恢复的路线中桩、设计图表确定路基用地界桩、路堑堑顶、截水沟、弃土场等的具体位置桩,施工中保持跟踪测量,确保边坡符合设计及相关规范要求。

3. 场地清理

根据征地范围,用挖掘机进行清表,并把清除的表土运至指定地点妥善堆放,以备将来用作种植土。路基开挖前应做好截水沟,临时排水系统应与永久性排水系统相结合,排出的水流不得排入农田、耕地和污染自然水源,也不能引起淤积和冲刷。

4. 路堑开挖

(1) 按横断面自上而下依照设计边坡逐层进行开挖,严禁乱挖超挖,如图6-20所示;在地质不良的路段,可以考虑分段开挖,同时分段修建支挡构造物,以确保安全。

(2) 开挖中如果发现土层性质有变化,应及时上报监理工程师进行处理,及时调整边坡坡度。同时应注意对各种地下管道、缆线和其他构造物的保护,并妥善保护文物古迹,一经发生上述情况，应立即上报监理工程师进行处理。

(3) 路堑开挖时，一般采用机械开挖，挖至基底高程以上 20cm 时停止机械挖土，改用人工开挖。挖方路基施工高程，应考虑压实后的下沉量，其值应通过试验确定。

5. 路堑路床的处理

路堑挖方施工完成后，对路床范围原状土进行土工试验。

(1) 当路床范围原状土符合要求时，可直接进行成形施工。

图 6-20　土质路堑开挖

(2) 路床范围为过湿土、有机土、难以晾干压实的土、CBR 值不符合规定的土或不宜作路基填料的土时，应进行换填处理，设计有规定时按设计厚度换填，设计未规定时按下列要求换填：高速公路、一级公路换填厚度宜为 0.8～1.2m，若过湿土的总厚度小于 1.5m，则全部换填；二级公路的换填厚度宜为 0.5～0.8m。

6. 路基整修

路堑按设计高程开挖完成后，进行路基整修。开挖边沟、整修边坡，整修后的边坡应达到转折处棱线明显，直线处平直，变化处顺滑，坡面平顺没有凹凸，压实度合格。

(1) 土质路堤填筑施工的主要工序包括：基底处理、填料选择、路堤填筑、路基压实、路基施工质量检查。路堤填筑方案有分层填筑法与倾填方式填筑两种。

(2) 土方路堑常用的开挖方法可分为横挖法、纵挖法及混合式开挖法三种。路堑开挖方案应根据开挖深度、纵向长度、当地地形、工程量、施工工期和机械设备条件等因素来确定。

(3) 压实机具一般分为碾压式、夯击式和振动式三大类。影响路基压实效果的因素主要有内因和外因两个方面，内因指含水率和土的性质，外因指压实功和分层厚度。我国以压实度作为控制土基压实的标准。

(4) 路基土石方工程基本完成后，应按设计图纸要求检查路基的中线位置、宽度、纵坡、横坡、边坡及相应的高程等。路基交接验收前，应对外观质量和局部缺陷进行整修或处理。

一、填空题

1. 土质路堑开挖按路堑深度和纵向长度，开挖方式可分为_____和_____。

2. 路堤填筑方法有_____和_____两种。
3. 路基压实的目的是提高路基_____和_____。

二、不定项选择题

1. (　　)严禁用于填筑路基。
   A. 生活垃圾　　　　　　　　B. 淤泥
   C. 粉质土　　　　　　　　　D. 强膨胀土
2. (　　)不得直接用于填筑路基,确实使用时,必须采取技术措施进行处理,经检验满足设计要求后方可使用。
   A. 生活垃圾　　　　　　　　B. 泥炭
   C. 草皮　　　　　　　　　　D. 重黏土
3. 影响土质路基压实效果的关键因素是(　　)。
   A. 土质　　　　　　　　　　B. 含水率
   C. 压实功　　　　　　　　　D. 压实厚度
4. 开挖深度大且较长的路堑可以选用(　　)。
   A. 横挖法　　　　　　　　　B. 分层纵挖法
   C. 通道纵挖法　　　　　　　D. 分段纵挖法
5. 压实度检测方法有(　　)。
   A. 灌砂法　　　　　　　　　B. 环刀法
   C. 水袋法　　　　　　　　　D. 核子密度仪
6. 采用砂类土填筑的路堤宜采用(　　)进行压实。
   A. 振动压路机　　　　　　　B. 静碾压路机
   C. 夯锤　　　　　　　　　　D. 夯板
7. 路基压实时,下列(　　)操作不正确。
   A. 先轻型压路机再重型压路机　B. 先慢后快
   C. 直线段从路肩向中心碾压　　D. 超高段从超高外侧向内侧

三、判断题

(　　)1. 当含水率小于最佳含水率时,可以通过提高压实功降低最佳含水率,提高最大干密度。
(　　)2. 任何条件下都可以通过提高压实功降低最佳含水率,提高最大干密度。

四、简答题

1. 路基工程施工中,原地面应如何处理?
2. 《公路路基施工技术规范》(JTG/T 3610—2019)对于路基填料有哪些规定?

3. 路堤填筑方案有几种？各自的适用性如何？
4. 路堑开挖方案有几种？各自的适用性如何？
5. 简述土质路堤施工工序和质量控制要点。
6. 简述土质路堑开挖施工流程及施工要点。
7. 影响压实效果的主要因素有哪些？
8. 何为压实度？如何检测？路基压实时应遵循哪些原则？

五、分析题

某新建一级公路土方路基工程施工，该工程取土困难。K10+000～K12+000段路堤位于横坡陡于1:5的地面，施工方进行地基处理，然后采用选定填料水平分层填筑路基，填筑至0～80cm时，施工方选择细粒土，分两层填筑，采用18t光轮压路机分两层碾压。两层碾压完成后，检测中线偏位、纵断高程、平整度、宽度、横坡和边坡坡度均合格，施工方认定土方路基施工质量合格，提请下一道工序开工。

(1) 在公路工程中有哪些情况需要进行地基处理？

(2) 影响土方路基质量最关键的因素是填料和压实，该工程的施工方法对此是否能有效控制？为什么？

(3) 该工程现场质量控制的检测是否符合工序检查要求？依据上述检测内容能否认定质量合格？为什么？

学习情境七 LEARNING CONTEXT SEVEN
路基排水工程施工

工作任务一 地表排水工程施工

 学习目标

1. 熟悉地表排水工程的类型、构造及作用；
2. 掌握地表排水工程的施工要点；
3. 能够进行地表排水工程的现场施工；
4. 树立文明施工的职业素养以及敬畏自然的可持续发展理念。

 任务描述

1. 某公路的路基排水系统总体规划平面图如图7-1所示。单个排水结构物断面图，如图7-2所示。图中针对不同水源设置了不同的排水设施。学生根据规范和资料识读并汇总地表排水工程的类型和构造，完成"路基地表排水工程构造及施工要点"工作任务单，见表7-1。

2. 通过引入现场典型图片及水毁案例，培养学生树立文明施工的职业素养以及敬畏自然的可持续发展理念。

 相关知识

根据水源的不同，影响路基的水主要有地表水和地下水。地表水包括大气降水（雨和雪）以及海、河、湖、水渠及水库水等；地下水是指地表以下岩石或土层的孔隙、裂隙中的水。地表水会对路基产生冲刷和渗透，地下水会使路基变得湿软。水是造成路基路面及其沿线构造物病害的主要原因，因此路基必须设置排水设施。路基排水的目的就是将路基范围内的土基湿度降低到一定的限度以内，保持路基常年处于干燥或中湿状态，确保路基及路面具有足够的强度与稳定性。

针对不同水源,路基排水工程可分为地表排水工程和地下排水工程。

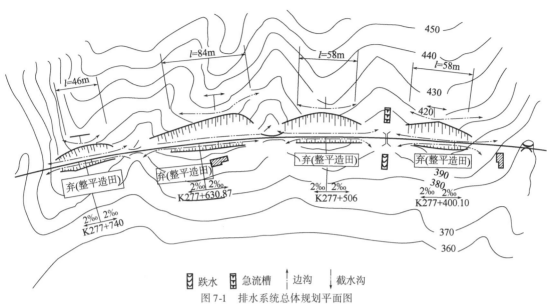

图 7-1 排水系统总体规划平面图

工作任务单 7　路基地表排水工程构造及施工要点　　　表 7-1

地表排水设施	地表排水设施类型与构造	边沟	作用	
			位置	
			构造	
		截水沟	作用	
			位置	
			构造	
		排水沟	作用	
			位置	
			构造	
		跌水与急流槽	作用	
			位置	
			构造	
		蒸发池	作用	
			位置	
			构造	
	地表排水设施施工	边沟、截水沟及排水沟施工	施工流程	
			施工要点	
			检查项目	
		跌水与急流槽施工	施工流程	
			施工要点	
			检查项目	

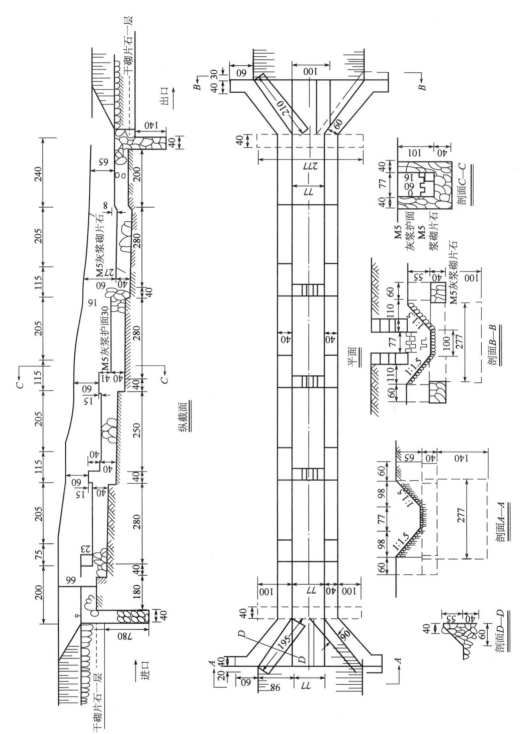

图7-2 跌水结构图（尺寸单位:cm）

常用的路基地表排水工程有边沟、截水沟、排水沟、跌水、急流槽、倒虹吸、渡水槽、蒸发池等类型，分别设置在路基的不同位置，它们各自的主要功能、布置要求或构造形式均有所差异，共同形成完整的路基地表排水系统。

1. 边沟

1）边沟的设置与作用

边沟是设置在挖方路基的路肩外侧或低路堤的坡脚外侧，多与路中线平行，用以汇集和排除路基范围内和流向路基的少量地面水的地表排水设施。

2）边沟的形式与构造

边沟的主要形式如图7-3所示，其使用范围见表7-2。

a）梯形边沟

b）矩形边沟

c）三角形边沟

d）浅蝶形边沟

图7-3 边沟的主要形式

边沟的主要形式及适用范围　　　　　表 7-2

边沟形式		特点及适用条件	沟壁边坡	主要尺寸	长度及纵坡
梯形边沟	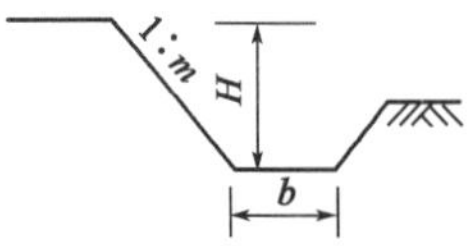	1. 排水量大，边坡稳定性好； 2. 适用于土质或软弱石质边沟	内侧沟壁为 1:1~1:1.5，外侧与挖方边坡相同	底宽与深度为 0.4~0.6m，干旱地区或水流少的路段取低限但不得小于 0.3m，降水量集中或地势低洼路段取高限或更大值	长度一般小于 500m，多雨地区不宜超过 300m；纵坡与路线保持一致，不宜小于 0.3%。困难情况下，可减小至 0.1%。纵坡大于 3% 时需进行加固防护
矩形边沟	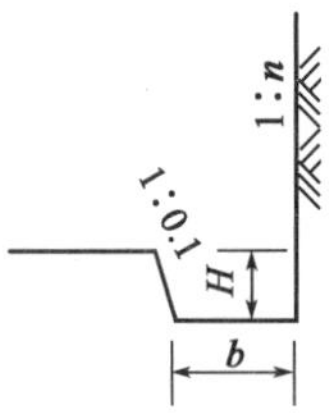	1. 占地少，施工方便； 2. 适用于石质或铺砌式边沟	直立或稍有倾斜		
浅蝶形边沟	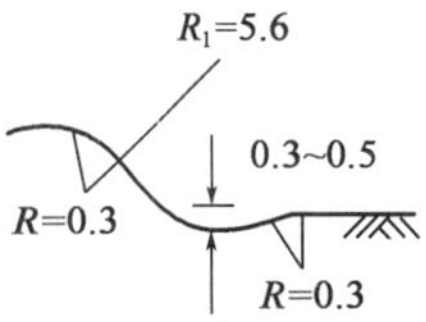	1. 美观大方，与环境相协调； 2. 多用于积雪、积沙路段	曲线半径 R 多采用 3m		
三角形边沟	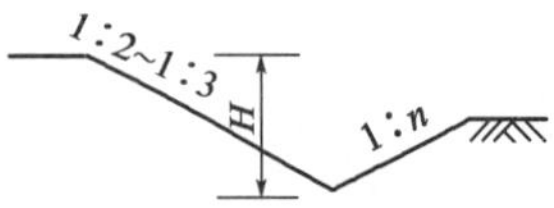	1. 便于机械化施工； 2. 适用于低路堤或少量浅挖地段土质边沟	宜采用 1:2~1:3 的边坡	底宽与深度为 0.4~0.6m，干旱地区或水流少的路段取低限但不得小于 0.3m，降水量集中或地势低洼路段取高限或更大值	长度不宜超过 200m。纵坡与路线保持一致，最小纵坡为 0.25%，沟壁铺砌后可为 0.12%，纵坡大于 3% 时需进行加固防护

3）边沟出水口处理

在边沟出水口附近排水困难路段，应进行特殊设计。路堑与高路堤衔接时，由于边沟泄出的水流流向路堤坡脚处，两者高差大，应通过设跌水或急流槽将出水口延伸至坡脚以外，以免边沟水流冲刷填方坡脚，如图 7-4 所示。边沟水流流向桥涵进水口时，为避免边沟流水产生冲刷，也应设置急流槽与跌水等结构物，将水流引入桥涵或其他指定地点，如图 7-5 所示。

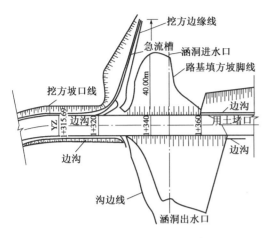

图 7-4 路堑与高路堤的边沟出口布置图

图 7-5 边沟出水口与桥涵进水口布置图

2. 截水沟

1）截水沟的设置与作用

截水沟又称天沟，一般设置在挖方路基边坡坡顶以外或山坡路堤上方的适当地点，用以拦截并排除路基上方流向路基的地面径流，减轻边沟的水流负担，保证挖方边坡和填方坡脚不受流水冲刷，如图 7-6 所示。截水沟应尽量与绝大多数地面水流方向垂直，以提高截水效能和缩短截水沟的长度。

a)

b)

图 7-6 截水沟

2）截水沟的布置

挖方路基的截水沟离路堑坡顶的距离 d，一般应大于 5.0m，地质不良的地段可取 10.0m 或更大，如图 7-7a）所示。截水沟下方一侧，可堆置截水沟的土方，要求做成顶部向沟倾斜 2% 的土台。

填方路段可能遭到上方水流的破坏时，必须设置截水沟，用以拦截山坡水流，保护路堤，如图 7-7b）所示。截水沟与坡脚之间，要有不小于 2.0m 的距离，并做成 2% 的向沟倾斜横坡，确保路堤不受水流侵害。

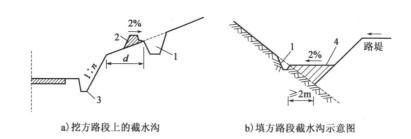

a) 挖方路段上的截水沟　　b) 填方路段截水沟示意图

图 7-7　截水沟示意图
1-截水沟；2-弃土堆；3-边沟；4-土台

3) 截水沟的构造

截水沟的横断面形式一般多为梯形，沟壁边坡坡率视土质而定，一般采用 $1:1.0 \sim 1:1.5$，深度及宽度不宜小于 0.5m，沟底纵坡不宜小于 0.3%。山坡较陡时，截水沟可采用浆砌片石的矩形断面形式。

截水沟沟底和沟壁要求平整密实，不滞流，不渗水。对不良地质路段、土质松软路段、透水性大或岩石裂隙多地段的截水沟沟底、沟壁、出水口应进行防渗及加固处理。

截水沟的长度一般以 200~500m 为宜，当超过 500m 时，应选择适当的地点设置出水口，就近引入自然沟内或桥涵进水口。截水沟必须有牢固的出水口，必要时需要设置排水沟、跌水急流槽或涵洞等泄水结构物将水流引入指定地点。

3. 排水沟

1) 排水沟的作用

排水沟的主要用途在于引水，将路基范围内各种水源的水流（边沟、截水沟、取土坑、边坡和路基附近积水）引至桥涵或路基范围以外的指定地点，如图 7-8 所示。

a)　　　　　　　　　　b)

图 7-8　排水沟

2) 排水沟的构造

排水沟的横断面一般采用梯形。用于边沟、截水沟及取土坑出水口的排水沟，其断面尺寸根据设计流量确定，深度与底宽不宜小于 0.5m，边坡坡率可采用 $1:1.0 \sim 1:1.5$。

排水沟应具备合适的纵坡，以保证水流畅通。流速太大会产生冲刷，流速太小容易形成淤积，因此宜通过水利水文计算来确定。沟底纵坡不宜小于0.3%，对易受水流冲刷的排水沟应视实际情况采取防护、加固措施。

3) 排水沟的布置

排水沟的位置可根据需要并结合当地地形等条件设定，要求离路基尽可能远，距路基边坡坡脚不宜小于2m。平面上应力求平顺，尽可能采用直线，如需转弯时也应尽量圆顺，做成弧线形，其半径不宜小于10m。排水沟的长度根据实际需要而定，通常不宜超过500m。排水沟的出水口应设置跌水或急流槽，水流应引出路基或引入排水系统。

4. 跌水与急流槽

跌水与急流槽是路基地面排水沟渠的特殊形式，通常设置在高差较大而距离较短或坡度较陡的地段。当水流通过坡度大于10%、水头高差大于1m的陡坡地段或特殊陡坎地段时，宜设置跌水或急流槽，如图7-9所示。

a)

b)

图7-9 跌水和急流槽

1) 跌水

跌水指呈阶梯形的构造物，水流以瀑布的形式通过，有单级和多级之分。单级跌水适用于排水沟渠连接处由于水位落差较大，需要消能或改变水流方向的情况，例如路基边沟水流通过涵洞排泄时，在涵洞的进口设置单级跌水，如图7-10所示。多级跌水适用于较长陡坡地段的沟渠，可以减缓水流速度，并予以消能，如图7-11所示。多级跌水的各级台阶高度可以不同，一般不应大于0.6m，通常为0.3~0.4m。

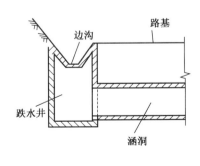

图7-10 边沟与涵洞单级跌水示意图

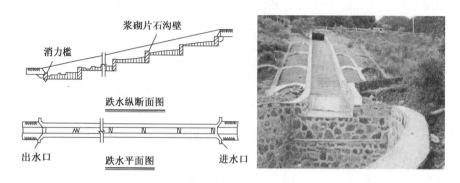

图 7-11 多级跌水示意图

2）急流槽

急流槽指具有较大坡度的水槽，一般坡度可达 67%（1∶1.5），但水流不离开槽底，比跌水的平均纵坡更陡，其结构的坚固稳定性要求更高，是山区公路回头曲线沟通上下线路及排水沟渠出水口的一种常见排水设施。其适用于涵洞的进、出水口或高路堤路段，将路面汇水排至边沟。

急流槽由进口、主槽（槽身）、消力池、出口四部分组成，构造如图 7-12 所示。

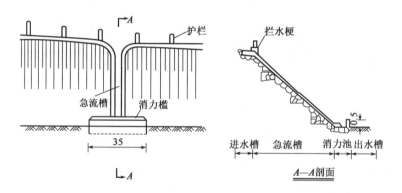

图 7-12 急流槽构造示意图（尺寸单位：m）

急流槽的基础必须嵌入稳固的地面内，端部及槽身每隔 2～5m，应在槽底设置防滑平台或凸榫。急流槽应分节砌筑，分节长度宜为 5～10m，接头处应采用防水材料填缝。

5. 蒸发池

蒸发池指在气候干旱地区且路域范围排水困难地段，在道路两侧每隔一定距离处，为汇集边沟等排水设施的水流任其蒸发所设置的积水池，如图 7-13 所示。可利用沿线的取土坑作为蒸发池，这在雨水较少的地区是一种较经济的选择。

蒸发池的容量应以一个月内路基汇入积水池中的雨水能及时完成渗透与蒸发作为设计依据，一般不超过 200m³，蓄水深度不应大于 1.5m。蒸发池的边缘距离边沟不应小于 5m，池中水位应低于排水沟的沟底。池底宜设 0.5% 的横坡，入口处应与排水沟平顺连接。蒸发池四周应采用隔离栅进行围护，高度不低于 1.8m，并设置警示牌。

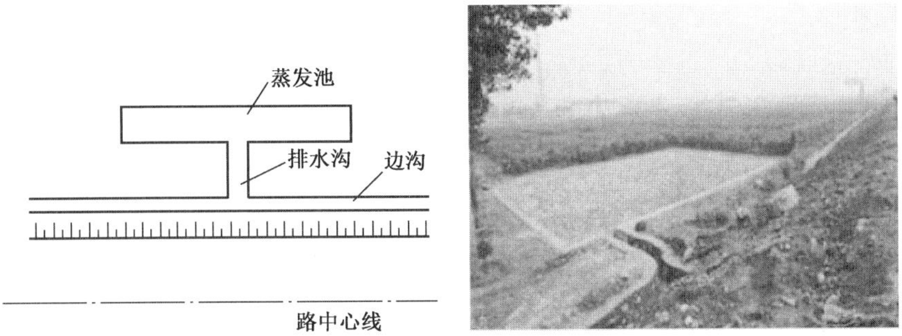

图7-13 蒸发池的平面布置

任务实施

一、识读排水设施工程图

该排水系统平面图（图7-1）是利用路线平面图绘制而成的，由地形图可以看出，该处山脊、山谷交错出现，三处山谷自然将路段分成四段，根据排水系统平面图上的示坡线可以看出四段全部为挖方。挖方两侧的坡脚均设置了边沟；上边坡坡顶外侧设置了截水沟，截水沟与等高线平行，截水沟分别长为46m、84m、58m、58m；四段之间分别修建了2处涵洞、1处小桥；小桥两侧为防止冲刷，进水口设置了急流槽，出水口设置了跌水。

二、完成工作任务单7

工作任务单7-路基地表排水工程构造及施工，按下列步骤实施：

（一）地表排水设施类型与构造

见本任务相关知识具体介绍。

（二）地表排水设施施工

1. 边沟、截水沟与排水沟施工

1）边沟、截水沟与排水沟施工流程

边沟、截水沟与排水沟的施工方法和施工工艺相似，因此，边沟、截水沟与排水沟施工统称为水沟施工。

水沟施工可以采用人工开挖或人工配合机械开挖，石质水沟也可以采用小型爆破。

水沟的施工流程：施工准备→测量放样→撒石灰线（机械开挖）或挂线（人工开挖）→沟槽开挖→人工整修→验槽→水沟加固→水沟检测。

2）边沟、截水沟与排水沟施工要点

（1）施工准备

在现场核查排水设施设计的位置、坡度、尺寸、出水口及加固设施是否合理，组织施工人员及施工机械，准备材料。清除现场杂草、灌木及有机质土等杂物，平整场地，修建临时排水设施。

(2)测量放样

放样沟槽,直线段一般桩距为20m,曲线段的桩距为5m。对于高速公路和一级公路的水沟,一般直接使用全站仪按极坐标法进行放线。

(3)沟槽开挖

沟槽开挖时,在纵向应从下游往上游开挖,如图7-14所示。如果采用人工开挖,测量放样后挂线施工,施工时可以采用分段开挖,每一段可以分层开挖,由上至下逐渐成型;也可以采用全断面开挖,先开辟出一个工作面,修整成设计断面,然后向前推进,每一个断面都一次成型。如果采用机械开挖,放样后先撒石灰线,再用挖掘机开挖,开挖中应先欠挖,然后人工修整到位,不能超挖。

(4)人工整修

开挖过程中,应边挖边测量控制,沟底高程用水准仪实测控制,最后人工修整。修整时以一定长度按设计尺寸定一标准断面,在两个标准断面间拉线,按线修整,可用断面样板,如图7-15所示,或用皮尺、钢尺进行逐段检查,反复修整,直到符合设计要求为止。

图7-14 沟槽开挖

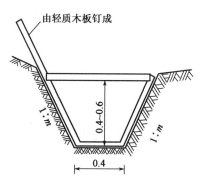

图7-15 样板边沟的形式(尺寸单位:m)

(5)验槽

沟槽成型后,应严格检验沟槽的土质、平面位置、断面尺寸和沟底高程,如有不符,应修整到位。

(6)水沟加固

当水沟沟底纵坡大于3%或土质水沟采用矩形断面时,对水沟的沟底和沟壁应进行加固处理。水沟常用的加固措施有:土沟表面夯实、三合土(石灰、细砂、黏土)或四合土(石灰、细砂、黏土、水泥)抹面、单层干砌片石、单层浆砌、浆砌片石,如图7-16所示。加固类型应根据当地的土质、水流流速、沟底纵坡、使用性质和年限等具体情况而定,见表7-3。

水沟沟底纵坡与加固类型关系表　　　　　　表7-3

纵坡(%)	<1	1~3	3~5	5~7	>7
加固类型	不加固	土质好,不加固;土质不好,简易加固	简易加固或干砌式加固	干砌式或浆砌式加固	浆砌式加固或改用跌水

图7-16 水沟加固

3) 边沟、截水沟与排水沟施工质量控制与检测

水沟施工中应主要控制沟槽开挖和水沟加固质量。土质水沟施工质量标准见表7-4。浆砌水沟施工质量标准见表7-5。

土质水沟施工质量标准　　表7-4

序号	检查项目	规定值或允许偏差	检查方法和频率
1	沟底高程(mm)	0, −30	水准仪:每200m测4处,且不少于5点
2	断面尺寸(mm)	≥设计值	尺量:每200m测2点,且不少于5点
3	边坡坡度	满足设计要求	尺量:每200m测2点,且不少于5点
4	边棱顺直度(mm)	50	尺量:20m拉线,每200m测2点,且不少于5点

浆砌水沟施工质量标准　　表7-5

序号	检查项目	规定值或允许偏差	检查方法和频率
1	砂浆强度(MPa)	在合格标准内	按要求检查
2	轴线偏位(mm)	50	全站仪或尺量:每200m测5点
3	沟底高程(mm)	±15	水准仪:每200m测5点
4	墙面顺直度(mm)	30	20m拉线:每200m测2点
5	坡度	满足设计要求	坡度尺:每200m测2点
6	断面尺寸(mm)	±30	尺量:每200m测2个断面,且不得少于5个断面
7	铺砌厚度(mm)	≥设计值	尺量:每200m测2点
8	基础垫层宽度、厚度(mm)	≥设计值	尺量:每200m测2点

2. 跌水与急流槽施工工艺

1) 跌水与急流槽的施工流程

施工准备→测量放样→沟槽开挖→沟槽清理→验槽→跌水与急流槽砌筑加固→进、出水口铺砌→消力池砌筑→检查验收。

2) 跌水与急流槽的施工要点

(1) 施工准备。在现场核查排水设施设计的位置、坡度、尺寸、出水口及加固设施是否合理,组织施工人员及施工机械,准备材料。

(2) 测量放样。

(3) 沟槽开挖。在土质或风化比较深的边坡可以采用人工开挖或机械直接开挖,在岩石边坡可以采用爆破方法开挖。跌水与急流槽基础应开挖到要求的设计高程或设计承载力基础上为止,经验收合格后可进行加固施工。

(4)验槽。沟槽开挖后,立即平整夯拍密实,如果土质干燥须洒水润湿,遇有鼠洞、陷穴,应补填、堵塞、夯实。修整时以一定长度按设计尺寸定一标准断面,在两个标准断面间拉线,按线修整,也可用断面样板或皮尺、钢尺进行逐段检查,反复修整,直到符合设计要求为止。

(5)砌筑加固。由于跌水和急流槽的纵坡陡、水流速度快、冲刷力强,因此要求跌水与急流槽的结构必须稳固耐用,一般宜采用浆砌块石、混凝土预制块砌筑或混凝土现浇进行加固处理。纵向砌筑时,应从下游往上游砌筑;横向砌筑时,宜先砌沟槽沟底后砌墙,砌墙时,应从墙脚开始,从下往上分层砌筑。砌筑砂浆初凝前应勾缝,勾缝应自上而下用砂浆充填、压实和抹光。

3)跌水与急流槽施工质量控制与检测

跌水与急流槽等浆砌排水工程的质量标准也应符合表7-5的规定。

工作任务二 地下排水工程施工

学习目标

1. 熟悉地下排水工程的类型、构造及作用;
2. 掌握地下排水工程的施工要点;
3. 能够进行地下排水工程的现场施工;
4. 树立严谨、求实、诚实守信的工作作风。

任务描述

1. 扫描"道路工程施工工艺虚拟仿真"中暗沟施工项目二维码,学习现场施工工艺及技术要点。

2. 某公路的路基排水系统示意图,如图7-17所示。图中针对不同水源设置了不同的地下排水设施。根据规范和资料,识读并汇总地下排水设施的类型和构造,完成"路基地下排水工程构造及施工"工作任务单,见表7-6。

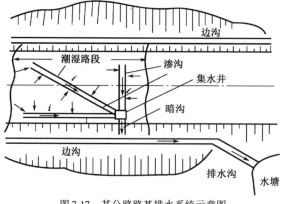

图7-17 某公路路基排水系统示意图

工作任务单8　路基地下排水工程构造及施工　　　表7-6

暗沟	作用		
	构造		
	施工流程		
	施工要点		
渗沟	作用		
	组成及类型	封闭层	
		反滤层	
		排水层	填石渗沟
			管式渗沟
			洞式渗沟
	施工流程		
	施工要点		
渗井	作用		
	构造		
	施工流程		
	施工要点		

3. 基于地下排水设施施工的隐蔽性及典型施工案例，引导学生树立严谨、求实、诚实守信的工作作风。

相关知识

公路上常用的路基地下排水工程主要有暗沟、渗沟和渗井等，如图7-18所示。其特点是排水量小，主要以渗流方式汇集水流，并就近排出路基范围以外。对于流量较大的地下水，应设置专用地下管道、巷道予以排除。

a) 暗沟

b) 渗沟

图7-18　地下排水设施

由于地下排水设施是隐蔽工程,埋置于地面以下,不易维修,因此选择时一定要与地表排水设施相比较,择优选用。如果必须采用地下排水设施时,要确保施工质量,使之牢固有效。

1. 暗沟

1)暗沟的设置与作用

暗沟是指设置在地面以下用以排除泉水或集中地下水流的排水设施,它本身并无渗水和汇水的作用。当路线所经路段下有泉眼,或高速、一级公路中央分隔带内设有排水设施,或渗沟所拦截、汇集的水流需排除到路基范围以外时,可修建暗沟将水排出路基范围以外,如图7-19所示。

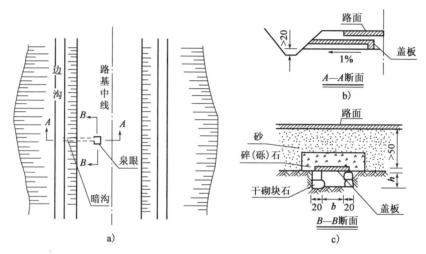

图7-19 暗沟(尺寸单位:cm)

2)暗沟的构造

暗沟的横断面可分为矩形和暗管两种。矩形暗沟用浆砌片石或水泥混凝土预制块砌筑,沟顶应设置混凝土或石盖板。暗管宜使用钢筋混凝土盖板、PVC 管、钢波纹管等材料。各部分尺寸根据排水量及地形、地质条件确定,管径一般为 20～30cm,净高约为 20cm。

暗沟的纵坡不宜小于1%。为了防止出现倒灌现象,暗沟的出水口应高出地表排水沟渠的常水位0.2m。寒冷地区的暗沟应做防冻保温处理,或将暗沟设在冻结深度以下。

2. 渗沟

1)渗沟的设置与作用

渗沟是一种常用的地下排水设施,它采用渗透方式将地下水汇集或拦截于沟内,并通过沟底通道将水排至指定地点。有地下水出露的挖方路基、斜坡路堤、路基填挖交界结合部以及地下水埋深小于0.5m 的低路堤等路段,应设置排水渗沟。渗沟可设置在边沟、路肩、路基中线以下或路基上侧上坡适当位置,用于降低地下水水位、截断及引排地下水、疏干表层土体、增加坡面稳定性、防止地下细颗粒土被冲移等。路基中浅埋的渗沟在 2～3m 以内,深埋时可达6m 以上。

图7-20是路基一侧边沟下设置渗沟的情况,其作用是拦截流向路基的层间水,防止路基边坡滑动和毛细水上升,危及路基的强度与稳定性。图7-21是路基两侧边沟下设置渗沟,其作用是降低地下水位,防止毛细水上升到路基工作区范围内,造成冻胀和翻浆,或导致土基过湿而降低强度。图7-22是在路基填挖方交界处设置横向渗沟,其作用是拦截路堑下面层间水或小股泉水,保持路堤填土不受水害。

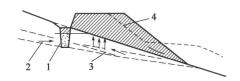

图7-20　路基一侧边沟下设置渗沟
1-渗沟;2-层间水;3-毛细水;4-可能滑坡线

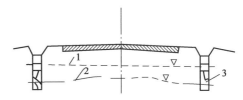

图7-21　路基两侧边沟下设渗沟
1-原地下水位;2-降低后地下水位;3-渗沟线

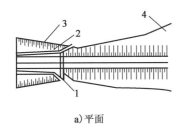

a)平面

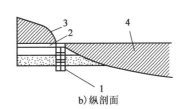

b)纵剖面

图7-22　填挖交界处横向渗沟
1-渗沟;2-边沟;3-路堑;4-路堤

渗沟的平面位置,当用作降低地下水位时,应尽量靠近路基;当用作拦截地下水时,应尽量与地下水流垂直。

2)渗沟的类型与构造

渗沟由排水层(石缝、管或洞)、反滤层、封闭层组成。

(1)封闭层

封闭层是指为防止地面水下渗以及地表土颗粒落入排水层造成渗沟堵塞而设置的层面。封闭层通常采用浆砌片石或干砌片石水泥砂浆勾缝,并用黏土夯实,厚约50cm。

(2)反滤层

反滤层是指汇集水流时为防止砂、土挤入渗沟,堵塞排水层,影响汇水、排水而设置的过滤层。反滤层材料目前主要有三种:集料、透水土工织物及无砂混凝土。

集料反滤层是指采用传统方法选用颗粒大小均匀的中粗砂、石材分层填筑,逐层的粒径比例大致按4∶1递减,层厚约15cm,砂石料中粒径小于2mm的颗粒含量不得大于5%。透水土工织物作为反滤层材料,在使用中由于性能稳定、反滤效果较好,且施工工艺成熟,目前大多数工程都采用透水土工织物作为反滤材料。无砂混凝土是由水泥、粗集料(级配卵、碎石或砾石)和水拌制而成,具有透水孔隙的圬工块体。无砂混凝土作为反滤层时,水泥与粗集料的质量比宜采用1∶6,壁板厚度不宜小于30cm,以保证无砂混凝土具有良好的透水性。由于无砂混凝土的原材料广泛,透水性良好,施工便利,使用效果良好,既能起到支护作用,又节省了渗沟内部的填充料,其应用前景被一致看好。

(3) 排水层

渗沟按排水层构造的不同可分为填石渗沟、管式渗沟和洞式渗沟,如图 7-23 所示。

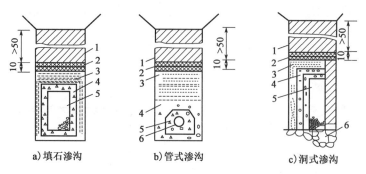

图 7-23 渗沟结构示意图(尺寸单位:cm)

1-黏土夯实;2-双层反铺草皮或土工布;3-粗砂;4-石屑;5-碎石;6-浆砌片石洞沟(预制混凝土管)

①填石渗沟:一般适用于流量不大,排水距离较短的地段,是目前公路上最常采用的一种渗沟形式。填石渗沟的排水层通常采用石质坚硬的较大碎石或卵石(粒径为 3~5cm)进行填充,因水流阻力较大,其纵坡不得小于 1.0%,一般可采用 5%。

②管式渗沟:一般适用于地下引水较长、流量较大、地下水位埋藏浅的地段,但当渗沟过长时,宜间隔一定距离设置横向排水管,将纵向渗沟的水流迅速分段排出。渗沟的渗水管可选用 HPPE 管、PVC 管、PE 管、软式透水管、无砂混凝土管等,管壁上半部设渗水孔,交错布置,间距宜不大于 20cm,管底应设基座。泄水管的内径由水力计算确定,一般为 0.4~0.6m。为避免泄水管底部淤积,管底的纵坡不得小于 0.5%。在冰冻地区,为防止冻结堵塞,除泄水管埋在冰冻线以下外,必要时应采取保温措施,管径应设置较大一些。渗沟的高度应使填料的顶面高于原地下水位,沟底的垫枕材料一般采用干砌片石,如果沟底深入到不透水层时,宜采用浆砌片石、混凝土或土工合成的防水材料。

③洞式渗沟:一般适用于地下水流量较大、埋藏深的地段或石料比较丰富的地区。洞式渗沟采用浆砌片石筑成,其洞宽约为 20cm,高为 20~30cm;盖板采用条石或混凝土预制板,板厚不得小于 15cm,盖板间要预留 2cm 的间隙,盖板顶面铺以透水土工织物或回填碎石,以便于水汇集于洞内并排出。洞身要求埋入不透水层内,如果地基软弱,还应铺设砂石基础。洞口的大小依设计流量而定,沟底纵坡不宜小于 0.5%,有条件时可适当采用较大纵坡,以利于排水。

3. 渗井

1) 渗井的设置与作用

渗井是一种立式地下排水设施,其作用是拦截、引排有固定含水层的深层地下水,以及排除公路及城市道路下挖式通道最底部的地表水,使其经渗井通过不透水层渗入更深的透水层,以降低深层地下水位或全部予以排出,疏干路基,如图 7-24 所示。由于渗井的施工难度较大,单位渗水面积的造价高于渗沟,建议应尽量少用;如选用应进行分析比较后确定。采用渗井时,还必须探明路基下层是否存在透水层,能否通过渗井汇集并排出地下水。

2) 渗井的构造

渗井的平面布置、孔径与渗水量按水力计算确定,一般为 1.0~1.5m 的圆柱体,也可为边长 1.0~1.5m 的长方体。井深视地层构造而定。

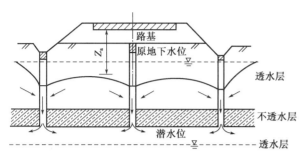 

图 7-24 渗井布置示意图

渗井由上部集水结构和下部排水结构两部分组成。

当渗井用于拦截和引排地下水时,宜成井群布设,其上部集水结构井内由中心向四周按层次分别填入由粗到细的碎石、砂砾等材料,粗料渗水,细料反滤,顶上做封闭层;其下部排水结构可全部采用粗粒材料作填充物。施工时,每层填充料要求进行筛分冲洗,用铁皮套筒分隔填入不同粒径的材料,层次分明,不得粗、细料混填,以保证渗井达到预期的排水效果,如图 7-25 所示。

当渗井用于排除下挖式通道的地表水时,距离路堤坡脚不宜小于 10m。渗井宜采用钢筋混凝土管或波纹管,如图 7-26 所示,上部为集水井,下部为渗井。渗井应选用洁净的砂砾、片碎石等填充,其中粒径小于 2.36mm 颗粒含量不得大于 5%,井壁四周应设置反滤层。渗井顶部四周除留进水口部分外,沿井口周围需用黏土筑堤围护,并加盖封闭,严防渗井淤塞。

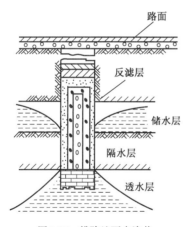 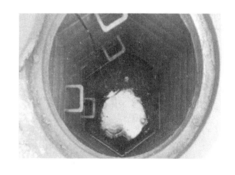

图 7-25 排除地下水渗井　　　　图 7-26 排除地表水渗井

任务实施

工作任务单 8-路基地下排水工程构造及施工,按下列步骤实施:

(一)暗沟

1. 暗沟的作用及构造

见本工作任务相关知识的具体介绍。

2. 暗沟施工流程

施工准备→测量放样→确定泉眼范围→开挖泉井→开挖沟槽→验槽→砌筑汇水井→砌筑沟壁→安装盖板→铺筑碎(卵)石层→回填。

3. 暗沟的施工技术要点

(1) 施工前,应根据现场情况检查暗沟设计布置、出水口是否合理。放样定线时须注意以下方面:出水口的高程、沟底纵坡,盖板顶至路面的覆土高度不得小于0.5m,圆管管顶以上覆土不得小于0.7m。

(2) 开挖位置确定后,用石灰撒出开挖线。开挖时应从下游向上游进行,在土质地基上采用机械开挖时,基底应预留20cm左右不挖,而改用人工挖土清底、清壁,确保基底不被扰动。

基底开挖完成后,应尽快进行基槽整修、清理等工作,验槽时应检查沟底高程和纵坡、沟槽位置和边坡、基底承载力、断面尺寸等。

(3) 排水构筑物砌筑时,钢筋混凝土圆管管道安装工序为:平基→管子就位→稳管→管座→抹带。盖板沟施工时,应先沿槽底浇筑混凝土或砌筑浆砌片石(或预制块)基础,再砌沟壁,完成后沟壁内侧、砌筑式沟底再用砂浆抹面。

(4) 泉眼处,应根据泉眼分布范围大小来确定汇水井的形状和尺寸,可采用圆形或方形汇水井,砌筑井基础、井壁、井口,井内壁抹面,并清理井底的泥土等杂物后盖上盖板,盖板必须严密稳固。

(5) 暗沟施工完成后,应对沟、管内的污物进行清理,有闭水试验要求的管段应在回填前进行闭水试验,试验测定的渗漏量应符合相关标准,试验合格后应及时回填。回填时,主体结构的砂浆或混凝土强度应达到设计强度的70%或以上,回填材料以砂砾类或碎石类为佳,回填时应注意控制回填土的密实度。

(6) 为防止泥土或砂粒从盖板之间的缝隙落入泉眼或沟道发生堵塞,可在盖板表面铺筑一层碎(卵)石,上填砂砾,或用土工布直接覆盖盖板进行保护。

(二) 渗沟

1. 渗沟的作用、组成及类型

见本工作任务相关知识的具体介绍。

2. 渗沟的施工流程

施工准备→测量放样→开挖沟槽→沟槽清理与验槽→渗沟材料安装→回填及夯实。

3. 渗沟的施工技术要点

(1) 施工前,根据现场情况核查原设计是否合理,并进行现场清理。放样时,采用经纬仪或全站仪在现场实地定出渗沟中线桩位,撒石灰边线或挂线,标出开挖位置。

(2) 根据渗沟宽度大小以及现场条件,选择采用人工开挖或机械开挖,开挖方向宜从下游往上游进行,沟槽开挖宽度及放坡可根据设计、土质、挖深、水位来确定,优先采用直立沟或直立沟加支撑的方式。开挖过程中注意检查控制基底高程、断面尺寸,做到不超挖。机械开挖时,在设计高程以上保留20cm左右不挖,改用人工清理基底、基壁;开挖时要做好排水引流,避免基槽受水浸泡。

(3)开挖过程中应边开挖边支撑,施工完成后尽快回填,以免造成坍塌。

(4)沟槽按设计开挖至预定深度后,应检验基槽土质类型、地质水文状况,以决定是否需要加深沟槽或变更设计布置。

(5)基槽验收合格后,渗沟材料安装可采用下面两种方法:

①反滤土工布渗沟施工。将事先裁剪好的反滤土工布铺放于沟槽,铺好土工布后,沿槽底土工布分层倒入经筛分并清洗洁净的碎石或卵石填料,进行夯实。渗沟内排水层碎石填至预定高度后,应及时将沟顶碎石封闭,以防碎石受到污染,沟顶的土工布可用缝接或搭接方式处理接头。当渗沟位于路基范围以外时,为防止地面水进入渗沟,应在渗沟顶面砌筑厚度为20cm 的浆砌片石或夯填厚度不小于30cm 的黏土作为顶部封闭层。

②集料反滤渗沟的施工。准备好符合质量要求的各种填料与反滤料;加工 4 块以上铁皮或薄木板(胶合板)作为隔板使用,隔板高度应高于渗沟 20cm 以上,如图 7-27 所示。

其填筑顺序与方法为:

a. 沟底填入第一层细粒料①(外反滤层);
b. 插入隔板 B 并正确定位;
c. 在两块隔板 B 之间的底部填入第二层中粒料②(内反滤层);
d. 在隔板 B 与槽侧壁之间填入细粒料①;
e. 插入隔板 A 并正确定位;
f. 在两块隔板 A 之间填入大孔隙排水层粗粒填料③;
g. 在隔板 A 和隔板 B 之间的侧隙填入中粒料②;
h. 在两块隔板 A 之间第③层填料上填入第二层中粒料②;
i. 在两块隔板 A 之间和隔板 A、隔板 B 之间的第②层填料上填入第一层细粒料①。

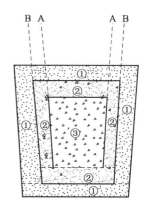

图 7-27 集料反滤渗沟施工

填入渗沟材料过程中,边填边用木夯夯实,控制各层厚度;在隔板之间的填料填入过程中,为了防止隔板倾倒或变形,可以各层同时填筑、同时上升、同时夯实。如果渗沟深度较大,为防止抽拔隔板困难,可边回填材料边向上逐步抽提隔板。若渗沟顶部采用浆砌片石封顶或双层反铺草皮加夯实黏土封顶时,渗沟顶部则不再做反滤层。

(6)为便于检查和维修渗沟,宜每隔 30～50m 在平面转折处或坡度由陡变缓处设置检查井。检查井一般采用圆形,内径不得小于 1m,井壁处的渗沟底应高出井底 0.3～0.4m,井底铺一层 0.1～0.2m 厚的混凝土。井口顶部应高出附近地面 0.3～0.4m,并设井盖。

(三)渗井

1. 渗井的作用及构造

见本工作任务相关知识的具体介绍。

2. 渗井的施工流程

确定渗井位置和深度→开挖基坑→验基坑→渗井填充→井顶封闭→平整场地。

3. 渗井的施工技术要点

(1)施工前,根据现场情况核查原设计是否合理,并进行现场清理。放样时,采用经纬仪或全站仪引测控制桩,打上中心桩,测出地面高程,撒石灰线,标开挖线。

(2)开挖时应根据土质、水文条件、开挖深度等因素确定井壁支护措施和临时排水措施,一般采用人工开挖。开挖至预设深度后,检查井底是否位于透水层内以及透水层内的渗井高度是否符合设计要求。开挖应以连续方式进行,防止井壁坍塌。

(3)基坑挖好后,应尽快验收井底高程、井身宽度、井底以及井壁地质状况、清污程度等。

(4)渗井验收合格后,应尽早填筑经筛分冲洗过的填充料,填充时反滤层既可采用土工布,也可采用集料。采用土工布做反滤层时,顶部用土工布完全封盖碎石层表面并缝合接头。

(5)当排除地表水时,在渗井顶部四周用混凝土或黏土筑成围堰进行围护,井顶用混凝土盖板盖严,以防渗井淤塞。进口部分安装镀锌铁丝网或铁条格栅,防止杂物进入。井盖下的井圈可以采用浆砌片石或预制砖砌筑,也可以采用混凝土现浇。当排除地下水时,在渗井顶部反滤层上面砌筑一层厚度为20cm的砂浆片石封闭层,或夯填不小于30cm厚的黏土层,下设双层反铺草皮。

路基地表排水设施可采用边沟、截水沟、排水沟、跌水与急流槽、拦水带等设施;地下排水设施可采用暗沟、渗沟、渗井等设施。各类排水结构物是针对某一水源,为满足某一方面要求而设置,无法完成全路基的排水任务。因此,进行路基排水设计时应重视排水系统的综合设计。

一、单项选择题

1. 当路基上侧山坡汇水面积较大时,应在挖方坡顶以外或填方路基上侧的适当距离处设(　　)。
　　A. 边沟　　　　　　　　　　B. 截水沟
　　C. 排水沟　　　　　　　　　D. 渗水井

2. 为了排除路基范围内及流向路基的少量地表水,可设置(　　)。
　　A. 排水沟　　　　　　　　　B. 急流槽
　　C. 边沟　　　　　　　　　　D. 天沟

3. (　　)具有吸收、降低、汇集、排除地下水的功能。
　　A. 暗沟　　　　　　　　　　B. 渗沟
　　C. 截水沟　　　　　　　　　D. 渗井

4. 某路堤的基底有一处直径为8cm的泉眼,针对该水源应设置的排水设施是(　　)。
　　A. 排水沟　　　　　　　　　B. 渗沟
　　C. 渗井　　　　　　　　　　D. 暗沟

5. 路基边沟、截水沟、取土坑或路基附近的积水,主要通过(　　)排至路基以外的天然河沟中。

A. 排水沟 B. 盲沟
C. 跌水 D. 涵洞

6. 截水沟在平面上布置的特点是( )。
   A. 与水流方向平行 B. 与水流方向相交
   C. 与水流方向垂直 D. 因地形而异

7. 影响排水沟渠加固类型的主要因素是( )。
   A. 沟底纵坡 B. 土质
   C. 流速 D. 流量

8. 沟渠冲刷的最主要原因是( )。
   A. 流量过大 B. 过水面积小
   C. 土质 D. 沟底纵坡大

9. 由截水沟挖出的土可在路堑与截水沟之间修成土台并进行夯实,台顶应筑成倾向截水沟的横坡坡度是( )。
   A. 1.0% B. 1.5%
   C. 2.0% D. 2.5%

10. 排水沟渠加固类型的选择与( )无关。
    A. 土质 B. 水流速度
    C. 沟底纵坡 D. 断面形状

11. 某山区路线在路堑与高路堤接头处,路堑的边沟水通过( )引到路基以外。
    A. 急流槽 B. 截水沟
    C. 排水沟 D. 盲沟

12. 渗井下部为排水结构,井深必须穿过不透水层而深达( )。
    A. 岩层 B. 土层
    C. 不透水层 D. 透水层

13. 下列排水构造物中属于地下排水设施的是( )。
    A. 边沟 B. 排水沟
    C. 渗沟 D. 截水沟

14. 排水沟渠纵坡过大会( ),过小易( )。
    A. 漫流 B. 淤积
    C. 冲刷 D. 紊流

15. 可用于排除地下水和地表水的设施是( )。
    A. 排水沟 B. 暗沟
    C. 渗沟 D. 拦水带

16. 当急流槽很长时,应分段砌筑,每段不宜超过10m,接头用( )填塞,密实无空隙。
    A. 反滤层 B. 泡沫材料
    C. 防水材料 D. 透水材料

17. 洞式渗沟填料的顶面宜高于地下水位,洞式渗沟的顶部必须设置( )。
   A. 土工布 B. 封闭层
   C. 砂砾层 D. 排水板

二、多项选择题

1. 路基工程中,属于地表排水设施的有( )。
   A. 边沟 B. 截水沟
   C. 排水沟 D. 检查井
   E. 渗沟

2. 路基工程中,属于地下排水设施的有( )。
   A. 渗沟 B. 排水沟
   C. 渗井 D. 急流槽
   E. 跌水

3. 下列边沟施工技术要点中正确的是( )。
   A. 边沟横断面可筑成三角形、矩形、梯形和流线型等
   B. 梯形边沟内侧边沟坡率一般为1:1~1:1.5
   C. 土质地段当沟底纵坡大于5%时,应采取加固措施
   D. 对于高速公路和一级公路的边沟,一般直接使用全站仪按极坐标法进行放线
   E. 浆砌边沟的检查项目主要包括砂浆强度、断面尺寸、沟底纵坡、沟底高程等

4. 排水沟的施工要点有( )。
   A. 排水沟的长度根据实际需要而定,通常不宜超过500m
   B. 排水沟的线形要平顺,转弯处宜为弧线形,其半径不宜小于5m
   C. 排水沟沟底的纵坡不宜小于0.3%,与其他排水设施的连接应顺畅
   D. 排水沟的沟壁外侧应填以黏性土或砂浆阻水
   E. 排水沟的出水口处应设置跌水和急流槽,以便将水流引出路基或引入排水系统

5. 为了降低地下水位或拦截地下水,可以在地面以下设置渗沟。渗沟的主要形式包括( )。
   A. 填石渗沟 B. 管式渗沟
   C. 渗井式渗沟 D. 平式渗沟
   E. 洞式渗沟

6. 填石渗沟、管式渗沟和洞式渗沟施工时均应设置( )。

A. 垫层 B. 排水层
C. 反滤层 D. 封闭层
E. 挡水层

7. 为了便于检查和维修渗沟,宜设置检查井的地点有( )。
A. 路线平曲线交点处 B. 渗沟平面转折处
C. 渗沟纵坡由陡变缓处 D. 路线凸形竖曲线处
E. 渗沟纵坡由缓变陡处

8. 管式渗沟的管壁泄水孔设置应满足的条件有( )。
A. 对称布置 B. 交错布置
C. 水平布置 D. 间距不宜大于200mm

9. 渗沟施工应注意的要点有( )。
A. 渗沟的迎水面应设置反滤层
B. 土工布反滤层采用缝合法施工时,土工布的搭接宽度应大于100mm
C. 渗沟基底应埋入不透水层
D. 渗沟顶部应设置封闭层
E. 渗沟施工宜从上游向下游开挖

10. 渗沟反滤层应采用( )填筑。
A. 粉砂 B. 细砂
C. 中粗砂 D. 透水土工织物

三、简答题

1. 简述各种地表排水设施的类型及构造。
2. 简述各种地下排水设施的类型及构造。
3. 简述边沟、截水沟、排水沟的主要区别。
4. 渗沟按作用不同分为哪几种?其作用各是什么?

学习情境八
LEARNING CONTEXT EIGHT
路基防护和支挡工程施工

工作任务一　路基防护工程施工

学习目标

1. 熟悉路基坡面防护的类型、构造；
2. 熟悉路基冲刷防护的类型、构造；
3. 能够根据边坡实际情况选择防护类型；
4. 熟悉路基防护工程的施工技术要点，能够进行防护工程现场施工；
5. 具有公路建设与自然环境协调发展的科学观，树立绿色环保、可持续发展的理念。

任务描述

1. 扫描"道路工程施工工艺虚拟仿真"中骨架植物防护施工项目二维码，学习现场施工工艺及技术要点。
2. 根据规范和资料，汇总梳理路基防护工程类型、适用范围及施工技术要点，完成路基防护工程思维导图；查询资料，搜集路基防护工程施工方案。
3. 通过川九公路防护工程等成功案例，引导学生树立绿色环保、可持续发展的建设理念。

相关知识

路基在各种自然因素长期作用下，会产生冲刷、滑塌、碎落、淘刷、沉陷等各种病害和破坏。因此，为保证路基的稳定性并防止路基病害，必须根据公路等级、当地的气候环境等因地制宜地采取有效措施，对路基边坡进行必要的防护与支挡。

路基防护与支挡工程，主要有边坡坡面防护、冲刷防护及支挡工程，如图8-1所示。在路基防护与支挡工程中,一般把防止坡面风化和地表水冲刷,主要起隔离和封闭作用的结构物称为防护工程。防护工程不能承受外力作用,因此要求路基防护工程应置于稳定的基础或边坡上。把防止路基或山体因重力作用而滑塌,主要起支撑、加固作用的结构物称为支挡工程。

a)坡面植物防护　　b)坡面工程防护
c)冲刷防护　　d)支挡工程

图 8-1　路基防护工程和支挡工程

一、坡面防护

坡面防护的作用主要是保护路基边坡表面免受雨水冲刷,减缓温差及湿度变化的影响,防止和延缓岩土表面的风化、剥落等,从而保护路基边坡的整体稳定性,并兼顾公路与环境的美化。坡面防护主要有植物防护、工程防护和骨架植物防护。

1. 植物防护

植物防护是指用人工培植边坡植被,对坡高不大、边坡比较平缓的土质坡面实施的一种简易、有效的防护措施。植物防护的方法主要有种草、铺草皮和植树。

1)种草

(1)适用条件

种草适用于边坡稳定,边坡不陡于 1:1,坡面冲刷轻微,不浸水或短期浸水但地面径流速度不超过 0.6m/s,且适宜草类生长的土质路堤与路堑边坡,如图 8-2 所示。对于不利于草类生长的土质,应在坡面上先铺一层厚度不小于 10cm 的种植土,再进行播种。

a)   b)

图 8-2 种草防护

(2) 草籽选择

选择草籽应考虑当地的土壤和气候条件,通常应以易成活、生长快、根系发达、叶茎低矮、枝叶茂盛或有匍匐茎的多年生草种为宜,常用的有白茅草、毛鸭嘴、鱼肩草、果园草、雀稗、鼠尾草和小冠。一般情况下,采用几种草籽混合播种,使之生成一个良好的覆盖层。

(3) 施工技术要点和施工流程

边坡种草防护的施工方法有喷播、直播和三维植被网。

种草宜选在气候温暖、湿度较大的春季和秋季施工。土建工程完成后,监理(或甲方)、土建施工单位和植物防护施工单位应对边坡及坡面的整洁度进行现场验收移交,验收合格后方可开始进行植物防护施工。

喷播是指将植物种子、肥料、土壤稳定剂和水按一定比例混合均匀后,用喷播机喷射到边坡上的施工方法。喷播播种防护的施工流程:整理坡面→种子的处理与配比→施肥→点播→喷播→覆盖无纺布→养护、补播。

直播播种防护的施工流程:整理坡面→准备种子→施肥→播种→覆盖无纺布→养护、补播。

三维植被网防护是土工织物复合植被防护坡面的一种典型形式,具体是指将三维网自上而下平铺并固定于边坡表面,三维网中90%以上的空间填充土和草籽,当草生长后,草根、三维网和土三者形成一个坚固的整体以保护边坡,如图8-3所示。三维植被网防护后,种子均匀并且用量少,降雨或浇水时种子不易冲刷、流失,防止水土流失效果较好。三维植被网防护的施工流程:整理坡面→开挖沟槽(坡顶、坡脚)→润湿坡面→铺网垫、固定网垫→撒细土→施肥→播种→撒土覆盖→养护、补播。

2) 铺草皮

(1) 适用条件

铺草皮适用于边坡坡率不陡于1:1的土质和强风化、全风化的岩石边坡,如图8-4所示。

(2) 草皮选择

草皮应选用根系发达、茎矮叶茂的耐旱品种,不宜选用喜水草种,严禁采用生长在泥沼地的草皮。草皮宜选用带状或块状,挖草皮时两端最好斜切,大小一般为长30cm、宽20cm、厚10cm。

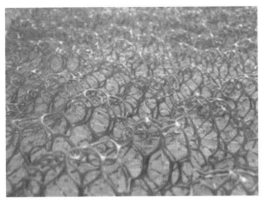 

图 8-3　三维植被网防护

(3) 施工流程

铺草皮的施工流程:备料→坡面整理→自下而上铺草皮→固定草皮(用竹钉或木钉)→养护管理。

(4) 施工技术要点

铺草皮前,需将边坡表面整平挖松,较大的凹坑填平,并洒水润湿坡面。自下而上铺草皮,草皮应与坡面密贴,并用木槌将草皮的斜边拍紧拍平,每块草皮的四角用竹钉或木钉固定。边坡顶部和两端的草皮应嵌入边坡内部。路堑边坡铺草皮时,应铺过路堑顶部1m或铺至截水沟。

3) 植树

(1) 适用条件

植树适用于坡度缓于1:0.75的土质边坡,或在边坡以外的河岸及漫滩外。植树用在堤岸边的河滩上可以降低河水流速,促使泥沙淤积,防止水流直接冲刷路堤;在沙漠与雪害地区,防护林带还可防风、防沙、防雪。如图8-5所示。

图 8-4　铺草皮　　　　　　　　图 8-5　植树防护

(2) 树种选择

树种宜选用能迅速生长、根系发达、枝繁叶茂的耐旱品种,例如生长较快的杨柳类、不怕水淹的紫穗槐以及夹竹桃等。植树布置有梅花形和方格形。

(3) 施工流程

植树防护的施工流程:坡面整理→定点放线→挖坑换土→起苗→苗木运输→栽前裁剪→散苗和假苗→种植。

（4）施工技术要点

植树时，应落实防护植物的数量、质量、来源、运输等具体工作，并按照施工进度有计划地调运苗木，应做到随起、随运、随栽，已运来但未能及时栽完的苗木，应进行假栽（即把树苗根部用土覆盖掩埋）。

2. 坡面工程防护

坡面工程防护是指采用砂石、水泥、石灰等矿质材料进行坡面防护的一种防护形式，主要包括喷浆、锚喷、石砌护坡以及护面墙等防护形式。

1）喷浆防护

（1）适用条件

喷浆防护是指将砂浆或混凝土均匀地喷射在坡面上来保护坡面，适用于坡度缓于 1:0.5，易风化、裂缝和节理发育、坡面不平整的岩石挖方边坡，如图 8-6 所示。对于高而陡的边坡，上部岩层较破碎而下部岩层完整的边坡和需大面积防护的边坡，采用此法比较经济。但高速公路、一级公路和环境景观要求高的公路不宜采用。

图 8-6　喷浆防护

（2）施工流程

喷浆防护的施工流程：施工前准备→测量放样→清理坡面→制备砂浆或混凝土→预留泄水孔→（预留伸缩缝）→喷浆或喷混凝土→（切缝→封缝）。

（3）施工技术要点

施工前坡面如有较大裂缝、凹坑时，应先嵌补牢实；岩体表面要冲洗干净；土体表面要平整、密实、湿润。喷浆防护采用的砂浆强度不应低于 M10，常用配合比（质量比）为：水泥:砂 = 1:4，厚度宜为 5~10cm。喷射混凝土防护，其混凝土强度不应低于 C15，常用配合比（质量比）为：水泥:砂:粗集料 = 1:2:2~1:2:3，厚度不宜小于 8cm。泄水孔通常采用预留的方法形成，泄水孔的间距为 2~3m，孔径为 10cm。喷浆防护应每 30m 设置伸缩缝，缝宽为 10~20mm。喷射应自下而上进行，喷嘴应与坡面垂直，并与坡面保持 0.6~1.0m 的距离。喷射完成后，应采用预嵌标钉、刻槽或激光断面仪等方法检查喷护厚度。喷射完成后 2~3h，砂浆或混凝土初凝后应立即开始养护。养护方法可采用麻袋或青草将喷射处覆盖，洒水养护，养护时间为 7~10d。喷浆周边应做好防水封闭处理。

2）锚杆挂网喷射混凝土防护

（1）适用条件

锚杆挂网喷射混凝土防护是指在混凝土内设置菱形金属网或高强度聚合物土工格栅，并通过锚杆或锚固钉固定于边坡稳定基岩内来保护坡面的一种防护形式，如图 8-7 所示。锚杆挂网喷护是"锚杆 + 喷射混凝土"的联合支护形式，适用于坡面为破碎结构的硬质岩石或层状结构的不连续地层，以及地面岩石与基岩分开并有可能下滑的挖方边坡。喷射混凝土强度不应低于 C15，厚度为 10~25cm；锚杆常用 $\phi16~32mm$ 的钢筋制作；钢筋网采用 $\phi4~10mm$ 的圆钢筋编制而成；孔径视边坡岩石情况而定，一般为 10cm。锚杆挂网喷射混凝土的喷护厚度不应小于 10cm，且不应大于 25cm，钢筋保护层厚度不应小于 20mm。

a)   b)

图 8-7　锚杆挂网喷浆防护

(2) 施工流程

锚杆挂网喷射混凝土防护的施工流程为：施工前准备→测量放样→清理坡面→制备砂浆或混凝土→打锚孔→清孔→插锚杆→压力灌浆→检查锚杆抗拔力→挂钢筋网→预留泄水孔→(预留伸缩缝)→喷浆或喷混凝土→(切缝→封缝)。

(3) 施工技术要点

施工前，将边坡上的危岩、杂草、浮渣等清理干净。锚杆挂网喷射混凝土施工应从下向上进行。锚孔孔深宜大于锚杆长度 200mm，成孔后，立即将孔内吹洗干净，以 1:3 (体积比) 水泥砂浆固定锚杆，锚杆应嵌入稳定基岩内。固定锚杆的砂浆应捣固密实，钢筋网与锚杆连接牢固。当锚固砂浆强度达到设计强度的 70% 时，可以挂钢筋网，钢筋网采用吊挂安装，网与网之间用 φ5mm 的铁丝绑扎，网框与锚杆采用焊接固定。喷射混凝土宜分层施工，铺设钢筋网前宜在岩面喷射一层混凝土，钢筋网与岩面的间隙宜为 30~50mm，铺设钢筋网后再喷射混凝土至设计厚度。喷射混凝土要均匀，钢筋网及锚杆不得外露。

3) 石砌护坡

石砌护坡分为干砌片石护坡和浆砌片石护坡，如图 8-8 所示。

a) 干砌片石护坡　　　　　　　　　　　　b) 浆砌片石护坡

图 8-8　石砌护坡

(1) 干砌片石护坡

①适用条件

干砌片石护坡适用于坡度缓于1:1.25的土质路堑边坡或边坡易受地表水冲刷以及有少量地下水渗出的路基边坡。在砌石防护中,宜首选干砌片石结构,干砌片石防护不仅费用较低,而且可以适应较大的边坡变形。

②基本构造

干砌片石护坡一般分为单层铺砌和双层铺砌,如图8-9所示。铺砌层厚度:单层为25~35cm,双层为40~60cm。当边坡为粉质土、松散的砂或砂类土等易冲刷的土时,为防止坡面土层细小颗粒被水流冲刷带走,应在干砌片石下设置厚度为10~15cm碎石或砂砾垫层。干砌片石护坡坡脚应视土质情况,设置不同埋深的基础。

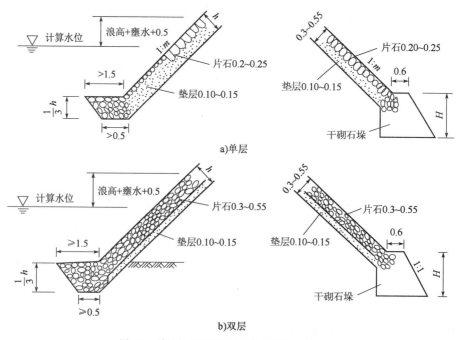

图8-9 单层与双层干砌片石护坡(尺寸单位:m)
h-护面厚度;H-干砌石垛高度

③施工流程

干砌片石护坡的施工流程为:施工前准备→刷坡→测量放样→基坑开挖→基坑验收→基础砌筑→基础检查→墙身砌筑→墙顶封面→交工验收。

④施工技术要点

干砌片石护坡应尽量选择在枯水季节施工。施工前,应清理坡面,处理好地下水,坡面应稳定、平整。铺砌应自下而上进行,不能损坏垫层;各石块应彼此镶紧,各砌层之间应错缝砌筑,缝隙用小石块填满塞紧;铺砌层表面应平整,周界用水泥砂浆密封,以防渗水。

(2) 浆砌片石护坡

①适用条件

浆砌片石防护适用于坡度缓于1:1的易风化岩石和土质路堑边坡,但对于严重潮湿或严重冻害的土质边坡,在未采取排水措施以前,不宜采用浆砌片石护坡。浆砌片石防护用水泥砂浆将片石粘结,使砌石成为一个整体。它比干砌片石防护具有更高的强度与稳定性,是高速公路常用的工程防护形式。

②基本构造

浆砌片石护坡的砂浆强度不得低于 M5,护坡厚度宜为 25～50cm。护坡底面应铺设 10～15cm 的碎石或砂砾垫层,也可用反滤土工布。浆砌片石护坡应视土质情况设置砌石基础,其埋深应为护坡厚度的 1.5 倍以上。浆砌片石护坡每隔 10～15m 应设置宽为 2～3cm 的伸缩缝;在地质条件发生变化处应设置沉降缝,可将沉降缝与伸缩缝合并设置。护坡每隔 2～3m 应设置泄水孔,可以上下两排错位布置,以便排出护坡背面的积水,并减小渗水压力。

③施工流程

浆砌片石护坡的施工流程:施工前准备→刷坡→测量放样→基坑开挖→基坑验收→基础砌筑→基础检查→铺砌→勾缝→墙顶封面→交工验收。

④施工技术要点

浆砌片石砌筑采用坐浆法施工,一般 3～5m 为一个工作段。浆砌砌体之间必须紧密、错缝,严禁通缝、叠砌、贴砌和浮塞。若需勾缝,应在砌筑砂浆凝固前进行,以避免勾缝砂浆与砌筑砂浆不粘结。砂浆初凝后,立即进行养护。砂浆终凝前,应将砌体覆盖。

4)护面墙

(1)适用条件

护面墙适用于防护易风化和风化严重的软质岩石或较破碎的岩石挖方边坡以及坡面易受侵蚀的土质边坡,边坡不宜陡于 1∶0.5。

(2)基本构造

护面墙分为实体式、窗孔式、拱式等类型,如图 8-10 所示。对于实体式护面墙,为了增加其稳定性,应视基岩岩质情况,每 6～10m 高处设一平台,平台宽 1～3m;为增加墙身与基岩的连接,墙背每 3～6m 高处设一道耳墙。护面墙每隔 10m 长设置一道伸缩缝(或沉降缝),缝宽 2cm,填塞沥青麻絮或沥青木板,并每隔 2～3m 设置泄水孔。护面墙的基础应埋置在稳定的地基上,埋置深度应根据地质条件确定。

a)实体式　　　　　　　　　　　　b)窗孔式

图 8-10　护面墙

(3) 施工流程

护面墙的施工流程：施工前准备→刷坡→测量放样→基坑开挖→基坑验收→基础砌筑→基础检查→墙身砌筑(预留泄水孔)→墙顶抹面→墙身勾缝→墙背回填→交工验收。

(4) 施工技术要点

护面墙应挂线施工，墙背要紧贴坡面，表面砌平。泄水孔必须向外倾斜、直顺、不堵塞，其进水口须设置反滤层，反滤层可采用粒料反滤层、反滤土工布包裹砂反滤层、无砂混凝土。浆砌砌体都必须紧密、错缝。

3. 骨架植物防护

骨架植物防护是指先用浆砌片石等材料形成人字形、拱形、方格形或菱形等刚性骨架，再在中间透空部分的坡面上采用种草、铺草皮(对于土质边坡)、干砌(对于松软岩石边坡)等进行防护，从而形成骨架植物防护形式。该方法既经济又美观，是目前高速公路边坡防护的主要形式之一，如图 8-11 所示。根据工程所在地的材料供应情况，骨架可采用浆砌片石、现浇混凝土、预制混凝土块和空心砖等材料，中间透空部分可应用铺草皮、三维植被网、喷播植草等技术进行坡面绿化。多雨地区的骨架宜增设拦水带和排水槽。

a) 拱形骨架防护

b) 菱形骨架防护

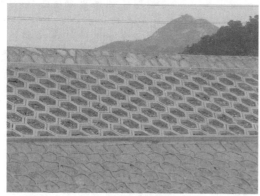

c) 六角空心砖防护

d) 人字形防护

图 8-11 骨架植物防护

4. 锚杆混凝土框架植草防护

锚杆混凝土框架植草防护适用于土质边坡和风化破碎的岩石路堑边坡，它是近年来在锚杆挂网喷浆基础上发展起来的一种防护形式,既保留了锚杆对风化破碎岩石边坡的主动加固作用,减少了岩石边坡开挖或爆破松动时产生的局部破坏,又吸收了骨架植草防护美观的优点,如图8-12所示。锚杆混凝土框架植草防护有多种组合形式:锚杆混凝土框架+喷播植草,锚杆混凝土框架+三维植被网植草防护,锚杆混凝土框架+混凝土空心砖+喷播植草。

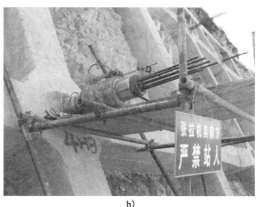

a)　　　　　　　　　　　　　　　　　b)

图8-12　锚杆混凝土框架植草防护

二、冲刷防护

冲刷防护是指为了防止河水对沿河路基边坡的冲刷与淘刷,保证路基稳固而设置的防护。这种破坏比坡面被雨水和地表径流冲刷所造成的损害更为严重。冲刷防护按其作用可分为直接防护和间接防护两大类。

1. 直接防护

直接防护是指直接在路堤坡面或坡脚处设置防护结构物,以减轻或避免水流直接冲刷的防护。直接防护类型有植物防护、砌石防护、抛石防护、石笼防护等,其中植物防护、砌石防护与前面所讲的坡面防护基本相同,但堤岸的防护原因主要是洪水急流、水位变迁不定、水流速度较大等,因此采用植物防护与砌石防护时相应要求更高。经常浸水或长期浸水的路堤边坡,不宜采用植物防护。

1)抛石防护

(1)适用条件

抛石防护是在坡脚处抛填较大石块,类似于设置护脚,防止水下边坡遭受冲刷和淘刷坡脚,适用于经常浸水且水深较大的路基边坡,或坡脚以及挡土墙、护坡的基础防护(图8-13),一般多用于抢修工程。

(2)石料选取

抛石石料应选用质地坚硬、耐冻且不易风化崩解的石块,石料粒径应大于30cm,宜用大小不同的石块掺杂抛投。

(3)施工技术要点

抛石边坡坡度不应陡于所抛石料浸水后的天然休止角。抛石厚度宜为石料粒径的3~4

倍；采用大粒径石料时，不得小于2倍。抛石防护，除防洪抢险外，一般应尽量安排在枯水季节施工。为了防止抛石背后路基土的流失，必要时应设置反滤层。

图 8-13　抛石防护

2）石笼防护

（1）适用条件

石笼防护是指在缺乏大块石料的地区，用石笼装填较小的石块，形成较大的块体，防止坡面受到冲刷的柔性结构物防护。它适用于受水流冲刷和风浪侵袭，且防护工程基础不易处理或沿河挡土墙、护坡基础局部冲刷深度过大的沿河路堤坡脚或河岸，如图8-14所示。在含有大量泥沙及基底土质良好的急流河段，采用石笼防护尤为有利，因为石块间的空隙很快会被泥沙淤满而使石笼形成整体。

a) 叠铺

b) 平铺

图 8-14　石笼防护

（2）石笼制作

石笼可采用重镀锌钢丝、镀锌铁丝、普通铁丝编织。铁丝直径为3～4mm，钢筋直径为6～8mm。近年来，也采用聚合物土工格栅编制石笼，它具有较高的抗拉伸强度和耐久性，使用效果类似铁丝石笼。

石笼的形状一般有圆柱形或箱形,如图 8-15 所示。长方体常采用宽 1.0m、高 1.0m;扁长方体一般采用宽 1.0m、高 0.5m;圆柱体直径一般采用 0.5~1.0m。石笼的长度可根据需要确定,但每隔 3~4m 应设置横向框架一道。

a)圆柱形聚合物土工格栅　　　　　　　　b)箱形镀锌铁丝

图 8-15　石笼形状

石笼内所填石料应选用重度大、浸水不崩解、坚硬且未风化的石块,粒径宜为 100~300mm,粒径小于 100mm 的石料应不超过 15%。

(3)施工技术要点

石笼防护应选在枯水季节施工。石笼用于防止淘刷坡脚时,一般在河底将石笼平铺,并与坡脚线垂直,同时将靠堤岸坡脚的一端固定、靠河中心的一端不固定,以便于淘底后向下沉落;用于防止岸坡受冲刷时,则垒码成梯形。铺设时,石笼下面应用碎石、砾石、卵石垫平或铺设一层土工布,垫层厚度宜为 0.2~0.4m。石笼应衔接稳固、紧密,确保整体性。

2. 间接防护

间接防护是指通过设置导流构造物以改变河道的水流方向或减缓水流流速,消除或减缓水流对堤岸的直接破坏,甚至促使部分堤岸产生有利于保护路基的淤积,从而保护路基的防护形式。

导流构造物主要是设坝,按其与河道的相对位置,一般可分为丁坝、顺坝和格坝,如图 8-16 所示。导流构造物的布置是工程防护成败的关键,布置时应综合考虑河道宽窄、水流方向、地质条件、防护要求、材料来源、施工条件和工程经济等,避免压缩较多河床,或因水位升高、水流改变方向而危害河对岸或附近地段的农田水利、地面建筑和堤岸等。

(1)丁坝

丁坝也称挑水坝,是指坝根与岸滩相接,坝头伸向河槽,坝身与堤岸垂直或相交,能将水流挑离河岸的结构物。单个丁坝起不到防护作用,必须是成群设置。丁坝适用于宽浅变迁性河段,用以挑流或降低流速,减轻水流对河岸和路基的冲刷。丁坝既可采用铁丝石笼等柔性结构物,也可采用石砌或现浇混凝土,其断面形式一般为梯形。

(2)顺坝

顺坝是指坝根与岸滩相接,坝身大致与堤岸平行的结构物。它适用于河床断面较窄,基础地质条件较差的河岸或沿河路基防护,用于调整流水曲度,改善流态。顺坝的坝体由坝头、坝身和坝根三部分组成。顺坝一般采用石砌或混凝土结构。其断面形式为梯形,坝顶宽度为 1~2m,坝根应嵌入稳定河岸内不小于 3m,终点可与河岸连在一起并与河岸留下缺口,以宣泄坝后水流。

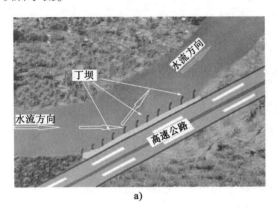 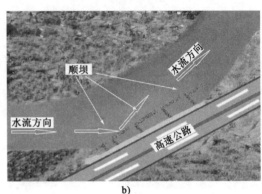

图 8-16　丁坝和顺坝

(3) 格坝

格坝设置于漫溢式顺坝与堤岸之间,与顺坝配合使用,促进泥沙淤积,防止边坡或河岸受到冲刷。

工作任务二　路基挡土墙施工

 学习目标

1. 知道挡土墙的作用和分类;
2. 熟悉重力式挡土墙的构造、施工技术要点;
3. 能够识读重力式挡土墙施工图,能进行重力式挡土墙的现场施工;
4. 树立路基施工的安全意识、责任意识及质量意识。

 任务描述

1. 扫描"道路工程施工工艺虚拟仿真"中扶壁式挡土墙、锚杆式挡土墙施工项目二维码,学习现场施工工艺及技术要点。
2. 某公路挡土墙设计图如图 8-17 所示。学生识读该挡土墙设计图,完成"识读挡土墙设计图"工作任务单,见表 8-1。
3. 通过引入路基挡土墙施工典型案例,引导学生树立路基施工安全意识、责任意识及质量意识。

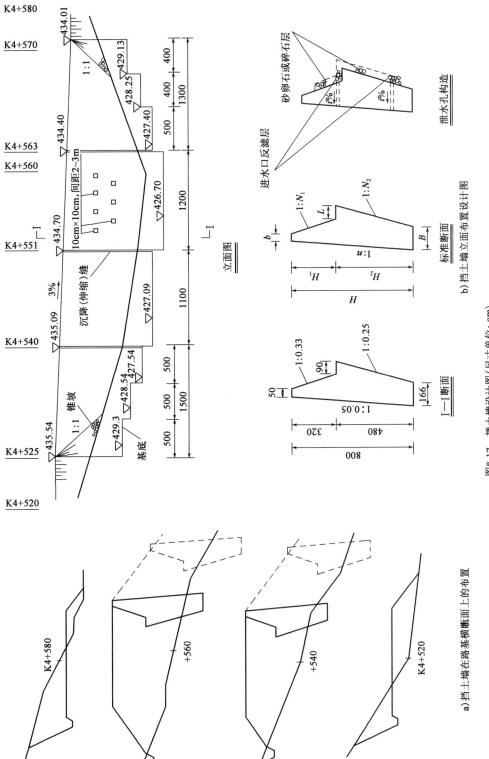

图8-17 挡土墙设计图(尺寸单位：cm)

工作任务单9　识读挡土墙设计图　　　　　　　　　　　表 8-1

挡土墙类型	按结构受力属于		
	按位置属于		
识读挡土墙尺寸	起终点桩号		
	总长度		
	分段	共几段	
		分段位置	
		每段长度	
	墙底高程		
	泄水孔	形状	
		尺寸	
		间距	
	沉降(伸缩)缝宽度		
	端头处理		
Ⅰ—Ⅰ断面	墙背形式		
	墙背坡度		
	墙面坡度		
	墙高		
	墙顶宽度		
	墙底宽度		
施工工序及质量控制			
施工工序	质量控制要点		
浆砌挡土墙实测项目：			

相关知识

一、认识挡土墙

1. 挡土墙的作用及组成

挡土墙是指用来支撑天然边坡或人工填土边坡以保持土体稳定的构造物。在公路工程中它被广泛应用于支撑路堤或路堑边坡、隧道洞口、桥梁两端以及河流岸边等。

2.挡土墙的分类

1)按位置划分

按照设置挡土墙的位置,可分为路肩挡土墙、路堤挡土墙、路堑挡土墙、山坡挡土墙和浸水挡土墙等类型,如图8-18所示。

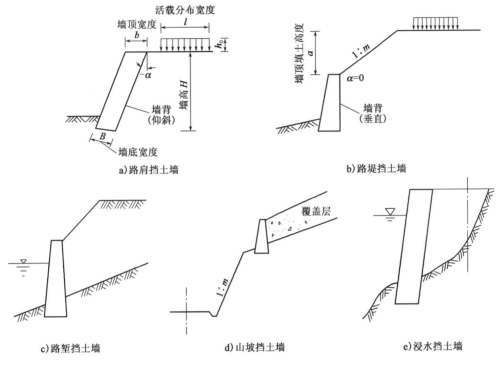

图8-18 设置在不同位置的挡土墙

路肩挡土墙或路堤挡土墙设置在高路堤或陡坡路堤的下方,可以防止路基边坡或基底滑动,确保路基的稳定,同时可以收缩填土坡脚,减少填方数量,减少拆迁和占地面积,保护邻近线路的既有重要建筑物。

路堑挡土墙设置在挖方边坡底部,主要用于支撑开挖后不能自行稳定的边坡,同时可减少挖方数量,降低边坡高度。

山坡挡土墙设在挖方边坡上部,用于支挡山坡上可能坍塌滑落的覆盖层,并兼有拦石作用。

浸水挡土墙主要设置在滨河、水库路堤或傍水的一侧,可防止水流对路基的冲刷和浸蚀,也是减少压缩河床或少占库容的有效措施。

2)按材料划分

按照挡土墙的墙体材料,可分为砌石挡土墙、混凝土挡土墙、钢筋混凝土挡土墙等。

3)按结构划分

按照挡土墙的结构特点,可分为重力式挡土墙、锚定式挡土墙、薄壁式挡土墙、加筋土挡土墙等类型。

(1) 重力式挡土墙

重力式挡土墙是指依靠墙身自重抵抗土压力来维持其稳定的挡土墙,一般多用片(块)石砌筑,浆砌墙高不大于12m,干砌墙高不大于6m,适用于一般地区、浸水路段的路堤墙和路堑墙,如图8-19所示。重力式挡土墙的优点是形式简单,施工方便,可就地取材,适应性较强,所以被广泛采用;其缺点是圬工量较大,对地基承载力要求较高。

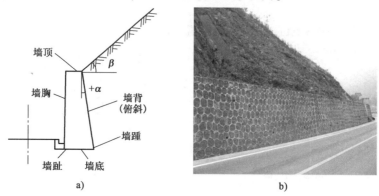

图8-19 重力式挡土墙

(2) 锚定式挡土墙

锚定式挡土墙由钢筋混凝土墙面(或立柱和挡土板)与锚固构件两部分组成,属于轻型挡土墙。锚定式挡土墙的特点是构件断面小,工程量省,不受地基承载力的限制,构件可以预制,有利于实现结构轻型化和施工机械化。

按锚固方式的不同,锚定式挡土墙可分为锚杆式挡土墙、锚定板式挡土墙和桩板式挡土墙等类型。

① 锚杆式挡土墙:由预制的钢筋混凝土立柱、挡土板和钢锚杆组成,依靠锚固在稳定岩层内锚杆的抗拔力来抵抗土压力,适用于墙高较大的岩质路堑挡土墙,每级墙高不宜大于8m,多级墙的上、下墙体之间应设置宽度不小于2m的平台,如图8-20所示。

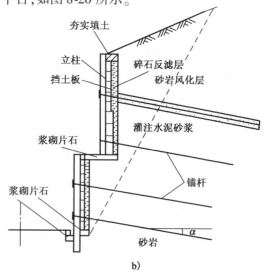

图8-20 锚杆式挡土墙

②锚定板式挡土墙:由钢筋混凝土挡土板、拉杆和锚定板组成,将拉杆和锚定板埋入墙后填料的稳定层,依靠锚定板产生的抗拔力来抵抗土压力,保持墙的稳定,墙高不宜超过10m,适用于缺乏石料地区的路肩或路堤挡土墙,可采用肋柱式或板壁式,肋柱式采用单级墙或双级墙,每级墙高不宜大于6m,如图8-21所示。

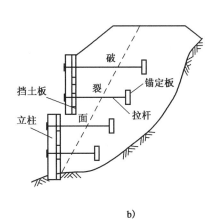

图8-21 锚定板式挡土墙

③桩板式挡土墙:将钢筋混凝土锚固桩埋入稳定地层中,中间用挡土板抵挡墙后土体,如图8-22所示。它适用于地基承载力较低、墙后土体下滑力较大且要求基础埋置较深的滑坡整治地段的路堤或路堑支挡工程,施工时可避免大面积开挖,有利于山体的稳定。

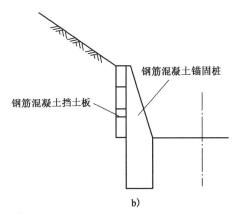

图8-22 桩板式挡土墙

(3)薄壁式挡土墙

薄壁式挡土墙采用钢筋混凝土结构,可分为悬臂式挡土墙和扶壁式挡土墙两种。

①悬臂式挡土墙:由立壁、墙趾板和墙踵板组成,结构断面较薄,主要依靠墙踵板上的填土重量来保证稳定,墙趾板能提高倾覆能力和减小基底应力,墙高不宜超过5m,适用于缺乏石料且地基情况较差的路肩墙和路堤墙,如图8-23所示。

②扶壁式挡土墙:由立壁、扶壁、墙趾板和墙踵板组成,沿墙长每隔一定的距离设置一道扶壁,将立壁和墙踵板连接,以提高结构的强度和刚度。墙高不宜超过15m,如图8-24所示。

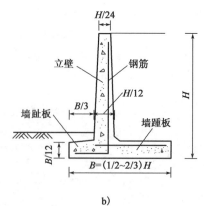

图 8-23　悬臂式挡土墙

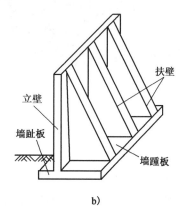

图 8-24　扶壁式挡土墙

(4) 加筋土挡土墙

加筋土挡土墙由填土、拉筋和墙面板三部分组成,通过填土与拉筋间的摩擦作用稳定土体,适用于地形平坦且宽敞的路肩墙和路堤墙,高速公路、一级公路墙高不宜大于 12m,二级及二级以下公路墙高不宜大于 20m;采用多级墙时,每级墙高不宜大于 10m,如图 8-25 所示。拉筋材料可采用镀锌薄钢带、铝合金、高强塑料及合成纤维等。

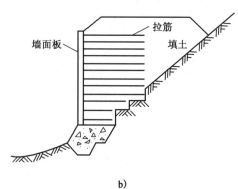

图 8-25　加筋土挡土墙

二、重力式挡土墙

1. 重力式挡土墙的组成及构造

重力式挡土墙一般由墙身、基础、排水设施和沉降(伸缩)缝等部分组成。

1)墙身

重力式挡土墙的墙身由墙背、墙面、墙顶及护栏等部分组成。

(1)墙背

墙背可做成仰斜、垂直、俯斜、凸形折线和衡重式等形式,如图8-26所示。

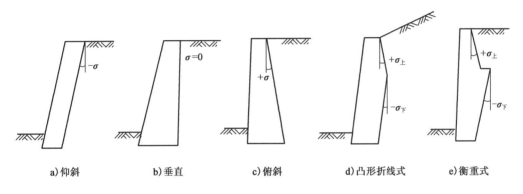

图 8-26 重力式挡土墙的断面形式

仰斜墙背所受的土压力小,故墙身断面较经济。用于路堑墙时,墙身与开挖面边坡比较贴合,所以开挖量与回填量均较小。但当墙趾处地面横坡较陡时,会使墙身增高,断面增大。因此,仰斜墙背适用于路堑墙及墙趾处地面平坦的路肩墙或路堤墙。仰斜墙背的坡度不宜缓于1:0.3,以免施工困难。

俯斜墙背所受的土压力较大。在地面横坡陡峻时,俯斜式挡土墙可采用陡直的墙面,以便减小墙高。

垂直墙背的特点介于仰斜和俯斜墙背之间。

凸形折线墙背是将仰斜式挡土墙的上部墙背改为俯斜,以减小上部断面尺寸,多用于路堑墙,也可用于路肩墙。

衡重式挡土墙在上下墙之间设衡重台,并采用陡直的墙面,适用于山区地形陡峻处的路肩墙和路堤墙,也可用于路堑墙。上墙俯斜墙背的坡度为1:0.25~1:0.45,下墙仰斜墙背在1:0.25左右,上下墙的墙高比一般采用2:3。

(2)墙面

墙面一般为平面,其坡度应与墙背坡度相协调。墙面坡度直接影响挡土墙的高度。因此,当地面横坡较陡时,墙面坡度一般为1:0.05~1:0.2,矮墙可采用陡直墙面;当地面平缓时,墙面坡度一般采用1:0.2~1:0.35,较为经济。

(3)墙顶

墙顶最小宽度,混凝土挡土墙不小于40cm,浆砌挡土墙不小于50cm,干砌挡土墙不小于

60cm。浆砌路肩墙墙顶一般宜采用粗石料或混凝土做成顶帽,厚 40cm。如不做顶帽,对路堤墙和路堑墙,墙顶应以较大块石砌筑,并用砂浆勾缝或用 M5 砂浆抹平顶面,砂浆厚 2cm。干砌挡土墙墙顶 50cm 高度内应用 M2.5 砂浆砌筑,以增加墙身稳定性。

(4)护栏

为保证交通安全,在地形险峻的地段或过高、过长的路肩墙的墙顶应设置护栏。

2)基础

(1)基础类型

挡土墙一般宜采用明挖基础,基础直接砌筑在天然地基上。但当地基承载力不足,或地基横坡较陡,或地基有短段缺口等情况时,可采用扩大基础、换填基础、台阶基础、拱形基础等,如图 8-27 所示。

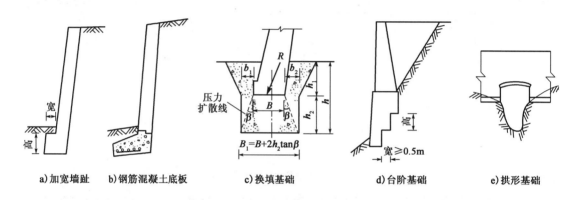

图 8-27 挡土墙的基础类型

(2)基础埋置深度

基础埋置深度应符合下列要求及表 8-2 的规定:

①无冲刷时,应在天然地面以下至少 1m;

②有冲刷时,应在冲刷线以下至少 1m;

③受冻胀影响时,应在冻结线以下不小于 0.25m。

斜坡地面基础埋置条件　　　　表 8-2

地基岩层情况	埋入深度 h (m)	距地表水平距离 L (m)	图　示
硬质岩石	0.60	1.50	
软质岩石	1.00	2.00	
土层	≥1.00	2.50	

3)排水设施

(1)作用

防止墙后积水形成静水压力和地面水下渗,减少寒冷地区回填土的冻胀压力,消除黏质土填料浸水后的膨胀压力。

(2)基本类型

挡土墙的排水设施包括地面排水和墙身排水设施。

设置地面排水沟,引排地面水;夯实回填土顶面和地面松土,防止地面水下渗,必要时可加设铺砌;对路堑墙墙趾前的边沟应铺砌加固,以防边沟水渗入基础;设置墙身泄水孔,排除墙后水。

(3)墙身泄水孔的构造与布置

泄水孔一般为 5cm×10cm、10cm×10cm、15cm×20cm 的方孔或直径为 5~10cm 的圆孔,倾向墙外且坡度不小于4%,间距一般为 2~3m,孔眼上下交错布置。下排泄水孔的出水口应高出墙前地面 0.3m;路堑墙应高出边沟水位 0.3m;浸水挡土墙应高出常水位 0.3m。为防止水分渗入地基,下排泄水孔进水口的底部应铺设 30cm 厚的黏土隔水层。泄水孔的进水口部分应设置粗粒料反滤层,以免孔道阻塞,如图 8-28a)、b)所示。

当墙背填土透水性不良或可能发生冻胀时,应在最低一排泄水孔至墙顶 0.5m 以下的范围内铺设厚度不小于 0.3m 的砂卵石排水层,如图 8-28c)所示。

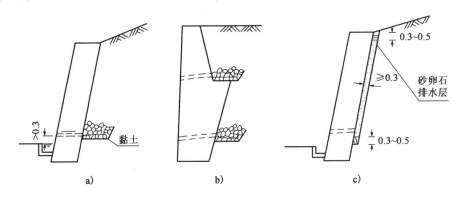

图 8-28 泄水孔及排水层(尺寸单位:m)

4)沉降(伸缩)缝

为避免因地基不均匀沉陷而引起墙身开裂,需根据地质条件、墙高、墙身断面的变化情况设置沉降缝。为了防止圬工砌体因收缩硬化和温度变化而产生裂缝,应设置伸缩缝。

一般将沉降缝与伸缩缝合并设置,沿路线方向每隔 10~15m 设置一道缝,缝宽 2~3cm,缝内一般可用胶泥填塞,但在渗水量大、填料容易流失或冻害严重的地区,宜用沥青麻絮或涂以沥青的木板等具有弹性的材料,沿内、外、顶三方填塞,填深不宜小于 0.15m,当墙后为岩石路堑或填石路堤时,可设置空缝,如图 8-29 所示。

图 8-29 泄水孔及沉降(伸缩)缝

2. 重力式挡土墙构造图

挡土墙构造图有挡土墙正面图、横断面图以及平面图。

1) 挡土墙正面图

挡土墙正面图如图 8-30 所示，包括以下内容：

(1) 挡土墙的起讫点和墙长，挡土墙与路基或其他结构物的衔接方式。路堤挡土墙端部可采用锥坡与路堤衔接，墙端应伸入路堤内不小于 0.75m；路堑挡土墙端部应嵌入路堑边坡，其嵌入地层的深度，土质地层不应小于 1.5m，风化软质岩层不应小于 1.0m，微风化岩层不应小于 0.5m。

(2) 挡土墙的分段以及沉降缝的位置。

(3) 挡土墙的基础构造。墙趾地面有纵坡时，挡土墙的基底宜做成不大于 5% 的纵坡。但地基为岩石时，为减少开挖，可沿纵向做成台阶。台阶尺寸视纵坡大小而定，但其高宽比不宜大于 1:2。

(4) 泄水孔的位置，包括数量、间隔和尺寸等。各特征点的桩号，以及墙顶、基础顶面、基底、冲刷线、冰冻线及设计洪水位的高程等。

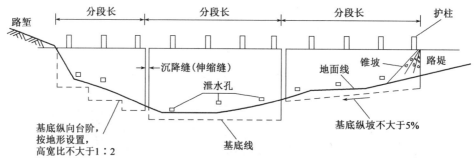

图 8-30 挡土墙正面图

2) 挡土墙横断面图

在墙高最大处、墙身断面或基础形式有变化处，以及其他必需桩号处的横断面图上进行横向布置，绘制挡土墙横断面图。挡土墙横断面图上应确定墙身断面、基础形式、埋置深度、排水设施布置等。

3) 挡土墙平面图

对于个别复杂的挡土墙，如高、长的沿河曲线挡土墙应作平面布置，绘制平面图，标明挡土墙与路线的平面位置及附近地貌、地物等情况，特别是与挡土墙有干扰的建筑物的情况。

3. 重力式挡土墙材料选择

重力式挡土墙墙身材料主要包括石料、砂浆、墙背填料等。

1) 石料

砌石挡土墙石料可采用片石、块石和料石三种。石料应采用结构密实、质地均匀、不易风化且无裂缝的硬质石料，其抗压强度不小于 30MPa。在冰冻及浸水地区，应具有耐冻和抗浸蚀性能。

2) 砂浆

砂浆一般由水泥、砂和水拌和而成。砂浆强度等级应按挡土墙类别、部位及用途进行选用，见表 8-3。

挡土墙砌筑常用的砂浆强度等级　　　　表 8-3

挡土墙类别、部位及用途	砂浆强度等级
一般挡土墙	M5（四级公路可用 M2.5）
浸水挡土墙常水位以下部分	M7.5
严寒地区及抗震挡土墙	较非地震地区提高一级
勾缝	比砌筑用强度等级提高一级

3）墙背填料

墙背填料应优先采用砂类土、卵石土、砾石土或块石土等，这类填料透水性好、抗剪强度大且稳定、易排水，能显著减少主动土压力。一般不宜采用黏质土，如需采用，应适当掺入碎石、砾石和粗砂等，并在墙背设置厚度不小于 30cm 砂砾或其他透水性材料排水层，排水层顶部应采用黏质土层封闭，土层厚度宜不小于 50cm。

严禁使用腐殖土、盐渍土、淤泥、白垩土及硅藻土等作为填料，填料中不应含有机物、冰块、草皮、树根等杂物或生活垃圾。在季节性冰冻地区，不能使用冻胀材料。浸水挡土墙墙背应全部选用水稳性和透水性较好的材料填筑。

知识链接

浆砌挡土墙实测项目见表 8-4。

浆砌挡土墙的实测项目　　　　表 8-4

序号	检查项目		规定值或允许偏差	检查方法和频率
1	砂浆强度		在合格标准内	按要求检查
2	平面位置(mm)		≤50	全站仪：测墙顶外边线，长度不大于 30m 时测 5 点，每 10m 增加 1 点
3	墙面坡度(%)		≤0.5	铅锤法：长度不大于 30m 时测 5 处，每增加 10m 增加 1 处
4	断面尺寸(mm)		≥设计值	尺量：长度不大于 50m 时测 10 个断面，每增加 10m 增加 1 个断面
5	顶面高程(mm)		±20	水准仪：长度不大于 30m 时测 5 点，每增加 10m 增加 1 点
6	底面高程(mm)		±50	水准仪：长度不大于 30m 时测 5 点，每增加 10m 增加 1 点
7	表面平整度(mm)	块石	≤20	2m 直尺；每 20m 测 3 处，每处测竖直、墙长两个方向
		片石	≤30	
		混凝土预制块、料石	≤10	
8	泄水孔间距(mm)		≤设计值	尺量：每 20m 测 4 点

任务实施

工作任务单9-识读挡土墙设计图,按下列步骤实施:

(一)挡土墙类型

通过识读挡土墙设计图(图8-17),由挡土墙在路基横断面图上的布置可知,该路段经比选采用了路肩挡土墙。

(二)识读挡土墙尺寸

由挡土墙立面图可知,挡土墙起点桩号为K4+525,终点桩号为K4+576。挡土墙总长51m,分为4段,4段长度分别为15m、11m、12m、13m,其中15m、13m两段基底采用台阶形。墙身泄水孔采用矩形,尺寸为10m×10m,间距为2~3m。挡土墙两端与路堤相接时采用锥坡形式。

(三)Ⅰ—Ⅰ断面

由挡土墙断面图可知,挡土墙采用衡重式墙背。挡土墙总高8m,衡重台宽0.9m,衡重台以下4.8m,墙背坡度1:0.25;衡重台以上3.2m,墙背坡度1:0.33,墙面坡度1:0.05。

(四)重力式挡土墙的施工流程及质量控制

施工流程:施工准备→测量放样→基础开挖→基底检查→砌筑基础→砌筑墙身→沉降(伸缩)缝砌筑→养护墙背→墙背回填。

1. 施工准备

熟悉设计文件,会同设计单位现场核对,主要核对设计坐标、布置形式、地形、地质、工程量等,并与设计、监理等有关人员进行图样会审。结合施工条件、设备能力等编制实施性施工组织设计。在受地表水和地下水影响的土质不良地段,做好场地排水设施。做好外购和自采材料的进场检测。

2. 测量放样

恢复公路中线,放样挡土墙基座主轴线和起终点。一般情况下,直线段每20m设一桩,曲线段每10m设一桩。

3. 基础开挖

根据测量放样确定的位置,采用人工或机械开挖挡土墙基础的基坑,如图8-31所示。基坑开挖宜分段跳槽进行,基坑开挖底面宽度应比设计尺寸各边宽0.5~1.0m,基坑开挖坡率按地质、深度、水位等具体情况而定。土质基坑开挖接近设计高程时,应欠挖20cm,基础施工前人工突击开挖完成,应严格控制基底高程,不得超挖填补。

4. 基底检查

基坑开挖完成后,应及时对基底进行承载力、设计高程、位置等检验,检验合格后,提请下道施工。

5. 基础砌筑

砌筑前,应将基底表面风化、松散的土石等清理干净。墙趾部分的基坑,在基础砂浆强度达到设计强度的75%后应及时分层回填夯实,并做成3%的外倾斜坡,以免积水渗入基底,影响墙身的稳定。

6. 墙身砌筑

砌筑墙身前,应将石料清扫干净并润湿,基础顶面也应洒水润湿。砌筑顺序为:砌角石→砌面石→砌腹石,如图8-32所示。砌筑时必须两面立杆挂线或采用临时标准样架作为准绳,外面应顺直整齐,逐层收坡,内面应大致顺适,保证砌体各部分尺寸符合设计要求。浆砌挡土墙应分层错缝砌筑,片石、砌块应大面朝下,填缝必须紧密,灰浆应填塞饱满。浆砌挡土墙的墙顶可以采用M5砂浆抹平,厚2cm。

图8-31 基础开挖

图8-32 墙身砌筑

砌筑完成后及时用砂浆勾缝,勾缝的顺序是从上到下,先勾水平缝再勾竖直缝。勾缝前先清理缝槽,用水冲洗湿润,勾缝应深浅一致,不应有瞎缝、丢缝、裂纹和黏结不牢等现象。

7. 沉降(伸缩)缝砌筑

根据接缝位置,采用跳段砌筑,使相邻两段砌体高度错开,并将接缝处作为一个外露面,挂线砌筑,使其平直。接缝完成后,沿接缝内、外、顶三边填缝并捣实,填塞深度不得小于15cm,以满足防水要求。

8. 养护

对浆砌砌体应进行养护,以便砌体砂浆强度形成和提高。浆砌砌体完成后,需用浸湿的草帘、麻袋等覆盖物将砌体盖好。一般气温条件下,在砌筑完成后10~12h内开始养护;炎热天气时,在砌筑完成后2~3h内开始洒水养护。养护时间一般不少于7d。

9. 墙背回填

墙体砂浆强度达到设计强度的75%以上时,应及时回填墙后填料。墙后回填必须分层填筑压实,每层的分层厚度不宜超过20cm,并设不小于3%的横坡,逐层夯实,每层压实度应满足设计要求。墙背1.0m范围内,不得使用重型振动压路机碾压,应采用小型压实机械碾压。

(1)路基防护与支挡工程按其作用不同,可分为边坡坡面防护、沿河路堤河岸冲刷防护、支挡工程等。路基防护工程是指为了防止边坡受到风化和冲刷而设置的起隔离、封闭作用的结构物,防护工程不能承受外力作用,所以要求路基本身必须稳定。路基支挡工程是指为了防止路基或山体因重力作用而滑塌,设置的起支撑和加固作用的结构物。

(2)坡面防护包括植物防护、工程防护以及骨架植物防护。冲刷防护包括直接防护与间接防护。

(3)挡土墙是指用来支撑天然边坡或人工填土边坡以保持土体稳定的构造物。重力式挡土墙使用最为广泛,一般由墙身、基础、排水设施和伸缩缝等部分组成。

一、填空题

1.路基边坡坡面防护可分为_____、_____和_____,冲刷防护包括_____和_____。

2.挡土墙按结构形式可分为_____、_____、_____和_____。

3.重力式挡土墙由_____、_____、_____和_____组成。

二、不定项选择题

1.路基防护与加固是指(　　)。
　A.边沟　　　　　　　　　B.路肩
　C.路基边坡　　　　　　　D.路基本身

2.属于路基边坡工程防护措施的是(　　)。
　A.锚喷　　　　　　　　　B.护面墙
　C.铺草皮　　　　　　　　D.喷浆

3.经调查,某段公路边坡坡面不平整,而且经常发生碎落、剥落,可以采用(　　)等措施加以处理。
　A.抹面　　　　　　　　　B.喷浆
　C.护坡　　　　　　　　　D.挡土墙

4.某路堑边坡属于风化岩石,且坡面不平整,应采用的防护措施是(　　)。
　A.抛石防护　　　　　　　B.石笼防护
　C.植被防护　　　　　　　D.喷浆

5. 防护水下部分路基边坡时,不宜采用( )防护。
   A. 铺草皮　　　　　　　　　　B. 抛石
   C. 浆砌片石　　　　　　　　　D. 石笼

6. ( )形式简单、施工方便,可就地取材,适应性强,故被广泛用于路基边坡加固路段。
   A. 重力式挡土墙　　　　　　　B. 锚杆式挡土墙
   C. 锚定板式挡土墙　　　　　　D. 薄壁式挡土墙

7. 可用于填方路段边坡稳定的挡土墙有( )。
   A. 重力式挡土墙　　　　　　　B. 锚杆式挡土墙
   C. 锚定板式挡土墙　　　　　　D. 薄壁式挡土墙
   E. 加筋式挡土墙

8. 当地面坡度较陡时,应选用( )挡土墙。
   A. 仰斜式　　　　　　　　　　B. 垂直式
   C. 俯斜式　　　　　　　　　　D. 衡重式
   E. 折线式

9. ( )适用于具有明显滑动面,滑床以下为稳定岩土层,对变形要求不高的滑坡治理工程。
   A. 锚杆式挡土墙　　　　　　　B. 锚定板式挡土墙
   C. 扶壁式挡土墙　　　　　　　D. 桩板式挡土墙

三、判断题

( )1. 路基进行坡面防护时,路基本身是稳定的。
( )2. 植物防护可以减缓地面水流速度,因此,它可以用于防护流速较大的浸水路堤边坡。
( )3. 路基工程中把防护冲刷和风化,主要起隔离保护作用的措施称为防护工程。

四、简答题

1. 简述路基防护工程与加固工程的区别。
2. 植物防护与工程防护各自的适用条件有何不同?二者分别有哪些常用形式?
3. 简述挡土墙的类型及适用条件。
4. 简述重力式挡土墙的施工技术要点。

Part 3 模块三

路面施工技术

学习情境九
LEARNING CONTEXT NINE
路面施工准备

工作任务一　识读公路路面结构图

学习目标

1. 熟悉公路路面结构层次、常用材料及路面分类；
2. 能够识读和核对公路路面结构图；
3. 具有认真细致的工作态度和精益求精的工匠精神。

任务描述

1. 某公路路面结构如图9-1所示。本任务要求学生能够根据规范和资料识读公路路面结构图，独立完成"识读公路路面结构"工作任务，见表9-1。

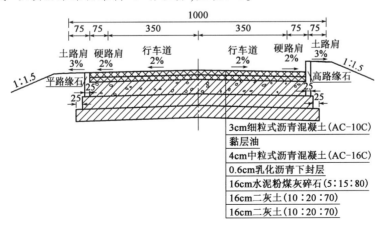

图9-1　某公路路面结构图(尺寸单位：cm)

工作任务单 10　识读公路路面结构　　　　　　　　　表 9-1

项目概况	公路等级	
	设计速度	
识读公路路面结构图	车道数	
	行车道宽度	
	路肩宽度	
	路面宽度	
	路基宽度	
	路拱坡度	
	路肩坡度	
	路面结构层次	
	面层	材料及厚度	
		原材料	
	基层材料及厚度	
	底基层材料及厚度	
	垫层	是否设？	
		垫层材料及厚度	
	路面功能层	
	路面类型	

2. 通过任务单中设置"障碍"，培养学生认真细致的工作态度和精益求精的工匠精神。

相关知识

路面是指用各种筑路混合料在路基上按一定宽度和厚度铺筑而成的层状结构物，直接承受车辆荷载和自然因素的影响，是公路的重要组成部分。我国公路常用路面有沥青路面和水泥混凝土路面，如图 9-2 所示，其中沥青路面使用最为广泛。

a) 沥青路面　　　　　　　　　　　　　　b) 水泥混凝土路面

图 9-2　公路常用路面

一、路面的基本要求

为了保证行车的安全性和舒适性,提高行车速度,降低运输成本和延长道路寿命,路面应满足以下几方面的要求。

(1)具有足够的强度和刚度

路面的强度是指路面抵抗破坏的能力。路面结构应具有足够的强度,以抵抗行车荷载引起的各种应力,如压应力、拉应力、剪应力等,避免其发生压碎、拉裂、剪切等各种破坏。

路面的刚度是指路面抵抗变形的能力。路面各结构层应具有足够的刚度,使其在车轮荷载作用下不会发生过大的变形和位移,保证路面不出现车辙、沉陷或波浪等各种病害。

(2)具有足够的稳定性

路面的稳定性是指路面在外界各种影响因素下保持其自身结构强度的性能,包括高温稳定性、低温抗裂性以及水稳性、基层抗冻性以及水泥混凝土路面的拱胀与翘曲等。

(3)具有足够的平整度

路面表面不平整会增大行车阻力,增加车辆受到的震动作用和冲击作用,造成行车颠簸,影响行车速度、行车安全和舒适性,同时也会加剧路面和汽车机件的损坏与轮胎磨耗,增大汽油的消耗。因此,要求路面具有足够的与公路等级相适应的平整度。优良平整的路面要依靠优良的施工设备、精细的施工工艺、严格的施工质量控制以及必要的养护措施才能达到。

(4)具有足够的抗滑性

宏观上要求路面的平整度好,微观上要求路面粗糙,不宜光滑。路面表面光滑时,车轮与路面之间的附着力和摩擦力较小,在雨天高速行车,当紧急制动、突然起动或爬坡、转弯时,车轮易产生空转或打滑,致使行车速度降低、油耗增多,甚至引起翻车和人员伤亡事故。因此,路面表面应具有足够的抗滑能力,即有足够的粗糙度,以确保行车安全。

(5)具有足够的耐久性

路面的耐久性是指路面在自然因素影响和行车荷载等的长期反复作用下,表现出来的耐疲劳、耐老化和耐变形等方面的性能。公路通车使用后,路面使用性能将逐年下降,强度和刚度也将逐年降低,路面材料由于老化技术性能衰变,从而导致路面结构损坏。因此,要求路面在设计年限内必须具有足够的耐久性。

(6)具有环保性

公路修建在自然环境中,应与周围环境协调。路面环保性是指路面应具有低噪声、少尘等特点。降低路面行车时的噪声和扬尘,应从公路设计、施工、养护和管理等方面综合考虑。

二、路面的结构层次

行车荷载和自然因素对路面的影响,随着深度的增加而逐渐减弱,为适应这一特点,路面结构通常分层铺筑。路面结构一般由面层、基层、底基层和必要的功能层组成,如图9-3所示。

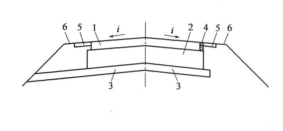 

图 9-3 路面结构组成示意图
1-面层;2-基层;3-防冻层;4-路缘石;5-硬路肩;6-土路肩;i-路拱横坡度

1. 面层

面层是路面结构中最上面的一个结构层,直接承受行车荷载的反复作用和自然因素影响。因此,面层应具有较高的强度、较好的温度稳定性、水稳定性、耐久性、耐磨性和一定的防水能力。为保证行车安全、舒适,面层还必须具有良好的平整度和抗滑性等表面使用特性。

面层根据铺筑材料不同主要有水泥混凝土面层、沥青混合料面层、粒料面层、块石面层、复合式面层等,其中沥青混合料面层使用得最为广泛。

我国沥青混合料的面层一般由两层(表面层和下面层)或三层(表面层、中面层和下面层)组成,表面层通常为抗滑层,其他层次中至少有一层应是密级配沥青混凝土,以防止雨水下渗,影响基层和路基。

2. 基层和底基层

基层是位于面层下面的一个结构层,主要承受由面层传递来的行车荷载垂直力,并将其扩散和分布到底基层或土基上。沥青路面结构中,基层是路面结构中的主要承重层,应具有足够的强度和刚度,并具有良好的扩散应力的性能。如果面层的封水效果不好,基层受水浸泡后强度下降很快,严重地影响基层的使用状况,因此,基层也应具有足够的水稳定性。同时,为保证面层厚度的均匀性,基层表面应具有较好的平整度。

基层的铺筑材料主要有各种结合料(石灰、水泥、沥青等)稳定土、碎(砾)石或各种工业废渣(煤渣、粉煤灰、矿渣、石灰渣等)组成的混合料,贫水泥混凝土,各种碎(砾)石混合料等。

高等级公路的基层一般较厚,考虑到压实分层厚度、经济性以及不同层位功能要求等方面,基层通常采用两层或三层铺筑,位于下层的称为底基层。相对而言,底基层材料的质量和强度要求比基层低,尽量选用当地材料修筑。

3. 功能层

路面功能层包括透层、黏层、封层、防冻层、排水层等。路面功能层不作为路面力学计算模型中的结构层,在路面厚度计算中不计其厚度。

透层是指为使沥青面层与非沥青材料基层结合良好,在粒料类基层和无机结合料基层上喷洒液体石油沥青或乳化沥青或煤沥青而形成的透入基层表面一定深度的薄层,也称为透层沥青或透层油。

黏层是指为加强路面沥青层与沥青层之间、沥青层与水泥混凝土路面之间的黏结而洒布的沥青材料薄层,也称为黏层沥青或黏层油。

封层是指为封闭路面表面空隙、防止水分浸入而在沥青面层或基层上铺筑的有一定厚度的沥青混合料薄层。其中铺筑在沥青面层表面的封层称为上封层,铺筑在沥青面层下面、基层表面的封层称为下封层。

防冻层是指在季节性冰冻地区,当路面厚度不满足防冻要求时,在基层或底基层与路床间增设的一层功能层。防冻层宜采用粗砂、砂砾和碎石等粒料类材料。

排水层是指对于地下水位高、排水不良的路段,以及有裂隙水、泉眼等水文条件不良的岩石挖方路段,基层和底基层为非粒料类材料时,在基层或底基层与路床间设置的粒料层。

任务实施

工作任务单10-识读公路路面结构,按下列步骤实施:

(一)项目概况

通过识读图9-1,根据《公路路线设计规范》(JTG D20—2017),由路面采用双车道、行车道宽度为3.5m、既设有硬路肩又有土路肩可知,该公路为二级公路,设计车速为60km/h。

(二)识读公路路基路面

由图9-1可知,车道数为2,行车道宽度为3.5m,硬路肩宽度为0.75m,土路肩宽度为0.75m。路面宽度为$2 \times 3.5m + 2 \times 0.75m = 8.5m$,路基宽度为$8.5m + 2 \times 0.75m = 10m$。路拱坡度为2%,路肩坡度为3%。

由图9-1可知,路面结构层有面层、基层、底基层。

面层分上面层、下面层,上面层材料为细粒式沥青混凝土,厚度为3cm;下面层采用中粒式沥青混凝土,厚度为4cm;沥青混凝土原材料包括沥青、粗集料、细集料、矿粉。

基层材料为水泥粉煤灰碎石,厚度为16cm。

底基层材料为二灰土,厚度为32cm,分为上底基层、下底基层,厚度各为16cm。

由图9-1可知,该路面未设防冻层。其功能层设黏层、下封层。

该路面面层采用沥青混凝土,基层采用水泥粉煤灰碎石基层,因此该路面从力学特性分析属于无机结合料稳定类基层沥青混凝土路面。

工作任务二 路面施工准备

 学习目标

1. 知道路面施工准备工作的主要内容；
2. 知道路面单位工程中分部工程及分项工程的划分；
3. 能进行路面现场施工准备；
4. 培养学生精益求精的工匠精神和现场施工安全意识。

 任务描述

1. 学生根据路面施工准备工作的主要内容，收集并整理路面开工报告、交工竣工验收报告和路面施工组织设计等工程资料。

2. 以路面现场施工放样为切入点，引导学生认识到公路施工从点滴做起，"九层之台，起于累土"，培养学生精益求精的工匠精神；引入施工机械现场使用中"血的教训"，培养学生施工现场的安全意识。

 相关知识

做好路面施工前的准备工作是保证路面现场施工顺利进行的前提条件。

根据公路建设任务、施工管理和质量检验评定的需要，应在施工准备阶段将建设项目划分为单位工程、分部工程和分项工程。路面单位工程中的分部工程及分项工程的划分见表 9-2。

路面单位工程中分部工程及分项工程的划分　　　　　　表 9-2

单位工程	分部工程	分项工程
路面工程	路面工程（1~3km 路段）*	垫层、底基层、基层、面层、路缘石、路肩等

注：* 按路段长度划分的分部工程，高速公路、一级公路宜取低值，二级及二级以下公路可取高值。

按照施工合同管理规定，路面施工单位完成施工准备工作后，填写开工报告，经监理工程师审核达到合同规定的要求并上报批准后，方可正式开工。开工审批制度是为了使施工方的工、料、机、法（方法）、环（环境）等施工准备情况满足规范要求，不具备开工条件的坚决不得开工。

路面施工准备工作的主要内容包括组织准备、技术准备、现场准备、物资准备、铺筑试验路等。路面施工准备工作与路基施工准备工作基本相同，区别在于料源确定及进场材料质量检验、机械选型和配套、拌和厂建设、路基检查、路面施工测量放样等方面。

一、料源确定及材料检验

路面是层状结构物，每个结构层均采用混合料，组成混合料的原材料主要分为骨架材料、结合料和填料三类。原材料质量是保证路面质量的关键因素。因此,路面施工准备阶段应控制好原材料的订货关、进场关和保管关,确保原材料质量。

1. 原材料的招标及订货

供货单位必须提交各种材料的质量检测报告。原材料质量品种和规格是否符合要求,原材料的供应量、供应方式、供应质量、运距,以及沿线何地适合建立拌和厂等都要做到心中有数。在工地试验室应对原材料进行质量检验和混凝土配制试验,以便进一步优选原材料和优化配合比,并应通过监理对原材料进行抽检和对配合比进行试验验证,最后上报审批。

2. 原材料的进货

供货单位供应的材料在进场时必须重新检验,各种原材料进场时以"批"为单位取样进行检验,并复核厂家提供的生产配合比。检验项目和检验频率必须符合规范规定,不符合规范技术要求的材料不得进场。

对于各种矿料,以同一料源、同一次购入并运至生产现场的相同规格材料为一"批"。

对于沥青,以同一来源、同一次购入且储入同一沥青罐的同一规格的沥青为一"批"。

3. 原材料的使用及保管

材料进场后的储存、堆放、管理等情况都必须重视,要避免以下错误做法:拌和厂对堆料场地及运输路线没有硬化,不同材料之间没有隔离,或者在装载机装料时将泥土混入材料,把本来不错的材料弄得很脏;桶装沥青无序堆放,不加盖苫布导致雨水从桶口漏入等。

二、机械选型

路面施工机械主要有稳定土拌和机械、平地机、沥青洒布车、自卸汽车、沥青混合料拌和设备、沥青混合料摊铺机、压路机、水泥混凝土拌和设备及摊铺机等,如图9-4所示。

a)沥青混合料拌和机械

b)沥青混合料摊铺机

图9-4 路面施工机械

根据工程需要、工程量大小和施工进度,应配备足够数量且有效的施工机械、施工设备和工具。机械设备要配套选择,以便充分发挥机械设备的性能。

三、拌和厂建设

1. 拌和厂(搅拌站)的选址

拌和厂应选在远离居民区、村庄并处于主风向下方的位置。拌和厂宜设置在摊铺路段的中间位置。

2. 拌和厂(搅拌站)的布置

(1)总体布置

拌和厂形状以矩形为佳,拌和厂内各项设施如拌和设备、办公区、生活区的布置应合理、协调,拌和厂内部布置应满足原材料储运、拌和、混合料运输、供电等要求,相互之间应协调紧凑且互不干扰,减少占地。

拌和设备的主体应布置在中央位置,水泥混凝土每台搅拌楼还应至少配备两个水泥罐仓,不同厂家的水泥应分罐存放。办公楼、宿舍和试验室等应布设在拌和厂的进口处。砂石料场应建在交通运输方便、排水通畅的位置,既便于向搅拌设备供料,又便于车辆运料和卸料,其场内地面应做硬化处理,各种集料应分隔储存,并设置标示牌。粗、细集料场应设置防雨和防污顶棚。沥青混合料拌和厂的砂石料储量以不少于 3~5d 需要量为宜,水泥混凝土拌和厂应储备正常施工 10~15d 的砂石料用量。沥青库和燃料罐等设施的布置应以便于向主设备供送为宜。称量矿料和成品料的地磅可以设置在车辆的出口处。

(2)水、电、机械供应

拌和厂应保证充足的电力供应,以满足全部施工用电设备、夜间施工照明以及生活用电的需要。拌和厂内原材料与混合料的运输应互不干扰。拌和厂内应确保摊铺机械、运输车辆、发电机等动力设备的燃料供应。拌和厂应配备适量装载机或推土机供应砂石料。拌和厂内应设有完备的排水设施,场内道路应做硬化处理,严禁出现泥土污染集料的情况。

四、路基检查

不论新建公路还是改建公路,在铺筑路面结构层之前,必须对路基进行检查验收,待路基压实度、弯沉、高程、平整度等技术指标均达到规定要求后,方可进行路面施工。如果路基过干、表面松散,则应适当洒水、碾压;如果路基过湿,发生"弹簧"现象,应采取挖开晾晒、换土、掺石灰或水泥等措施进行适当处理。

五、路面施工测量放样

路面施工测量放样是在验收合格的路基上,放样各结构层施工的中线和边线,并把每层施工的松铺挂线(或摊铺机导引绳挂线)高度和压实厚度相应的挂线高程位置放样出来。用摊铺机摊铺混合料时,对于底基层、基层、下面层,均需设置摊铺机基准线,以使每一层满足纵断高程、厚度、横坡、平整度的要求。

在路面施工中要做到"层层放样、层层超平",即从底基层、基层至面层,每一层施工前都要进行放样和高程测量。

1. 路面中线、边线放样

路面施工前,应根据控制点恢复中线,钉设中桩和边桩。一般直线段桩距为 20～25m,曲线段桩距为 10～15m,并在两侧路肩外边缘 0.3～0.5m 处设置指示桩。高速、一级公路的中线、边线可以采用角度距离法和坐标法两种放样方法。

2. 路面结构层厚度放样

路面结构层施工时,其厚度控制包括松铺厚度和压实厚度两个方面。对于预先埋设路缘石或安装模板施工的路段,可在路缘石或模板上使用明显标记标出路面结构层边缘的松铺厚度和设计厚度;对于没有路缘石的路段,可在指示桩上采用明显标记标出路面结构边缘的松铺厚度和设计厚度;对于摊铺机摊铺的结构层,路面结构层的松铺厚度由摊铺机导引绳挂线标示。

3. 摊铺机基准面(线)

(1)摊铺机基准面(线)的分类

路面施工中采用摊铺机摊铺时,摊铺机自动找平装置需要有一个准确的基准面(线),常用的基准面(线)控制有基准线钢丝法、摊铺基准面法(平衡梁法)。下面层和基层(底基层)摊铺应采用钢丝引导的高程控制方式,即基准线钢丝法,如图9-5、图9-6所示;上、中面层可采用平衡梁控制厚度,不需要挂钢丝线,如图9-7所示。当下面层平整度较差时,中面层也应采用基准线钢丝法,以保证摊铺层有较高的平整度。

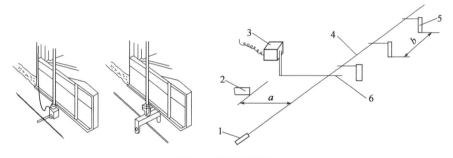

图 9-5 基准线钢丝法

1-拉力计;2-熨平板;3-纵向控制器;4-基准线;5-支承桩;6-传感器;a-熨平板与基准线的间距;b-支承桩的间距

图 9-6 基准线现场

图 9-7 平衡梁现场

(2) 摊铺机基准线的组成

摊铺机基准线由细钢丝、支承桩、标桩、横梁、拉力计和张紧器等组成,如图 9-8 所示。

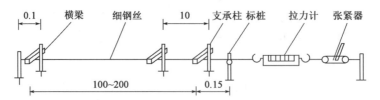

图 9-8 摊铺机基准线的组成(尺寸单位:m)

支承桩可用光圆钢筋加工而成,长度约为 600mm,插入端制成尖头(俗称"钢钎")。支承桩的固定位置一般设在摊铺宽度边线外 30~50cm 处,支承桩的间距一般为 5~10 m(直线段上为 10m,弯道上为 5m)。

横梁用螺栓固定在支承桩上,宜选用长度约为 300mm 的钢筋制作,横梁上应刻有多个挂槽,以方便挂钢丝。钢丝基准高程测量点可设置在距离边线以外 30cm 左右处,以不易被机械、车辆和施工人员扰动为宜,方便钢丝架设。

标桩是用来测定拉线高程的,应设置在支承桩附近,以便于检查。

铺设基准线时将其一端固定,另一端通过拉力计连接到张紧器上。细钢丝的长度以 100~200m 为宜,拉紧力约为 1000 N,以钢丝不产生挠度为准。两段基准线衔接处应有 1m 以上的重合段,待找平传感器滑过重合段后才能拆除旧线。为了保证摊铺层的平整度、纵断高程、厚度和横坡,基准线的铺设必须十分精确。

(3) 摊铺机基准线的设置

采用基准线钢丝法时,先放出中桩并进行高程测量,然后放出边线(引导摊铺机控制行走方向,减少废料),在边线以外设置基准线的支承桩,在支承桩上设置带挂槽的横梁,按计算好的高度调整横梁,挂上基准线钢丝并拉紧锚固。

基准钢丝线高程的计算公式为:摊铺机控制线(钢丝)的高程 = 边线处下承层的顶面高程 + 松铺厚度 + 摊铺机常数 ± 控制线离边线距离 L × 横坡 i。

当采用两台摊铺机梯队作业时,第一台摊铺机(前行)的行走线优先在边缘处采用钢丝基准线,中间采用铝合金导梁方式设置;第二台摊铺机(后行)的行走线在边缘处采用钢丝基准线,中间采用小滑靴控制,如图 9-9 所示。

a) 边线基准线

b) 中间小滑靴

图 9-9

c) 铝合金导梁

d) 基准线的夹线臂

图 9-9　摊铺机控制方式

（1）路面是指用各种筑路材料在路基上按一定宽度和厚度铺筑而成的层状结构物，直接承受行车荷载作用和自然因素影响，是公路的重要组成部分。路面要求具有足够的强度和刚度、稳定性、耐久性、抗滑性、平整度和环保性。路面结构层次一般由面层、基层和功能层组成，各结构层具有不同的功能和要求。

（2）路面施工准备工作与路基施工准备工作基本相同，主要区别在于确定料源及进场材料的质量检验、机械选型和配套、拌和厂建设和路基检查、施工测量放样等工作。

一、填空题

1. 为了保证行车的安全性和舒适性，提高行车速度，降低运输成本和延长道路寿命，路面应满足 _____、_____、_____、_____、_____ 和 _____ 的要求。

2. 路面功能层包括 _____、_____、_____、_____。

二、判断题

（　　）1. 防冻层是路面结构中必须设置的功能层。

（　　）2. 路面下面层和基层采用摊铺机摊铺时，应采用钢丝引导的高程控制方式，即基准线钢丝法。

三、简答题

1. 简述路面结构层及其功能。
2. 简述路面施工准备工作内容。

学习情境十
LEARNING CONTEXT TEN
路面基层(底基层)施工

工作任务一　认知路面基层(底基层)材料

 学习目标

1. 熟悉路面基层(底基层)材料类型、特点及适用范围;
2. 能根据公路等级、路面结构等具体情况选择基层(底基层)材料;
3. 树立敬畏自然、节约环保的工作理念。

 任务描述

1. 查询、收集资料,分析、总结并完成《中国公路常用基层材料分析报告》,其中必须包含目前我国公路主要使用的基层(底基层)材料类型、特点,常用施工方法及主要施工机械。
2. 引入石灰工业废渣稳定类基层材料,引导学生树立节约环保的公路建设工作理念。

 相关知识

一、路面基层(底基层)材料类型

路面基层(底基层)材料按组成的不同可划分为有结合料稳定类(包括稳定集料类、稳定细粒土类)和无结合料稳定类。有结合料稳定类可分为有机结合料稳定类和无机结合料稳定类。常用的基层(底基层)材料类型见表10-1。

目前,高等级公路基层、底基层采用较为广泛的是无机结合料稳定类基层和粒料类基层。

各种常用基层(底基层)材料类型 表10-1

基层(底基层)类型		材料类型
稳定沥青类		沥青碎石、沥青稳定碎石、排水式沥青碎石
水泥混凝土类		碾压混凝土、贫混凝土等
无机结合料稳定类	水泥稳定类	水泥碎石、水泥砂砾、水泥土等
	石灰稳定类	石灰碎石土、石灰砾石土、石灰土、石灰土碎石等
	综合稳定类	水泥石灰稳定类、水泥粉煤灰稳定类、石灰粉煤灰稳定类
	工业废渣类	石灰工业废渣稳定类、水泥工业废渣稳定类
粒料类	嵌锁型	泥结碎石、泥灰结碎石、填隙碎石等
	级配型	级配碎石、级配砾石、级配砂砾等

二、无机结合料稳定类材料

无机结合料稳定类材料是指在集料或粉碎的(或原来松散的)土中掺入一定数量的无机结合料(包括水泥、石灰或粉煤灰等)和水,经拌和形成的混合料。其经摊铺、压实、养护,抗压强度符合规定要求时,即形成无机结合料稳定类基层。

无机结合料稳定类材料按无机结合料不同分为水泥稳定类、石灰稳定类、综合稳定类、工业废渣稳定类四大类。无机结合料稳定类基层的优点是具有足够的强度,稳定性好、板结性好、抗冻性较好、抗冲刷性较好等,其缺点是容易产生干缩和温缩裂缝。

1. 水泥稳定材料

(1)基本概念

水泥稳定材料是指在集料或粉碎的土中,掺入一定量的水泥和水,经拌和形成的混合料。其经摊铺、碾压、养护后,抗压强度符合规定要求,即形成水泥稳定类基层。

(2)分类

水泥稳定类材料包括水泥稳定级配碎石、水泥稳定级配砾石、水泥稳定石屑、水泥稳定土、水泥稳定砂等。其中用水泥稳定细粒土时简称水泥土;当所用的细粒土为砂状时,简称水泥砂。

(3)特点

水泥稳定材料的特点是具有良好的力学强度、板结性、整体性、水稳性和抗冻性。它的水稳性和抗冻性都比石灰稳定类好。其初期强度较高,并随龄期逐渐增长。影响水泥稳定材料强度的因素主要包括土质(集料)、水泥的品种和剂量、含水率、施工工艺等。水泥稳定粗粒土和中粒土混合用作基层时,水泥剂量一般为3%~5%,不宜超过6%。

(4)适用范围

水泥稳定集料类材料适用于各级公路的基层和底基层。水泥土适用于三、四级公路的基层或各等级公路的底基层。高等级公路的水泥混凝土面板下,水泥土不应用作基层。

2. 石灰稳定材料

(1)基本概念

石灰稳定材料是指在集料或粉碎的土中,掺入一定量的石灰和水,经拌和形成的混合料。其经摊铺、碾压、养护后,抗压强度符合规定要求时,即形成石灰稳定类基层。

(2) 分类

用石灰稳定细粒土得到的混合料,简称石灰土。用石灰稳定天然砂砾土时,简称石灰砂砾土;用石灰稳定天然碎石土时,简称石灰碎石土。

(3) 特点

石灰稳定材料具有一定的抗压强度和抗弯强度,且强度随龄期逐渐增长。影响石灰稳定材料强度的因素主要包括土质、石灰质量和剂量、含水率、压实度以及养护条件等。

(4) 适用范围

石灰稳定材料一般适用于二级或二级以下公路路面的基层。但石灰土因水稳性较差、收缩裂缝大,不宜做高速或一级公路的基层,必要时可以用作底基层。在冰冻地区的潮湿路段以及其他地区的过湿路段,也不宜采用石灰土做基层。如若采用时,应在石灰土基层以下铺设砂砾层;沥青面层不宜直接铺在石灰土基层上,其层间应设置碎石联结层。

3. 综合稳定材料

(1) 基本概念

综合稳定材料是指以两种或两种以上材料为结合料,通过加水与被稳定材料共同拌和形成的混合料,包括水泥粉煤灰稳定材料、石灰粉煤灰稳定材料、水泥石灰稳定材料等。综合稳定材料适用于各级公路的基层和底基层,但综合稳定土不能用于高等级沥青路面或高速公路、一级公路水泥混凝土面板下的基层,只能用作底基层。

(2) 分类

石灰粉煤灰(简称二灰)稳定材料是指用石灰和粉煤灰按照一定配合比,与被稳定材料加水拌和形成的混合料,其经摊铺、碾压、养护后,抗压强度符合规定要求时,即形成石灰粉煤灰稳定类基层。石灰粉煤灰稳定材料包括二灰土、二灰砂、二灰砂砾以及二灰碎石等。

石灰粉煤灰稳定细粒土时,石灰与粉煤灰的配合比常用 1:2~1:4(对于粉土,以 1:2 为宜),石灰粉煤灰与细粒土的配合比为 30:70~50:50。石灰粉煤灰稳定级配中粒土和粗粒土时,石灰与粉煤灰的配合比为 1:2~1:4,石灰粉煤灰与粒料的配合比常采用 20:80~15:85。

(3) 特点

石灰粉煤灰稳定材料基层的特点是具有水硬性、缓凝性,强度高、稳定性好;板结性好,且强度随龄期不断增长;抗水、抗冻、抗裂,而且收缩性小;能适应各种气候环境和水文地质条件等。影响石灰粉煤灰稳定材料强度的因素主要包括石灰质量和剂量、粉煤灰质量和剂量、土质、含水率、施工工艺、养护条件等。

4. 工业废渣稳定类

工业废渣稳定材料是指以石灰或水泥为结合料,以煤渣、钢渣、矿渣等工业废渣为主要被稳定材料,通过加水拌和形成的混合料。公路上常用的工业废渣包括火力发电厂的粉煤灰和煤渣、钢铁厂的高炉渣和钢渣、化肥厂的电石渣以及煤矿的煤矸石等。

三、粒料类材料

粒料类材料是指用粗、细碎石或砾石、黏土(或不含黏土)按照级配原则或嵌挤原则拌和形成混合料。用其铺筑而成的基层,即形成粒料类基层。粒料类的结构强度主要取决于联结强度,而联结强度主要是靠颗粒间的嵌锁和摩擦阻力,联结强度的大小取决于集料的强度、形状、尺寸的均匀性、表面粗糙度和施工压实度。

1. 级配型材料

级配型材料是指采用颗粒大小不同的矿料按一定比例拌和,级配满足一定要求且塑性指数和承载比均符合规定要求的混合料。级配型材料具有较大的密实度,其强度来源于内摩阻力和黏聚力。级配型材料包括级配碎石、级配砾石、级配碎砾石以及符合级配、塑性指数等技术要求的天然砂砾(级配砂砾)等。

(1)级配碎石

级配碎石是指用各档粒径的碎石和石屑按一定比例拌和,级配满足一定要求且塑性指数和承载比均符合规定要求的混合料。级配碎石可用于各级公路的基层和底基层,也可用作薄层沥青面层与无机结合料稳定类基层之间的中间层。

(2)级配砾石

级配砾石是指用各档粒径的砾石和砂按一定比例拌和,级配满足一定要求且塑性指数和承载比均符合规定要求的混合料。由于砾石的内摩阻角小于碎石,因此级配砾石的强度和稳定性均低于级配碎石。

(3)级配碎砾石

级配碎砾石是指在天然砂砾中掺加部分未筛分碎石组成的混合料,其强度和稳定性介于级配碎石与级配砾石之间。级配碎砾石、级配砾石可用作轻交通的二级及二级以下公路的基层和各级公路的底基层。

2. 嵌锁型材料

目前,嵌锁型材料主要有填隙碎石。填隙碎石是指用单一尺寸的粗碎石作主骨料,形成嵌锁作用,并用石屑填满碎石间的空隙,增加其密实度和稳定性的粒料类材料。填隙碎石适用于各级公路的底基层和三、四级公路的基层。填隙碎石中的填隙料宜采用石屑,缺乏石屑时,可添加细砾砂或粗砂等细集料。

四、无机结合料稳定类材料与粒料类材料的区别

无机结合料稳定类材料的优点是整体性好、承载力高、刚度大、水稳性好,能因地制宜且形成较为经济的结构,其缺点是易产生干缩裂缝、不耐磨、需养护。

粒料类材料的优点是水稳性好、不易产生干缩裂缝。

工作任务二　无机结合料稳定类基层(底基层)施工

学习目标

1. 熟悉无机结合料稳定类基层(底基层)施工方法、施工工序及质量控制要点;
2. 能进行无机结合料稳定类基层(底基层)的现场施工和质量控制;
3. 具有严谨求实、遵守规范的工作态度,以及依据规范分析与解决问题的职业能力。

任务描述

1. 扫描"道路工程施工工艺虚拟仿真"中石灰粉煤灰稳定碎石基层、石灰土垫层施工项目二维码,学习现场施工工艺及技术要点。

2. 某高速公路"四改八"改建工程 LM-1 合同段,设计速度采用 120km/h,全长为 21.4km,改建后全幅路基宽度为 42.0m,其中,中间带宽为 4.5m,行车道宽度为 2×4×3.75m,硬路肩宽为 2×3.0m,土路肩宽度为 2×0.75m。路面结构层为 4cm AK-13(改进型)细粒式沥青混凝土的上面层、6cm 中粒式沥青混凝土的中面层、6cm 粗粒式沥青混凝土下面层、乳化沥青贯入封层、32cm 水泥稳定碎石基层、20cm 水泥稳定碎石底基层。根据资料和行业规范,完成"水泥稳定碎石基层施工及质量控制"工作任务单,见表 10-2。

工作任务单 11　水泥稳定碎石基层施工及质量控制　　　表 10-2

1. 水泥稳定碎石基层:		
2. 施工方法:		
3. 施工条件:		
4. 施工工序:		
5. 适用规范名称及颁布时间:		
6. 原材料技术指标		
水泥	集料	水
7. 各工序施工质量控制		
工序	施工机械或仪器	质量控制要点或控制指标
8. 水泥稳定碎石基层实测项目及要求		

项次	项目	规定值或允许偏差	检查方法与频度

3.通过引入典型案例,引导学生树立正确的世界观、人生观、价值观以及职业操守,培养学生遵守规范,树立质量第一、安全第一的工作态度;通过完成工作任务单,培养学生依据规范分析和解决实际问题的职业能力。

相关知识

一、无机结合料稳定类基层(底基层)的一般规定

(1)无机结合料稳定类基层(底基层)应选在气温较高季节组织施工。施工期的日最低气温应在5℃以上,并应在第一次重冰冻(-3～-5℃)到来之前的15~30d完成。

(2)水泥稳定类、石灰稳定类、二灰稳定类混合料的7d无侧限抗压强度应符合《公路路面基层施工技术细则》(JTG/T F20—2015)的具体规定。

(3)水泥稳定类、石灰稳定类、二灰稳定类混合料施工时,应在处于或略大于最佳含水率时进行碾压,直至达到规定的压实度。

(4)无机结合料稳定类基层(底基层)碾压时,应遵循以下规定:

①无机结合料稳定类基层(底基层)碾压应采用12t以上的压路机。

②采用12~15t三轮压路机碾压时,每层的压实厚度不得超过15cm;采用18~20t三轮压路机和振动压路机碾压时,每层的压实厚度不得超过20cm。

③稳定中粒土、粗粒土,采用能量大的振动压路机时,以及稳定细粒土,采用振动羊足碾与三轮压路机配合碾压时,每层的压实厚度可根据试验适当增加。

④压实厚度超过上述规定时,应分层铺筑,每层的最小压实厚度为10cm,下层宜稍厚。

二、无机结合料稳定类基层(底基层)原材料的选择

路面基层施工前,必须建立健全工地试验制度,工地试验室应能进行基层原材料的各项试验,还应具备进行压实度、平整度、弯沉等现场检测的能力。试验、检验应做到原始记录齐全,数据真实可靠。施工前应对组成无机结合料稳定类基层(底基层)的所有原材料进行质量检验,通过试验选择符合要求的原材料,然后进行配合比设计,混合料的强度和稳定性均符合要求后,才能用于铺筑基层(底基层)。

1.水泥

各项技术指标满足要求的普通硅酸盐水泥、矿渣硅酸盐水泥或火山灰质硅酸盐水泥等均可使用,但应选用初凝时间3h以上和终凝时间大于6h且小于10h的水泥。不得使用快凝水泥、早强水泥以及受潮变质水泥,宜采用强度等级为32.5级或42.5级的水泥。

2.石灰

石灰应满足Ⅲ级以上的生石灰或消石灰的技术要求,其技术指标应符合《公路路面基层施工技术细则》(JTG/T F20—2015)的规定。高速公路、一级公路所用石灰应不低于Ⅱ级技术要求,二级公路所用石灰应不低于Ⅲ级技术要求,二级以下公路所用石灰宜不低于Ⅲ级技术要求。高速公路、一级公路的基层宜采用磨细消石灰。实际使用时,应尽量缩短石灰的存放时间,如需存放较长时间时,应覆盖封存,妥善保管。

二级以下公路使用等外石灰时,应进行试验,有效氧化钙含量应在20%以上,且混合料的强度应符合规范要求。

3. 粉煤灰

粉煤灰主要成分是 SiO_2、Al_2O_3、Fe_2O_3,其技术指标应满足表10-3的规定。

粉煤灰的技术要求　　　　　　　　　　表10-3

指　标	技术要求	指　标	技术要求
SiO_2、Al_2O_3、Fe_2O_3 的总含量(%)	>70	0.3mm筛孔通过率(%)	≥90
烧失量(%)	≤20	0.075mm筛孔通过率(%)	≥70
比表面积(cm^2/g)	>2500	湿粉煤灰含水率(%)	≤35

粉煤灰比表积越大,对水分敏感性也越大,压实也越不容易。因此,制作石灰粉煤灰土混合料时,宜选用粗颗粒的粉煤灰,以便于碾压稳定;作为水泥外加剂时,宜选用细颗粒的粉煤灰。

根据工程实践经验,当粉煤灰中 SiO_2 的含量超过25%时,成型的二灰稳定类基层(底基层)会产生一定的膨胀,致使结构层发生破坏,施工中应当注意。

干粉煤灰堆放时应加水,以防止粉尘飞扬造成污染。湿粉煤灰的含水率不宜超过35%。使用时,应将凝固的粉煤灰打碎或过筛,同时清除有害杂质。

4. 水

凡是饮用水均可作为无机结合料稳定类基层(底基层)拌和与养护用水。

5. 集料

(1)粗集料

用作被稳定的粗集料宜采用各种硬质岩石或砾石加工而成的碎石,也可直接采用天然砾石,其技术指标应满足表10-4的规定。

粗集料的技术要求　　　　　　　　　　表10-4

指　标	层　位	高速公路和一级公路				二级及二级以下公路	
		极重、特重交通		重、中、轻交通			
		Ⅰ类	Ⅱ类	Ⅰ类	Ⅱ类	Ⅰ类	Ⅱ类
压碎值(%)	基层	≤22	≤22	≤26	≤26	≤35	≤50
	底基层	≤30	≤26	≤30	≤26	≤40	≤35
针片状颗粒含量(%)	基层	≤18	≤18	≤22	≤18	—	≤20
	底基层	—	≤20	—	≤20	—	≤20
0.075mm以下粉尘含量(%)	基层	≤1.2	≤1.2	≤2	≤2	—	—
	底基层	—	—	—	—	—	—
软石含量(%)	基层	≤3	≤3	≤5	≤5	—	—
	底基层	—	—	—	—	—	—

粗集料的规格应满足《公路路面基层施工技术细则》(JTG/T F20—2015)的规定。高速公路、一级公路,在极重、特重交通荷载等级下,基层的4.75mm以上的粗集料应采用单一粒径的规

格料。

(2)细集料

细集料应洁净、干燥、无风化、无杂质,并有适当级配。高速公路、一级公路所用细集料的技术指标应满足表10-5的规定。细集料的规格应满足《公路路面基层施工技术细则》(JTG/T F20—2015)的规定。

细集料的技术要求 表10-5

指　　标	水泥稳定①	石 灰 稳 定	石灰粉煤灰综合稳定	水泥粉煤灰综合稳定
颗粒分析	满足级配要求			
塑性指数②	≤17	适宜范围15~20	适宜范围12~20	—
有机质含量(%)	<2	≤10	≤10	<2
硫酸盐含量(%)	≤0.25	≤0.8	—	≤0.25

注:①水泥稳定包含水泥石灰综合稳定。
　　②应测定0.075mm以下材料的塑性指数。

6.土

(1)水泥稳定类

水泥稳定类基层(底基层)中土的技术指标应满足表10-6的规定。

水泥稳定类基层(底基层)中土的技术要求 表10-6

指　　标	高速公路、一级公路		二级及二级以下公路	
	基层	底基层	基层	底基层
最大粒径(mm)	≤31.5	≤37.5	≤37.5	≤53
液限(%)	<28	≤40	—	≤40
塑性指数	<9	≤17	—	≤17
均匀系数	—	>5	>10	>5
有机质含量(%)	≤2			
硫酸盐含量(%)	≤0.25			

(2)石灰稳定类

塑性指数为15~20的黏质土以及含有一定数量的黏质土的中粒土和粗粒土均适用于石灰稳定。石灰稳定类基层(底基层)中土的技术指标应满足表10-7的规定。用石灰稳定无塑性指数的级配砂砾、级配碎石和未筛分碎石时,应添加15%的黏质土。

石灰稳定类基层(底基层)中土的技术要求 表10-7

项目	高速公路、一级公路 底基层	二级及二级以下公路	
		基层	底基层
最大粒径(mm)	≤37.5	≤37.5	≤53
塑性指数	15~20		
有机质含量(%)	≤10		
硫酸盐含量(%)	≤0.8		

(3)二灰稳定类

二灰稳定细粒土时,宜采用塑性指数12~20的黏质土(亚黏土),土的最大粒径不应大于15mm。二灰稳定中粒土和粗粒土时不宜含有塑性指数的土。二灰稳定类基层(底基层)中土的技术指标应满足表10-8的规定。

二灰稳定类基层(底基层)中土的技术要求　　　表10-8

指标	高速公路、一级公路		二级及二级以下公路	
	基层	底基层	基层	底基层
最大粒径(mm)	≤31.5	≤37.5	≤37.5	≤53
塑性指数	<9	≤17	—	≤17

三、无机结合料稳定类基层(底基层)施工准备

1. 无机结合料稳定类基层(底基层)施工方法

无机结合料稳定类基层(底基层)的施工方法有路拌法和厂拌法,施工时应根据公路等级、施工要求合理布设施工场地,选择适宜的拌和、摊铺、碾压工艺,具体参照表10-9。

无机结合料稳定类基层(底基层)施工工艺选择　　　表10-9

材料类型	公路等级	结构层位	拌和工艺		摊铺工艺	
			推荐	可选择	推荐	可选择
无机结合料稳定粗、中粒土	二级及二级以上	基层	集中厂拌	—	摊铺机摊铺	—
无机结合料稳定细粒土		底基层	集中厂拌	—	摊铺机摊铺	推土机摊铺平地机整平
水泥稳定材料	二级以下	基层和底基层	集中厂拌	—	摊铺机摊铺	—
其他各种无机结合料稳定材料		基层和底基层	集中厂拌	人工路拌	摊铺机摊铺	推土机摊铺平地机整平

2. 铺筑基层试验段

在基层(底基层)正式开工之前,均应铺筑试验段,长度宜为200~300m。通过试验段确定施工参数,将试验段确定的施工参数作为施工过程中质量控制的标准。

试验段须确定的施工参数主要有:

(1)拌和设备各档材料的进料比例、速度及精度。

(2)结合料的进料比例和精度。

(3)含水率的控制精度。

(4)材料的松铺系数。

(5)确定标准施工方法。主要包括:①集料数量的控制;②集料摊铺方法和适用机具;③合适的拌和机械、拌和方法、拌和深度和拌和遍数;④集料含水率的增加和控制方法;⑤整平和整形的合适机具和方法;⑥压实机械的选择和组合,压实的顺序、速度和遍数;⑦拌和、运输、摊铺和碾压机械的协调与配合;⑧密实度的检查方法。

(6)确定每一作业段的合适长度。

(7)确定一次铺筑的合适厚度。

四、水泥稳定类基层(底基层)施工

各等级公路基层和底基层采用水泥稳定类时,规范推荐采用厂拌法施工;二级以下公路基层和底基层采用水泥稳定细粒土时,可以采用路拌法施工。

(一)水泥稳定类基层(底基层)厂拌法施工

水泥稳定类基层(底基层)厂拌法施工流程如图10-1所示。

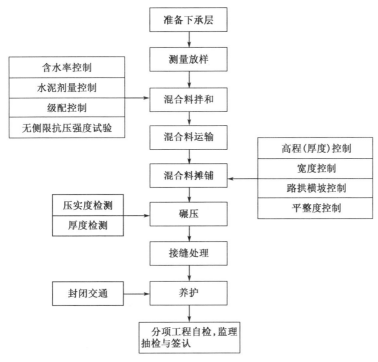

图10-1 水泥稳定类基层(底基层)厂拌法的施工流程图

1.准备下承层

下承层表面应平整、坚实,平整度、路拱、压实度等应符合规范规定,如图10-2所示。

(1)对于土基,应选用12~15t三轮压路机或等效的碾压机械进行3~4遍碾压检验。碾压过程中,若发现土过干、表面松散,应适当洒水润湿;若土过湿,发生"弹簧"现象,应挖开晾晒、换土、掺入生石灰或粒料进行处理。

(2)对于柔性底基层或老路,应进行弯沉测定以及坡度和路拱的检验。对下承层上的低洼和坑洞,应仔细填补及压实;强度达不到规范要求的,应采取措施增加底基层的密实度;对坑槽和搓板等现象应进行处理,以满足设计要求。

(3)按《公路路面基层施工技术细则》(JTG/T F20—2015)规定,逐个断面检查下承层高程。

a) 验收下承层　　　　　　　　b) 准备好的下承层

图 10-2　下承层准备

2. 施工放样

若采用摊铺机摊铺,必须设置基准线,如图 10-3 所示。设置基准线的目的是为摊铺机摊铺建立一个高程、纵横坡、摊铺厚度、摊铺宽度、摊铺中线、弯道及平整度等基本几何位置的基准参照系。具体要求如下:

(1) 在摊铺宽度外侧不小于 1m 处将基准线桩牢固打入下承层 150~250mm,间距为 5~10m。基准线桩用直径 12mm 的光圆钢筋加工而成。

(2) 将基准线桩上的夹线臂调整到使用高度,挂基准线(一般采用直径 3~5mm 的钢绞线),用紧线器张拉至张力 1kN 以上,基准线的垂度以不大于 1.0mm 为准。基准线张紧后,再扣进夹线臂夹口(夹口到桩的水平距离宜为 300mm)。每段基准线长度不得大于 450m,基准线接头不得大于 10mm,每 100m 基准线不得多于两个接头。

(3) 基准线宜在摊铺前一天完成设置,设置好后应进行校核复测。基准线设置好后,禁止扰动。摊铺时,严禁碰撞和振动基准线。一旦碰撞基准线导致其变位,应立即重新测量设定。

a) 基准线桩　　　　　　　　b) 基准线

图 10-3　设置基准线

3. 混合料拌和

(1) 拌和设备。既可采用固定式稳定土拌和机,也可采用强制式水泥混凝土拌和机,稳定土拌和站如图 10-4 所示。拌和机与摊铺机的生产能力应互相匹配。对于高速公路和一级公路,为了保持摊铺机连续摊铺,拌和机的产量宜大于 500t/h,并宜采用两台拌和机。在正式拌制混合料之前,必须先调试所用的设备,使混合料的颗粒组成和含水率都能达到规定的要求。原集料的颗粒组成发生变化时,应重新调试设备。

(2)拌和要求。拌和过程中配料应准确,严格控制集料的级配、水泥剂量和含水率,并防止集料发生串仓,拌和应均匀。水泥稳定材料集中厂拌法施工时,工地实际采用的水泥剂量宜比室内试验确定的剂量增加 0.5%,含水率可增加 0.5%~1.5%。拌和出来的混合料的含水率宜略大于最佳值,使得混合料运到现场摊铺后的含水率不小于最佳值。高速公路、一级公路应从拌和厂取料,每隔 2h 测定一次含水率,每隔 4h 测定一次水泥剂量,并做好记录。

(3)拌和时间。高速公路基层的混合料拌和时,宜采用两次拌和的生产工艺或间歇式拌和,拌和时间应不少于 15s。拌和过程中,实时监测各个料仓的生产计量,对高速公路、一级公路,应每 10min 打印一次各档料仓的使用量,以判断生产是否正常。

4.混合料运输

(1)宜采用大吨位的自卸汽车运输混合料,自卸汽车的数量应根据运距、摊铺能力等因素综合确定,如图 10-5 所示。

图 10-4 稳定土拌和站　　　　图 10-5 混合料运输

(2)将拌好的混合料直接从拌和机卸入自卸汽车,尽快运输到铺筑现场。车上的混合料应用篷布覆盖严实,以减少水分损失。出厂时应填写发料单,内容包括车号、出料时间、吨位以及水泥品种等,到达施工现场后,收料员应对混合料进行核对查收。对于高速公路、一级公路,水泥稳定材料从装车到运输至现场,时间宜不超过 1h,超过 2h 应作为废料处置。

5.混合料摊铺

(1)摊铺机械准备。对于高速公路和一级公路,必须采用沥青混凝土摊铺机或专用摊铺机进行摊铺作业;对于其他公路,有条件时尽量采用摊铺机作业,至少采用平地机进行摊铺作业。为避免纵向接缝,应优先考虑全断面一次摊铺成型,若一台摊铺机的摊铺宽度不足,可采用两台摊铺机且前后相隔 5~10m,两工作段中间重叠 30~40cm,同步向前摊铺。摊铺机梯队作业如图 10-6 所示。

(2)下承层准备。下承层施工质量检测合格后,方可开始摊铺。下承层是稳定细粒材料

图 10-6 摊铺机梯队作业

时,宜先将下承层顶面拉毛或采用凸块式压路机碾压,再摊铺;下承层是稳定中、粗粒材料时,应先将下承层清理干净,并洒铺水泥净浆,再摊铺。

(3)摊铺高程控制。将摊铺机按松铺系数调整到位,安装好传感器,将感应头搭在基准线上,在前一台摊铺机的一侧使用基准线控制高程,并用摊铺机横坡仪控制横坡;在后一台摊铺机靠边的一侧使用基准线控制高程,另一侧传感器以已摊铺面为基准面,并对其进行感应,如图 10-7、图 10-8 所示。高速公路、一级公路摊铺过程中,宜设纵向模板。

图 10-7 基准线控制

图 10-8 小滑靴控制

(4)使用摊铺机铺筑水泥稳定材料时,必须严格遵守操作技术规程,才能达到较好的平整度。为得到一个平整的基层顶面,可以采取下列措施:

①保持整平板前的混合料的高度不变。

②保持螺旋分料器处混合料的高度在分料器的 2/3 高度处,如图 10-9 所示。

③减少停机和开动的次数,避免运料车碰撞摊铺机。

④一次铺筑厚度不得超过 20cm;分层摊铺时,上层厚度取 10cm。

⑤做好横向接缝,用 3m 直尺进行检验。

⑥检验控高钢丝和调整传感器。

⑦使摊铺机保持在良好的工作状态。

(5)摊铺机后面应设专人消除粗细集料离析现象,铲除局部粗集料"窝",并用新拌混合料填补。摊铺过程中应随时检查摊铺厚度。

6. 碾压

水泥稳定类混合料的压实效果与延迟时间

图 10-9 混合料高度

密切相关,应尽量缩短延迟时间。碾压宜在水泥初凝前且应在试验确定的延迟时间内完成,并达到要求的密实度,同时没有明显的轮迹。厂拌法施工时,混合料开始加水拌和到碾压结束的延迟时间不应超过2h。水泥稳定类施工时,当混合料处于或略大于最佳含水率状态下,应立即开始碾压,如图10-10所示。气候炎热干燥时,碾压时含水率可比最佳含水率增加0.5%~1.5%。

a)　　　　　　　　　　　　　　　b)

图10-10　碾压

(1)碾压设备。施工时,应配备足够的碾压设备。双向四车道高速公路或一级公路,应配备不少于4台重型压路机;双向六车道的半幅摊铺时,应配备不少于5台重型压路机。

(2)碾压程序。水泥稳定类碾压通常分为初压、复压和终压三个阶段。采用钢轮压路机初压时,宜采用双钢轮压路机稳压2~3遍;再用35t的重型振动压路机、18~21t三轮压路机或25t以上的轮胎压路机进行复压,继续碾压密实;最后采用双钢轮压路机终压,消除轮迹。采用胶轮压路机初压时,应采用25t以上的轮胎压路机稳压1~2遍;再用重型振动压路机复压,碾压密实;最后采用双钢轮压路机终压,消除轮迹。碾压成型后的表面应平整、无轮迹。

(3)碾压要求。碾压时应遵循先轻后重、先慢后快、由边向中、由内向外的顺序进行碾压,轮迹重叠宽度为后轮宽度的1/2。碾压不得少于6遍,边部及路肩应多碾压2~3遍。压路机的碾压速度头两遍宜采用1.5~1.7km/h,之后可采用2.0~2.5km/h。碾压过程中,水泥稳定土的表面应始终保持湿润。

(4)注意事项。碾压过程中,如果发生"弹簧"、松散起皮等现象,应及时翻开换料或加水泥重新拌和,碾压至符合规定的干密度为止。压路机不得在已完成的或正在碾压的路段上掉头或紧急制动,以避免破坏基层表面。碾压结束之前,用平地机终平一次,使高程、路拱和超高符合设计要求。

7. 接缝和掉头处的处理

(1)横向接缝处理

每天工作结束时或摊铺时因故中断时间超过2h的,应设置横向接缝,如图10-11a)所示。具体施工方法如下:

①摊铺机驶离混合料末端,人工将末端混合料修理整齐,紧靠混合料放置两根与混合料压

实厚度相同的方木;

②方木的另一侧用砾石或碎石回填约3m长;

③将混合料碾压密实;

④在重新开始摊铺混合料之前,将砾石、碎石和方木撤除,并将下承层顶面清扫干净;

⑤摊铺机返回到已压实层的末端,重新开始摊铺混合料;

⑥如果摊铺中断2h且未按以上方法处理横向接缝,则应将横向接缝末端未经压实的混合料铲除,并将已碾压密实且高程和平整度符合要求的末端挖成与路中心线垂直的断面,然后再摊铺新的混合料。

a)横向接缝

b)纵向接缝

图 10-11 接缝处理

(2)纵向接缝处理

施工应避免纵向接缝,如果必须分两幅施工时,纵缝必须垂直相接,严禁斜接,如图10-11b)所示。具体施工方法如下:

①在前一幅摊铺时,在靠中央的一侧用方木或钢模板做支撑,方木或钢模板的高度与稳定材料层的压实厚度相同。

②养护结束后,在铺筑另一幅之前,拆除支撑的方木或钢模板。

8.养护

(1)养护时间

每一段碾压完成应进行压实度检测,压实度检测应采用整层灌砂法,灌砂深度应与现场摊铺厚度一致,如图10-12所示。检查合格后应立即开始养护,养护期不少于7d。若基层分层施工,且下层碾压完成后即铺筑上层稳定材料,养护期可以少于7d,但在铺筑上层前应始终保持下层表面湿润。

(2)养护方式

养护可采用洒水养护(图10-13)、薄膜覆盖养护、土工布覆盖养护、铺设湿砂养护、草帘覆盖养护等方式,养护结束后清除覆盖物。当沥青面层厚度大于20cm时或对于二级及二级以下公路的无机结合料稳定材料的基层,可采用洒铺乳化沥青养护。水泥稳定材料可结合工程实际情况选择适宜的养护方式。

图 10-12　灌砂法检测

图 10-13　洒水养护

（3）交通管制

水泥稳定类基层（底基层）在养护期间，除洒水车外，应封闭交通。如果无法封闭交通，应限制重型车辆通行，其他车辆的通行车速不得超过 30km/h。

（二）水泥稳定类基层（底基层）路拌法施工

水泥稳定类基层（底基层）采用路拌法施工时，必须严密组织，采用流水作业法施工，每一流水作业段长度以 200m 为宜。水泥稳定类基层（底基层）路拌法施工流程如图 10-14 所示。

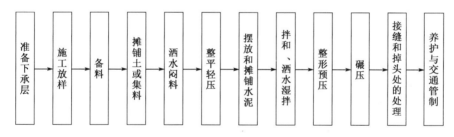

图 10-14　水泥稳定类基层（底基层）路拌法施工流程图

1. 准备下承层

与厂拌法施工要求相同。

2. 施工放样

在下承层上恢复中线，测量断面高程，直线段每 15～20m 时设一桩，平曲线段每 10～15m 时设一桩，并在两侧路面边缘外 0.3～0.5m 处设置指示桩，在指示桩上标出基层（底基层）边缘设计高程及松铺厚度位置。

3. 备料

（1）采土。

①利用老路面或土基的上部材料时，应先清除表面的石块等杂物，用平地机或推土机将上部翻松到预定的深度，土块的粉碎程度应符合要求。为便于粉碎，可在翻松前 8～24h 内喷洒适量的水，预湿土壤。

②利用料场的土时，先将表层覆盖土、草皮、植被、树根等杂物用推土机清除干净，按预设

的深度自上而下采集土料,有明显分层变化时,应及时采集样品做各项试验。

③土中的超尺寸颗粒应予以筛除。

(2)计算每车料的堆放间距。根据各路段水泥稳定类材料层的宽度、厚度及预定的干密度,计算各路段需要的干燥材料数量;根据料场土的含水率和运料车辆的吨位,计算每车料的堆放距离。

(3)洒水。堆料前先在预定堆料的下承层上洒水,使其表面湿润。

(4)运土。装车时应控制每车料的数量基本相等,由远到近按计算的数量和间距进行卸料。卸料时应严格掌握,避免有的路段料过多或有的路段料不够。运土时间只能比摊铺提前1~2d。

4. 摊铺土或集料

(1)通过试验路段确定松铺系数。松铺系数是指材料的松铺厚度与达到规定压实度的压实厚度的比值,即材料达到规定压实度的干密度与松铺材料干密度的比值。土或集料的松铺厚度 = 压实厚度 × 松铺系数。人工摊铺时,水泥稳定砂砾的松铺系数为1.30~1.35,水泥土的松铺系数为1.53~1.58。

(2)摊铺土应在摊铺水泥的前一天进行。按日进度控制摊铺长度,满足次日完成掺加水泥、拌和、碾压成型即可。

(3)摊铺土要均匀,表面力求平整,并设规定的路拱。摊铺过程中,应将超尺寸颗粒及其他杂物清除。摊铺完成后,应检验松铺土层厚度是否符合要求。

5. 洒水闷料

(1)洒水。如果已整平的土含水率过小,应在土层表面洒水闷料,洒水要均匀。中粒土、粗粒土预湿后的含水率以比最佳含水率低2%~3%为宜;对含砂较多的土,预湿后的含水率可比最佳含水率大1%~2%。

(2)闷料。细粒土应经一夜闷料。中粒土和粗粒土,根据细粒土含量的多少,可缩短闷料时间。

6. 整平轻压

整形成符合要求的路拱和坡度后,应选用6~8t的两轮压路机碾压1~2遍,使其表面平整,具有一定的密实度。

7. 摆放和摊铺水泥

(1)计算水泥摆放间距。根据水泥稳定土层的厚度、预定的干密度、水泥剂量及施工作业面,计算每袋水泥的摊铺面积和摆放间距,在现场设置标记,并画出摊铺水泥的边线,如图10-15a)所示。

(2)摆放水泥。当日要将水泥直接送到摊铺路段,在标记的地点卸料,用刮板或水泥撒布机均匀摊开,要求表面无空白和水泥集中情况,如图10-15b)所示。

8. 拌和、洒水湿拌

(1)干拌

①干拌的目的是使水泥均匀分布到土中,不要求达到完全拌和,而是预防在加水过程中

水泥成团。对于二级及二级以上公路,应采用专用稳定土拌和机进行拌和,如图10-16所示;对于三、四级公路,在没有专用拌和机械时,可采用农用旋耕机与多铧犁或平地机配合拌和。

②拌和时,设专人随时检查拌和深度,拌和深度应达到稳定层底并侵入下承层5~10mm,严禁留有素土夹层,由两侧向中心"干拌"1~2遍,每次拌和宽度应重叠10~20cm。

a)打方格

b)摆放水泥

图10-15 现场标记和摆放水泥

(2)洒水湿拌

拌和结束时,及时检测含水率,含水率宜略大于最佳含水率。如果混合料的含水率不足时,应补充洒水。

洒水后,拌和机械紧跟洒水车后面再次进行拌和,使水分在混合料中均匀分布。及时检查含水率,对于稳定粗粒土和中粒土,含水率应比最佳含水率大0.5%~0.7%;对于稳定细粒土,含水率应比最佳含水率大1%~2%。拌和后混合料应色泽一致,没有灰条、灰团和花白,以及无明显粗细集料等情况。

图10-16 拌和

9. 整形预压

(1)初平、初压。混合料拌和均匀后,应立即用平地机整平。在直线段,平地机由边向中进行刮平;在曲线段,则由内向外进行刮平。初平后,用轮胎压路机或平地机快速碾压一遍,以暴露不平整部位。

(2)找平。用齿耙将轮迹低洼处表层5cm以上耙松,再用新拌的混合料进行找平,再碾压一遍。

(3)整形。再用平地机整形一次,以达到规定的坡度和路拱,如图10-17所示。为避免出现薄层贴补,在总厚度满足要求的情况下,摊铺时"宁高勿低",整平时"宁刮勿补"。

图 10-17　整形

10. 碾压

路拌法施工时,混合料开始加水拌和到碾压结束的延迟时间一般不得超过 3~4h。碾压要求与厂拌法基本相同。

11. 接缝和掉头处的处理

(1) 同日施工的两个工作段的衔接

衔接处应搭接拌和。前一段拌和整形后留出 5~8m 不碾压,待后一段施工时,将前段留下的未碾压部分再掺加部分水泥重新拌和,并与后一段一起碾压。

(2) 工作缝和掉头处理

①在已碾压完成的水泥稳定土层末端,沿稳定土挖一条与路中心垂直并横贯铺筑层全宽的宽约 30cm 的槽,直挖到下承层顶面。紧靠稳定土的一侧放置两根与压实层厚度相同的方木。

②采用原挖出的水泥稳定土回填槽内方木的另一侧。

③第二天,邻接作业段拌和后,撤除方木,用混合料回填。靠近方木未能拌和的一小段应由人工补充拌和。

④整平时,接缝处的稳定材料应比已完成断面高出 5cm。新混合料碾压时,应将接缝修整平顺。

(3) 纵向接缝

与厂拌法施工要求基本相同,只是在拌和时,纵向接缝处应由人工进行补充拌和。

12. 养护与交通管制

与厂拌法施工要求相同。

五、石灰稳定类基层(底基层)施工

石灰稳定类基层(底基层)用于二级及二级以上公路时,应采用厂拌法施工;用于二级以下公路时,可以采用路拌法施工。

(一) 石灰稳定类基层(底基层)厂拌法施工

石灰稳定类基层(底基层)厂拌法施工工艺流程与水泥稳定类基层(底基层)厂拌法施工工艺流程基本相同。

(二) 石灰稳定类基层(底基层)路拌法施工

石灰稳定类基层(底基层)路拌法的施工流程如图 10-18 所示。

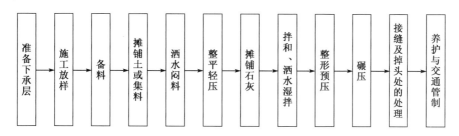

图 10-18 石灰稳定类基层(底基层)路拌法施工流程图

1. 准备下承层、施工放样

与水泥稳定类基层(底基层)路拌法施工要求相同。

2. 备料

除应符合水泥稳定类路拌法施工的备料要求以外,还应符合下列要求:

(1)石灰应选择在公路两侧宽敞、临近水源且地势较高的场地集中堆放。当堆放时间较长时,应覆盖封存。

(2)生石灰块应在使用前 7~10d 充分消解。消解后的石灰应保持一定的湿度,不得产生扬尘,但也不宜过湿成团。

(3)消石灰应过孔径 10mm 的筛,并尽快使用。

3. 摊铺土或集料

根据试验路段确定土的松铺系数,见表 10-10。其他要求与水泥稳定类路拌法相同。

人工摊铺混合料松铺系数　　　　　　表 10-10

材料名称	松铺系数	备注
石灰土	1.53~1.58	现场人工摊铺土和石灰,机械拌和,人工整平
	1.65~1.70	路外集中拌和,运到现场人工摊铺
石灰砂砾土	1.52~1.56	路外集中拌和,运到现场人工摊铺

4. 洒水闷料、整平轻压

与水泥稳定类基层(底基层)路拌法施工要求相同。

5. 摊铺石灰

根据计算的石灰堆放间距,在现场用石灰做标记,同时画出摊铺石灰的边线。用刮板均匀摊铺,并测量石灰的松铺厚度,根据石灰的含水率和松铺密度,计算出石灰的用量,如图 10-19 所示。

6. 拌和与洒水

(1)石灰稳定级配碎石或砾石时,应先将石灰和需添加的黏土拌和均匀,然后均匀地摊铺在级配碎石或砾石层上,再一起进行拌和,如图 10-20 所示。

(2)用石灰稳定塑性指数大的黏土时,应采用两次拌和。第一次加70%～100%预定剂量的石灰进行拌和,闷放1～2d后,补足剩余石灰,再进行第二次拌和。

(3)其他与水泥稳定类基层(底基层)路拌法施工要求相同。

图10-19 摊铺石灰

图10-20 拌和

7. 整形和碾压

石灰稳定土应在混合料处于最佳含水率或略小于最佳含水率1%～2%时进行碾压(防缩裂),宜在当天碾压完成,碾压施工期最长不应超过4d。其他与水泥稳定类基层(底基层)路拌法施工要求相同。

8. 接缝和掉头处的处理

与水泥稳定类基层(底基层)路拌法施工要求相同。

9. 养护与交通管制

(1)石灰稳定类基层(底基层)在养护期间应始终保持表面潮湿,养护期不宜少于7d。每次洒水后,应用两轮压路机将表层压实。

(2)石灰稳定类分层施工时,下层碾压完毕后,可以立即铺筑上一层,不需要专门的养护期。

(3)其他与水泥稳定类基层(底基层)路拌法施工要求相同。

六、二灰稳定类基层(底基层)施工

二灰稳定类基层(底基层)用于二级及二级以上公路时应采用厂拌法施工;用于二级以下的公路基层(底基层)可以采用路拌法施工。

(一)二灰稳定类基层(底基层)厂拌法施工

二灰稳定类基层(底基层)厂拌法施工流程如图10-21所示。

二灰稳定类基层(底基层)厂拌法施工除与水泥稳定类基层(底基层)厂拌法施工要求基本相同外,还应满足下列要求。

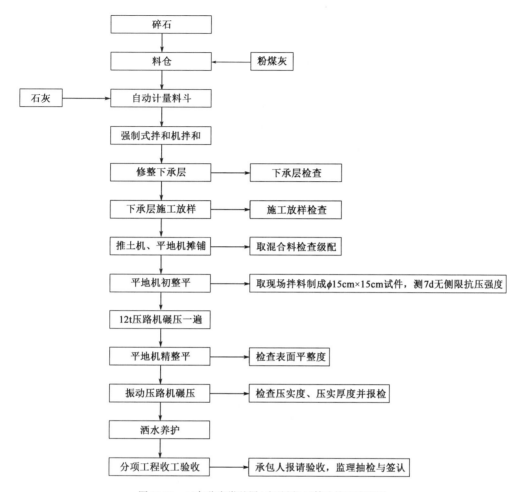

图 10-21 二灰稳定类基层(底基层)厂拌法施工流程图

(1)土块最大尺寸不应大于15mm;粉煤灰块尺寸不应大于12mm,且9.5mm和2.36mm筛孔的通过率应分别大于95%和75%;石灰、粉煤灰和细集料都应覆盖处理,防止雨淋而导致过分潮湿。

(2)拌好的混合料堆放时间不宜超过24h,要求当天将拌好的混合料运送到铺筑现场进行摊铺,以免混合料的水分有较大的蒸发,使石灰碳化从而降低混合料的强度。

(二) 二灰稳定类基层(底基层)路拌法施工

二灰稳定类基层(底基层)路拌法的施工流程如图10-22所示。

1.准备下承层、施工放样

与水泥稳定类基层(底基层)路拌法施工要求相同。

2.备料

(1)运到现场的粉煤灰应含有足够的水分,防止扬尘。在干燥和多风季节时,应使料堆表面保持湿润或者做覆盖处理。场地集中堆放粉煤灰时,应做覆盖处理,避免淋雨而导致过分潮湿。石灰应选择在公路两侧宽敞、临近水源且地势较高的场地集中堆放。当堆放时间较长时，应覆盖封存。

(2)集料、石灰的备料要求与石灰稳定类基层(底基层)路拌法施工要求相同。

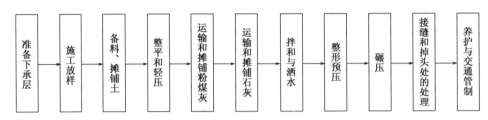

图 10-22　二灰稳定类基层(底基层)路拌法施工流程图

3. 运输和摊铺

(1)应通过试验路段确定各种材料及混合料的松铺系数。二灰土的松铺系数为 1.5 ~ 1.7，二灰稳定集料的松铺系数为 1.3 ~ 1.5；采用机械拌和和机械整形时，集料松铺系数为 1.2 ~ 1.3。

(2)进行机械路拌时，应采用层铺法，即摊铺土或集料→摊铺粉煤灰→摊铺石灰。每种材料摊铺均匀后，宜先用两轮压路机碾压 1 ~ 2 遍，然后再运送并摊铺下一种材料。摊铺每层材料时应力求平整，并设有规定的路拱。

4. 拌和与洒水

(1)拌和与洒水方法及要求与石灰稳定类基层(底基层)路拌法施工要求相同。

(2)二灰稳定级配集料时，应先将石灰和粉煤灰拌和均匀，然后均匀地摊铺在集料层上，再一起进行拌和。拌和过程中，应及时检查混合料的含水率，宜大于最佳含水率 1%。

5. 整形、碾压、接缝与掉头处的处理

与石灰稳定类基层(底基层)路拌法施工相同。

6. 养护及交通管制

(1)二灰稳定类基层(底基层)碾压完成后 2 ~ 3d 开始养护，应始终保持表面潮湿，通常采用洒水养护，养护期不宜少于 7d。对于二灰稳定粗粒土、中粒土的基层，可用沥青乳液和沥青下封层进行养护，养护期一般为 7d。

(2)养护期间，除洒水车外应封闭交通。

(3)二灰稳定类底基层分层施工时，下层碾压完毕后，可以立即铺筑上一层，不需要专门的养护期，或养护 7d 后再铺筑另一层。

七、无机结合料稳定类基层(底基层)质量控制和检查验收

无机结合料稳定类基层(底基层)的施工质量管理包括所用材料的标准试验、铺筑试验段、施工过程中的质量管理和检查验收(工序间)。施工时必须建立、健全工地试验以及质量检查及工序间的交接验收等制度。试验、检验应做到原始记录齐全，数据真实可靠。

1. 施工准备阶段的质量管理与控制

施工准备阶段无机结合料稳定类基层(底基层)原材料的质量管理与控制详见表10-11,半刚性基层(底基层)混合料的质量管理与控制详见表10-12。

施工准备阶段无机结合料稳定类基层(底基层)原材料的质量管理与控制 表10-11

材料	项次	试验项目	目的	仪器和试验方法	检验频度
粗集料	1	含水率	确定原始含水率	烘干法、酒精燃烧法	每天使用前测2个样品
	2	级配	确定级配是否符合要求,确定材料配合比	筛分法	每种碎石使用前测2个样品,使用过程中每2000m³测2个样品
	3	液限、塑限	确定塑性指数,审定是否符合规定	液塑限联合测定法、滚搓法	每种材料使用前测2个样品,使用过程中每2000m³测2个样品
	4	毛体积相对密度、吸水率	评定粒料质量,计算固体体积率	网篮法、容量瓶法、坍落筒法	使用前测2个样品,砂砾使用过程中每2000m³测2个样品,碎石种类变化重做2个样品
	5	压碎值	评定抗压碎能力是否符合要求	集料压碎值试验	
	6	粉尘含量	评定石料质量	集料含泥量试验	
	7	针片状颗粒含量	评定石料质量	规准仪	
	8	软石含量	评定石料质量	软石含量试验	
细集料	1	含水率	确定原始含水率	烘干法、酒精燃烧法	每天使用前测2个样品
	2	级配	确定级配是否符合要求,确定材料配合比	筛分法	每种材料使用前测2个样品,使用过程中每2000m³测2个样品
	3	液限、塑限	确定塑性指数,审定是否符合规定	液塑限联合测定法、滚搓法	每种细集料使用前测2个样品,使用过程中每2000m³测2个样品
	4	毛体积相对密度、吸水率	评定粒料质量,计算固体体积率	网篮法、容量瓶法、坍落筒法	使用前测2样品,使用过程中每2000m³测2个样品
	5	有机质和硫酸盐含量	确定是否适宜用石灰或水泥稳定	有机质含量试验、易溶盐试验	有怀疑时做此试验
土	1	含水率	确定原始含水率	烘干法、酒精燃烧法	每天使用前测2个样品
	2	液限、塑限	确定塑性指数,审定是否符合规定	液塑限联合测定法、滚搓法	每种土使用前测2个样品,使用过程中每2000m³测2个样品
	3	颗粒分析	确定级配是否符合要求,确定材料配合比	颗粒分析试验	
	4	有机质和硫酸盐含量	确定是否适宜用石灰或水泥稳定	有机质含量试验、易溶盐试验	有怀疑时做此试验

续上表

材料	项次	试验项目	目的	仪器和试验方法	检验频度
水泥	1	强度等级	确定水泥的质量是否符合要求	水泥胶砂强度试验	材料组成设计时测1个样品,料源或强度等级变化时重测
	2	初、终凝时间		水泥凝结时间试验	
石灰	1	含水率	确定原始含水率	烘干法、酒精燃烧法	每天使用前测2个样品
	2	有效氧化钙、氧化镁	确定石灰质量	石灰的化学分析	做材料组成设计和生产使用时分别测2个样品,以后每月测2个样品
	3	残渣含量	确定石灰质量	石灰未消化残渣含量试验	
粉煤灰	1	含水率	确定原始含水率	烘干法、酒精燃烧法	每天使用前测2个样品
	2	烧失量	确定粉煤灰是否适用	烧失量试验	做材料组成设计前测2个样品
	3	细度	确定粉煤灰质量	细度试验	做材料组成设计前测2个样品
	4	SiO_2等含量	确定粉煤灰质量	SiO_2等含量测定试验	每天使用前测2个样品

施工准备阶段无机结合料稳定类基层(底基层)混合料的质量管理与控制　　表10-12

项次	试验项目	目的	频度
1	重型击实试验	确定最佳含水率和最大干密度	材料发生变化时
2	承载比	求工地预期干密度下的承载比,确定材料是否适宜做基层或底基层	材料发生变化时
3	抗压强度	进行材料组成设计,选定最适宜于用水泥或石灰稳定的土(包括粒料);规定施工中所用的结合料剂量;为工地提供评定质量的标准	材料发生变化时
4	延迟时间	确定延迟时间对混合料密度和抗压强度的影响,并据此确定施工允许的延迟时间	水泥品种变化时
5	绘制EDTA标准曲线	对施工过程中水泥、石灰剂量进行有效控制	水泥、石灰品种变化时

2. 施工过程中的质量管理与控制

无机结合料稳定类基层(底基层)在铺筑过程中,施工单位必须随时对施工质量进行自检,工序间实行交接验收,前一工序经检验合格后,方可进行下一个工序。施工过程中的质量控制包括外形尺寸检查和内在质量控制两部分,内在质量控制包括原材料质量控制、拌和质量控制、摊铺及碾压质量控制;对于集中厂拌法,质量控制按后场与前场划分,其质量控制要求具体见表10-13~表10-16。凡经检验不合格的路段,必须进行补救,使其达到要求。

无机结合料稳定类基层(底基层)外形尺寸检验项目及质量控制 表10-13

项次	项 目		规定值或允许偏差				检查方法与频度
			基层		底基层		
			高速、一级	其他公路	高速、一级	其他公路	
1	纵断高程(mm)		+5,-10	+5,-15	+5,-15	+5,-20	水准仪:二级及二级以下公路每20m测1点;高速公路、一级公路每20m测1个断面,每个断面测3~5点
2	厚度(mm)	均值	≥-8	≥-10	≥-10	≥-12	每1500~2000m³测6点
		单个值	≥-10	≥-20	≥-25	≥-30	
3	宽度(mm)		满足设计要求		满足设计要求		尺量:每40m测1处
4	横坡度(%)		±0.3	±0.5	±0.3	±0.5	水准仪:每100m测3处
5	平整度(mm)		≤8	≤12	≤12	≤15	3m直尺:每200m测2处×10尺
			≤3.0	—	—	—	连续式平整度仪的标准差

无机结合料稳定类基层(底基层)施工过程中后场质量控制 表10-14

项次	项 目	内 容	频 度
1	原材料抽检	结合料质量	每批次
		粗、细集料品质	异常时,随时试验
		级配、规格	异常时,随时试验
2	混合料抽检	混合料级配	每2000m³测1次
		结合料剂量	每2000m³测1次
		混合料最大干密度	每个工日
		含水率	每2000m³测1次

无机结合料稳定类基层(底基层)施工过程中前场质量控制 表10-15

项次	项 目	内 容	频 度
1	摊铺目测	是否离析	随时
		粗估含水率状态	随时
2	碾压目测	压实机械是否满足要求	随时
		碾压组合、次数是否合理	随时
3	压实度检测	含水率	每一作业段检查6次以上
		压实度	每一作业段检查6次以上
4	强度检测	在前场取样成型试件	每一作业段不少于9个
5	钻芯检测	—	每一作业段不少于9个
6	弯沉检测	—	每一评定段(不超过1km),每车道40~50个测点
7	承载比	—	每2000m³测1次;异常时,随时增加试验

无机结合料稳定类基层(底基层)压实标准(%) 表10-16

结构层	公路等级		水泥稳定材料	石灰粉煤灰稳定材料	水泥粉煤灰稳定材料	石灰稳定材料
基层	高速公路、一级公路		≥98	≥98	≥98	—
	二级及二级以下公路	稳定中、粗粒材料	≥97	≥97	≥97	≥97
		稳定细粒材料	≥95	≥95	≥95	≥95
底基层	高速公路、一级公路	稳定中、粗粒材料	≥97	≥97	≥97	≥97
		稳定细粒材料	≥95	≥95	≥95	≥95
	二级及二级以下公路	稳定中、粗粒材料	≥95	≥95	≥95	≥95
		稳定细粒材料	≥93	≥93	≥93	≥93

3. 交工验收阶段的工程质量检验

无机结合料稳定类基层(底基层)工程完工后,施工单位、监理单位和建设单位应按工程项目的划分进行工程质量的监控和管理。

施工单位应在全线以1~3km作为一个评定路段,按规定频度随机选取测点,进行全线自检,并在规定时间内提交全线检测结果及施工总结报告,申请交工验收。检查内容包括工程竣工后的外形检查和质量标准,具体要体见表10-17、表10-18。检查验收的目的是判定完成的路面结构层是否满足设计文件与施工规范的要求。

稳定粒料类基层和底基层实测项目 表10-17

项次	项 目		规定值或允许偏差				检查方法与频度
			基层		底基层		
			高速公路、一级公路	其他公路	高速公路、一级公路	其他公路	
1	压实度(%)	代表值	≥98	≥97	≥96	≥95	按要求检查,每200m测2点
		极值	≥94	≥93	≥92	≥91	
2	平整度(mm)		≤8	≤12	≤12	≤15	3m直尺;每200m测2处×5尺
3	纵断高程(mm)		+5,-10	+5,-15	+5,-15	+5,-20	水准仪;每200m测2个断面
4	宽度(mm)		满足设计要求		满足设计要求		尺量:每200m测4个断面
5	厚度(mm)	代表值	-8	-10	-10	-12	每200m测2点
		合格值	-10	-20	-25	-30	
6	横坡度(%)		±0.3	±0.5	±0.3	±0.5	水准仪;每200m测2个断面
7	强度(MPa)		满足设计要求		满足设计要求		按规定进行检查

稳定土基层和底基层实测项目 表10-18

项次	项 目		规定值或允许偏差				检查方法与频度
			基层		底基层		
			高速公路、一级公路	其他公路	高速公路、一级公路	其他公路	
1	压实度(%)	代表值	—	≥95	≥95	≥93	按要求检查,每200m测2点
		极值	—	≥91	≥91	≥89	

续上表

项次	项目		规定值或允许偏差				检查方法与频度
			基层		底基层		
			高速公路、一级公路	其他公路	高速公路、一级公路	其他公路	
2	平整度(mm)		—	≤12	≤12	≤15	3m 直尺:每200m 测 2 处×5 尺
3	纵断高程(mm)		—	+5,-15	+5,-15	+5,-20	水准仪:每200m 测 2 个断面
4	宽度(mm)		满足设计要求		满足设计要求		尺量:每200m 测 4 个断面
5	厚度(mm)	代表值	—	-10	-10	-12	每200m 测 2 点
		合格值	—	-20	-25	-30	
6	横坡度(%)		—	±0.5	±0.3	±0.5	水准仪:每200m 测 2 个断面
7	强度(MPa)		满足设计要求		满足设计要求		按规定进行检查

工作任务三 粒料类基层(底基层)施工

学习目标

1. 知道粒料类基层(底基层)施工方法、施工工序及质量控制要点;
2. 能进行粒料类基层(底基层)的现场施工;
3. 具有严谨求实、遵守规范的工作态度,以及依据规范分析与解决问题的职业素养。

任务描述

1. 扫描"道路工程施工工艺虚拟仿真"中级配碎石基层、级配砂砾基层施工项目二维码,学习现场施工工艺及技术要点。

2. 某二级公路中 K5+800~K10+700 为干燥路段,路面结构自上而下分别为 22cm 厚的 C30 水泥混凝土、20cm 厚的水泥稳定碎石基层、20cm 厚的级配碎石底基层,如图 10-23 所示。

本任务要求学生能编制级配碎石基层(底基层)的施工方案,能进行级配碎石基层(底基层)施工。

相关知识

一、粒料类基层(底基层)的一般规定

(1)级配碎石施工时,根据公路等级的不同,选择合适的基层和底基层的施工工艺,见表 10-19。

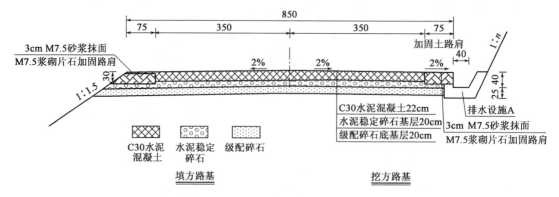

图 10-23 某二级公路路面结构图(尺寸单位:cm)

级配碎石基层(底基层)施工工艺选择　　　　　　　　　　表 10-19

材料类型	公路等级	结构层位	拌和工艺		摊铺工艺	
			推荐	可选择	推荐	可选择
级配碎石	二级及二级以上公路	基层和底基层	集中厂拌	—	摊铺机摊铺	—
	二级以下公路	基层和底基层	集中厂拌	人工路拌	摊铺机摊铺	推土机摊铺 平地机整平

(2)级配碎石用于不同公路等级、交通荷载等级和结构层位时,CBR 强度标准应满足表 10-20 的要求。

级配碎石材料的 CBR 强度标准　　　　　　　　　　　　表 10-20

结构层	公路等级	极重、特重交通	重交通	中等、轻交通
基层	高速公路、一级公路	≥200	≥180	≥160
	二级及二级以下公路	≥160	≥140	≥120
底基层	高速公路、一级公路	≥120	≥100	≥80
	二级及二级以下公路	≥100	≥80	≥60

(3)级配碎(砾)石在最佳含水率时进行碾压,基层压实度应不小于 99%,底基层压实度应不小于 97%。

(4)级配碎石、级配砾石应采用 12t 以上的三轮压路机进行碾压,每层压实厚度不应超过 15~18cm;采用重型振动压路机和轮胎压路机碾压时,每层压实厚度可达 20cm。

二、粒料类基层(底基层)原材料的选择和检查

1. 粒料类基层(底基层)原材料的选择

(1)级配碎(砾)石用于二级及二级以上公路基层(底基层)时,应采用不少于 4 种已经筛分成不同粒径的碎石及粒径在 4.75mm 以下的石屑组配而成;用于其他等级公路时,级配碎石可用未筛分碎石和石屑组配而成。

(2)石料应具有足够的强度,且不低于Ⅳ级。碎石中针片状颗粒含量不应超过 20%,软石

不超过5%,并且不能含有黏土块、植物等。级配碎(砾)石用作基层时,对于高速公路、一级公路公称最大粒径应不大于26.5mm,对于二级及二级以下公路公称最大粒径应不大于31.5mm;用作底基层时,公称最大粒径应不大于37.5mm。

(3)石屑或其他细集料可以使用碎石场的细筛余料,也可以采用天然砂砾或粗砂。天然砂砾的颗粒尺寸应合适,必要时应筛除其中的超尺寸颗粒。天然砂砾或粗砂应有较好的级配。一般情况应尽量选用粗砂或中砂。

(4)级配碎(砾)石中细集料的塑性指数应不大于12,不满足要求时,可加石灰、无塑性的砂或石屑掺配处理。

2. 原材料的检查与要求

级配碎(砾)石基层、底基层所用原材料应做的试验见表10-21。

级配碎(砾)石基层(底基层)所用原材料的试验项目　　　　表10-21

材料	检查项目	检查频度		仪器和试验方法	平行试验次数或试样数
		高速公路、一级公路	其他等级公路		
碎石、砾石	含水率	必要时	必要时	烘干法、酒精燃烧法	每天使用前测2个样品
	级配	随时	随时	筛分法	每种材料使用前测2个样品,使用过程中每2000m³测2个样品
	压碎值	必要时	必要时	集料压碎值试验	使用前测2个样品,砂砾使用过程中每2000m³测2个样品,碎石种类变化重做2个样品
	针片状颗粒含量	随时	随时	规准仪法	2~3个样品

三、级配碎(砾)石基层(底基层)施工

级配碎石基层(底基层)施工方法分为厂拌法和路拌法两种。用作二级及二级以上公路的基层和底基层时,宜采用厂拌法施工;用作二级以下公路的基层和底基层时,可采用路拌法施工。

(一)级配碎石基层(底基层)厂拌法施工

级配碎石基层(底基层)厂拌法施工流程如图10-24所示。

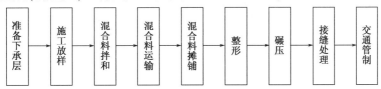

图10-24　级配碎石基层(底基层)厂拌法施工流程图

1. 准备下承层

(1)下承层断面应做成全铺式,不宜做成槽式。

(2)其他要求与水泥稳定类基层(底基层)厂拌法相同。

2. 施工放样

与水泥稳定类基层(底基层)厂拌法相同。

3. 混合料拌和

(1)级配碎石混合料可以在中心站采用多种机械进行集中拌和,如强制式拌和机、卧式双转轴桨叶式拌和机、普通水泥混凝土拌和机等。在正式拌制级配碎石混合料之前,必须先调试好所用的厂拌设备。

(2)不同粒级的碎石和石屑等集料应隔离,分别堆放。细集料应做覆盖处理,防止淋雨。

4. 混合料运输

与水泥稳定类基层(底基层)厂拌法相同。

5. 混合料摊铺

(1)对于高速公路和一级公路,必须采用沥青混凝土摊铺机或其他碎石摊铺机摊铺。摊铺方法与水泥稳定类基层(底基层)厂拌法相同。

(2)对于二级及二级以下公路,如果没有摊铺机,也可以采用自动平地机摊铺碎石混合料。摊铺时具体要求如下:

①根据摊铺层的厚度和要求达到的压实干密度,计算每车混合料的摊铺面积;

②将混合料均匀地卸在下承层上;

③用平地机将混合料按松铺厚度摊铺均匀;

④设专人紧跟在平地机后面,及时消除粗、细集料离析现象。

6. 整形

用平地机进行摊铺时,需进行整平和整形,具体要求如下:

(1)初平、初压。用平地机将拌和均匀的混合料按规定的路拱进行整平和整形,在整形过程中,应注意消除粗、细集料离析现象。用轮胎压路机或平地机快速碾压一遍,以暴露不平整部位。

(2)整形。再用平地机整形一次,以达到规定的坡度和路拱。

7. 碾压

当混合料的含水率等于或略大于最佳含水率时,立即开始碾压。

(1)碾压时应遵循先轻后重、先慢后快、由边向中、由内向外的顺序,轮迹重叠宽度为后轮宽度的1/2。碾压6~8遍,边部及路肩应多压2~3遍。压路机的碾压速度头两遍宜采用1.5~1.7km/h,之后采用2.0~2.5km/h。

(2)凡含土的级配碎石应采用滚浆碾压,一直碾压至碎石层中无多余细土泛到表面为止。滚到表面的浆应清除干净。

8. 接缝处理

(1)横向接缝处理

①用摊铺机摊铺混合料时。靠近摊铺机当天未压实的混合料,可与第二天摊铺的混合料一起碾压,但应注意控制此部分混合料的含水率,必要时,应人工补充洒水,使其含水率达到规定要求。

②用平地机摊铺混合料时。两作业段的衔接处应搭接拌和。第一段拌和后,留出 5~8m 不碾压,在第二段施工时,前段留下的未碾压部分与第二段一起拌和整平后再进行碾压。

(2)纵向接缝处理

施工应避免出现纵向接缝,如果摊铺机的摊铺宽度不够,必须分两幅摊铺时,宜采用两台摊铺机一前一后,相隔 5~8m 同步向前摊铺混合料。如果仅有一台摊铺机时,可先在第一幅上摊铺一定长度后,再开到另一幅上摊铺,然后两幅一起进行碾压。

当采用平地机分两幅铺筑时,应搭接拌和。前半幅全宽碾压密实,后半幅拌和时,将前半幅边部 0.3m 左右搭接拌和,整平后一起碾压;或前半幅的边部用高度与结构层厚度相同的方木或钢模板作支撑,进行碾压。后半幅施工时,再拆除方木或钢模板,进行碾压。

9. 交通管制

级配碎石基层未洒透层沥青或未铺封层时,禁止通行,以保护表层不受破坏。

(二)级配碎石基层(底基层)路拌法施工

级配碎石基层(底基层)路拌法的施工工艺如图 10-25 所示。

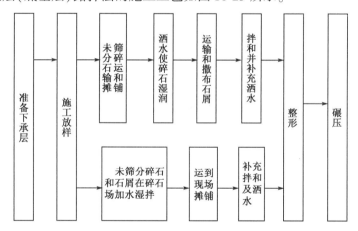

图 10-25 级配碎石基层(底基层)路拌法施工工艺流程图

1. 准备下承层、施工放样、备料

与水泥稳定类基层(底基层)路拌法相同。

2. 运输和摊铺集料

(1)集料装车时,应控制每车料的数量基本相等。

(2)同一料场供料的路段内,宜由远及近卸置集料。卸料距离应严格控制,避免料不够或料过多。未筛分的碎石和石屑分别运送时,应先运碎石。

(3) 通过试验路段确定集料的松铺系数，人工摊铺时的松铺系数为 1.40～1.50，平地机摊铺时的松铺系数为 1.25～1.35。

(4) 用平地机或其他合适机具将集料均匀地摊铺在预定的宽度上，表面要力求平整，并具有规定的路拱。

(5) 采用不同粒级的碎石和石屑时，应将大碎石铺于下层，中碎石铺于中层，小碎石铺于上层。洒水使碎石湿润后，再摊铺石屑。

(6) 检查碎石松铺厚度，必要时进行减料或补料。

(7) 采用未筛分碎石时，摊铺平整后，在其较潮湿的情况下，将石屑按计算堆放的距离运输并卸置，用平地机并辅以人工将石屑均匀摊铺在碎石层上。

3. 拌和

(1) 二级及二级以上公路，宜采用专用稳定土拌和机拌和 2 遍以上，拌和深度应至级配碎石层底。二级以下公路，无稳定土拌和机时，可采用平地机拌和 5～6 遍，使石屑均匀分布于碎石料中，每段作业长度为 300～500m；也可以采用多铧犁与缺口圆盘耙配合拌和，拌和 4～6 遍，随时检查调整翻耙深度。

(2) 拌和过程中，用洒水车洒足所需的水分，使集料不会出现粗、细颗粒离析现象。

4. 整形、碾压

整形、碾压与级配碎石基层(底基层)厂拌法要求相同。

5. 接缝处理

与级配碎石基层(底基层)厂拌法中平地机铺筑的接缝处理方法相同。

(三) 级配砾石基层(底基层)施工

级配砾石基层(底基层)一般采用路拌法施工，与级配碎石基层(底基层)路拌法施工基本相同。

四、级配碎(砾)石基层(底基层)质量控制和检查验收

1. 施工准备阶段的质量管理与控制

施工准备阶段的质量管理与控制详见原材料要求与检查。

2. 施工过程中的质量管理与控制

在铺筑过程中，必须随时对级配碎(砾)石基层(底基层)铺筑质量进行检查，检查具体要求见表 10-22。

级配碎(砾)石基层(底基层)施工过程中质量控制要求　　　表 10-22

项　　目	检查频度	质量要求或允许偏差		试 验 方 法
		高速公路、一级公路	其他等级公路	
级配	每 2000m² 1 次	在规定范围内	在规定范围内	筛分法
含水率	随时	在规定范围内	在规定范围内	烘干法、酒精燃烧法

续上表

项　目	检查频度	质量要求或允许偏差		试验方法
		高速公路、一级公路	其他等级公路	
压实度	每一作业段或不大于2000m² 检查6次以上	底基层≥96%,基层≥98%,中间层≥100%		网篮法或容量瓶法
拌和均匀性	随时观察	无粗细集料离析现象		表层观察、挖坑观察
承载比	每3000m² 1次	不小于规定要求		室内承载比试验
弯沉值	每一评定段(不超过1km)每车道40~50个测点	不大于容许弯沉值		贝克曼梁弯沉仪法

3. 交工验收阶段的工程质量检验

级配碎(砾)石基层(底基层)工程完工后,施工单位、监理单位和建设单位应按工程项目的划分进行工程质量的监控和管理。级配碎(砾)石基层(底基层)交工验收阶段质量检验的具体要求见表10-23。

级配碎(砾)石基层和底基层实测项目　　　表10-23

项次	项　目		规定值或允许偏差				检查方法与频度
			基层		底基层		
			高速公路、一级公路	其他公路	高速公路、一级公路	其他公路	
1	压实度(%)	代表值	≥98		≥96		按要求检查,每200m测2点
		极值	≥94		≥92		
2	弯沉值(0.01mm)		满足设计要求		满足设计要求		按要求检查
3	平整度(mm)		≤8	≤12	≤12	≤15	3m 直尺:每200m 测2处×5尺
4	纵断高程(mm)		+5,-10	+5,-15	+5,-15	+5,-20	水准仪:每200m 测2个断面
5	宽度(mm)		满足设计要求		满足设计要求		尺量:每200m 测4个断面
6	厚度(mm)	代表值	-8	-10	-10	-12	每200m 测2点
		合格值	-10	-20	-25	-30	
7	横坡度(%)		±0.3	±0.5	±0.3	±0.5	水准仪:每200m 测2个断面

(1)路面基层按材料力学特性可划分为半刚性基层、柔性基层和刚性基层三种。材料按组成的不同可划分为有结合料稳定类(包括稳定集料类、稳定细粒土类)和无结合料稳定类。有结合料稳定类可分为有机结合料稳定类和无机结合料稳定类。

(2)基层施工质量的好坏直接影响路面面层质量和行车质量。因此,在路面基层施工时,应重点把好材料质量关;严格按照规范及设计要求选择材料,拌和混合料。基层的施工方法有路拌法和厂拌法(集中拌和法)两种,应根据公路等级、结构层、工程性质、地质条件、施工期限以及施工条件等因素综合考虑选择施工方法，严格按照施工工艺流程和施工规范要求施工，并确保各道工序满足验收标准要求。

一、填空题

1. 路面基层按材料力学特性可划分为_____、_____和_____三种。

2. 无机结合料稳定类基层一般包括_____、_____、_____和_____四类，通常情况下，细粒土常用_____稳定，而粗粒土常用_____稳定。

3. 粒料类基层主要包括_____和_____两类。

4. 水泥稳定粗粒土和中粒土并用作基层时，水泥剂量一般为_____，不能超过_____。

5. 无机结合料稳定类基层施工期的日最低气温应在_____以上，在有冰冻的地区，应保证_____的冻前龄期。

6. 无机结合料稳定类基层的施工方法主要有_____和_____。对于二级以下公路，可以采用_____法施工。

7. 无机结合料稳定类基层在洒水及拌和过程中应及时检查混合料的含水率，对于水泥稳定土，稳定中、粗粒土时宜较最佳含水率大_____，稳定细粒土时宜较最佳含水率大_____；对于二灰稳定类宜大于最佳含水率_____左右；而对于石灰稳定类应在混合料处于_____或略小于最佳含水率_____时进行碾压。

8. 水泥稳定类基层(底基层)碾压宜在水泥_____前，并应在试验确定的_____时间内完成，路拌法施工时不应超过_____h，厂拌法施工时不应超过_____h，并达到要求的密实度。

9. 生石灰块应在使用前_____充分消解。消石灰宜过孔径_____的筛，并尽快使用。

二、选择题

1. 适用于各级公路的底基层，适用于二级及二级以下公路基层的是(　　)。
   A. 石灰土　　　　　　　　　　B. 级配碎石
   C. 二灰稳定砂砾　　　　　　　D. 水泥稳定碎石

2. 用于高等级公路基层，尤其适用于寒冷潮湿非黏质土的是(　　)稳定粗粒土。
    A. 石灰   B. 水泥
    C. 二灰   D. 综合
3. 下列材料中属于无机结合料稳定类基层材料的是(　　)。
    A. 石灰土   B. 级配碎石
    C. 二灰稳定砂砾   D. 水泥稳定碎石

三、简答题

1. 简述无机结合料稳定类基层材料分类及其适用范围。
2. 简述无机结合料稳定类基层和粒料类基层各有何特点。
3. 基层试验段铺筑的目的主要是确定哪些施工参数?
4. 简述水泥稳定类基层厂拌法施工工序流程及施工控制要点。
5. 简述石灰土基层路拌法施工工艺流程。
6. 水泥稳定类基层施工过程中需检测哪些项目?

学习情境十一
LEARNING CONTEXT ELEVEN
沥青路面施工

工作任务一　认知沥青路面

学习目标

1. 熟悉沥青路面类型、特点以及适用范围；
2. 熟悉沥青路面功能层类型及要求；
3. 能根据公路等级、自然条件等具体情况选择沥青路面；
4. 激发学生"求真务实,勇于探索"的创新意识,同时树立绿色交通理念。

任务描述

1. 某高速公路改建工程 LM-1 合同段,设计速度采用 120km/h,全长为 21.4km,改建后全幅路基宽度为 42.0m,其中,中间带宽为 4.5m(中央分隔带 3.0m,路缘带为 2×0.75m),行车道宽度为 2×4×3.75m,硬路肩宽为 2×3.0m,土路肩宽度为 2×0.75m。路面结构层为:4cm AC-13C 细粒式沥青混凝土上面层、6cm 中粒式沥青混凝土中面层、6cm 粗粒式沥青混凝土下面层、乳化沥青贯入封层、32cm 水泥稳定碎石基层、20cm 水泥稳定碎石。根据资料和《公路沥青路面设计规范》(JTG D50—2017),完成"认识沥青路面结构"工作任务单,见表 11-1。

2. 基于沥青路面发展历程,利用网络了解滇缅公路案例,融入沥青路面新材料,激发学生"求真务实,勇于探索"的创新意识,同时树立绿色交通理念。

相关知识

一、沥青路面的基本知识

沥青路面是指铺筑一定厚度的沥青混合料面层的路面结构,也称黑色路面。沥青路面一般不宜铺筑在纵坡大于 6% 的路段上,在纵坡大于 3% 的路段采用沥青路面应考虑抗滑要求。

工作任务单 12　认识沥青路面结构　　　　　　　　　　　表 11-1

项目概况		公路等级	
		设计速度	
		路线总里程	
		车道数	
		行车道宽度	
		中间带宽度	
		路肩宽度	
		路面宽度	
		路基宽度	
		路面设计年限	
识读沥青路面结构		路面结构层次	
	面层	面层材料及厚度	
		原材料	
		基层材料及厚度	
		底基层材料及厚度	
	垫层	是否设？	
		垫层材料及厚度	
		路面功能层及材料	
		解释 AC-13C	
		路面类型	
沥青路面施工常用参考规范			

1. 沥青路面的特点

与水泥混凝土路面相比，沥青路面具有表面平整、无接缝、行车舒适、震动小、噪声低、施工期短、养护维修简便且适宜分期修建等优点。其缺点是在外界气温影响下，其强度和刚度变化很大，夏季易变软而冬季易变脆；施工受季节影响较大，除乳化沥青外，沥青路面不能在低温季节和雨季施工。

沥青路面属柔性路面，其强度和稳定性在很大程度上取决于土基和基层的特性，因此对土基和基层的要求较高。沥青路面要求基层具有足够的强度、适宜的刚度、良好的稳定性、较小的干缩和温缩变形、表面平整密实。

2. 沥青路面的结构类型

目前,我国沥青路面结构类型按基层材料性质主要分为无机结合料稳定类基层沥青路面、粒料类基层沥青路面、沥青结合料类基层沥青路面和水泥混凝土基层沥青路面四大类。其中,无机结合料稳定类基层沥青路面适用于各种交通荷载等级;粒料类基层沥青路面适用于重及以下交通荷载等级;沥青结合料类基层沥青路面适用于各种交通荷载等级;水泥混凝土基层沥青路面适用于重及以上交通荷载等级。

3. 沥青路面的设计使用年限

新建沥青路面结构设计使用年限不应低于表11-2的规定,根据公路等级、经济、交通荷载等级等因素综合确定。

路面结构设计使用年限 表11-2

公 路 等 级	设计使用年限(年)	公 路 等 级	设计使用年限(年)
高速公路、一级公路	15	三级公路	10
二级公路	12	四级公路	8

4. 交通荷载分级

《公路沥青路面设计规范》(JTG D50—2017)根据设计使用年限内设计车道累计大型客车和货车交通量,将路面设计交通荷载等级划分为五级,具体见表11-3。

设计交通荷载等级 表11-3

设计交通荷载等级	极重	特重	重	中	轻
设计使用年限内设计车道累计大型客车和货车交通量($\times 10^6$)	≥50.0	50.0~19.0	19.0~8.0	8.0~4.0	<4.0

5. 沥青路面的要求

沥青路面采用沥青混合料铺筑路面面层,直接承受行车荷载作用和自然因素的影响,为了保证路面的使用寿命和行车舒适性,沥青路面需满足下列要求。

(1)高温稳定性

高温稳定性是指沥青混合料在高温条件下和荷载作用下抵抗永久变形的能力。由于沥青路面的强度与刚度随温度升高而显著降低,为了保证沥青路面不致产生波浪、车辙等病害,沥青路面必须具有良好的高温稳定性。

工程上,选用形状接近正方体、有棱角和表面粗糙的碎石以及增加碎石用量等都可以提高沥青混合料的高温稳定性。

(2)低温抗裂性

低温抗裂性是指沥青路面抵抗低温收缩裂缝的能力。沥青路面在低温时强度较大,但其变形能力却因刚度增大而降低。气温下降时,特别是急剧降温时,沥青混合料受基层约束而不能自由收缩,从而产生较大的拉应力,该拉应力如果超过了沥青混合料的抗拉强度,路面便会产生开裂,导致路面破坏。因此,沥青路面应该具有较好的低温抗裂性。

工程上，一般使用稠度较低、温度敏感性低的沥青，可以减少或延缓路面的开裂。路面所在地区的温度以及沥青的老化也会使路面的开裂更加严重。

（3）水稳定性

水稳定性是指沥青路面抵抗受水的侵蚀而逐渐产生沥青剥离、松散、坑槽等破坏的能力。水的存在既降低了沥青本身的黏聚力，也破坏了沥青与集料间的黏聚力，从而加速了沥青路面的破坏。

工程上改善沥青混合料水稳定性的措施主要有：使用水泥或消石灰处理集料表面，或掺加抗剥落剂来提高沥青与矿料的黏附性。实践证明，使用消石灰处理集料表面的效果较好，且比较经济。

（4）耐疲劳性能

耐疲劳性能是指沥青路面在反复荷载作用下抵抗破坏的能力。公路通车使用后，沥青路面受车辆荷载的反复作用，当荷载重复作用超过一定次数后，路面内产生的荷载应力就会超过路面本身的强度，致使路面产生疲劳断裂破坏。

沥青混合料的耐疲劳特性除受材料的性质、温度、湿度等因素外，还取决于沥青混合料的劲度。沥青混合料的压实度直接决定着沥青混合料的稳定度、劲度以及孔隙率。因此，保证沥青混合料的压实度对增加沥青混合料的使用寿命非常重要。

（5）抗老化性能

抗老化性能是指沥青路面抵抗因受气候等的影响而逐渐丧失各种良好的性能（如抗变形、黏度等）的能力。沥青路面施工时，沥青混合料需加热拌和、摊铺、碾压；沥青路面使用时，路面长期受阳光、紫外线等自然因素作用，使其产生老化，导致性能降低。

二、沥青路面的分类

沥青路面按技术品质和使用情况、施工温度、施工工艺等的分类情况见表11-4。热拌沥青混合料按公称最大粒径的分类情况见表11-5；按组成结构、矿料级配类型、设计空隙率的分类情况见表11-6。

沥青路面的分类 表11-4

分类方法	类型	组成或概念	适用范围
按技术品质和使用情况分类	沥青混凝土路面	集料、矿粉和沥青	适用于各级公路面层
	沥青稳定碎石路面	集料级配和沥青规格要求较宽	沥青碎石路面（AM）适用于三、四级公路面层；密级配沥青稳定碎石（ATB）适用于各级公路的基层
	沥青贯入式路面	沥青浇洒在铺好的主层集料上，再分层撒布嵌缝石屑和浇洒沥青，分层压实，形成一个较致密的沥青结构层	适用于三级及三级以下公路，也可作为沥青路面的联结层或基层

续上表

分类方法	类型	组成或概念	适用范围
按技术品质和使用情况分类	沥青表面处治路面	采用层铺法或拌和法铺筑而成的厚度不超过3cm的沥青面层	适用于三级及三级以下公路的沥青面层；用作封层
按施工温度分类	热拌沥青混合料路面	沥青与矿料经加热后拌和、摊铺、碾压	适用于各种等级公路的沥青路面
	冷拌沥青混合料路面	乳化沥青或稀释沥青在常温下（或者加热温度很低）与矿料拌和，常温下完成摊铺、碾压	适用于三级及三级以下公路的沥青面层、二级公路的罩面层施工以及各级公路沥青路面的基层、联结层或整平层。冷拌改性沥青混合料可用于沥青路面的坑槽冷补
按施工工艺分类	层铺法	层铺法是集料与沥青分层摊铺、洒布、压实的路面施工方法	沥青贯入式路面、沥青表面处治路面
	拌和法	拌和法是集料与沥青按一定配比拌和均匀、摊铺、压实的路面施工方法	沥青混凝土路面、沥青稳定碎石路面

热拌沥青混合料的分类（按公称最大粒径） 表11-5

分类方法	类型	公称最大粒径（mm）	最大粒径（mm）	典型代表
按公称最大粒径分类	砂粒式	4.75	9.5	AC-5、AM-5
	细粒式	9.5	13.2	AC-10、SMA-10、OGFC-10、AM-10
		13.2	16	AC-13、SMA-13、OGFC-13、AM-13
	中粒式	16	19	AC-16、SMA-16、OGFC-16、AM-16
		19	26.5	AC-20、SMA-20、AM-20
	粗粒式	26.5	31.5	AC-25、ATB-25、ATPB-25
		31.5	37.5	ATB-30、ATPB-30
	特粗式	37.5	53	ATB-40、ATPB-40

注：ATPB为排水式沥青碎石基层。

热拌沥青混合料的分类（按组成结构、矿料级配类型、设计空隙率） 表11-6

分类方法	类型	典型代表
按组成结构分类	悬浮-密实结构	AC
	骨架-空隙结构	AM
	骨架-密实结构	SMA
按矿料级配类型分类	连续级配	AC、ATB、AM
	间断级配	SMA、OGFC、ATPB
按设计空隙率分类	密级配	AC、ATB
	半开级配	AM
	开级配	OGFC、ATPB

1. 按沥青路面的技术特性分类

按沥青路面的技术特性,可将其划分为沥青表面处治路面、沥青贯入式路面、沥青混凝土(AC)路面、沥青玛琋脂碎石(SMA)路面、沥青碎石路面(AM)等类型。近年来采用的新型路面结构有多碎石沥青混凝土路面(SAC)、大粒径沥青混凝土(LSAM)路面、大孔隙开级配排水式抗滑磨耗层(OGFC)路面等。

(1)沥青表面处治路面

沥青表面处治路面是指用沥青和集料按层铺法或拌和法铺筑而成的厚度不超过3cm的沥青路面。其主要作用是抗磨耗、封闭表面、防止地表水渗入基层及土基、提高平整度、增强抗滑性能、改善行车条件、延长路面使用寿命等。层铺法沥青表面处治的厚度一般为1.0～3.0cm,可分为单层、双层和三层式表面处治路面,单层厚度为1.0～1.5cm,双层厚度为1.5～2.5cm,三层厚度为2.5～3.0cm。沥青表面处治适用于三级、四级公路的面层,旧沥青面层上加铺罩面或抗滑层、磨耗层等。

(2)沥青贯入式路面

沥青贯入式路面是指在初步压实的碎石(或轧制砾石)上,分层浇洒沥青、撒布嵌缝料,经压实而成的路面,厚度通常为4～8cm。当沥青贯入式的上部加铺沥青混合料时,称为上拌下贯式面层,拌和层的厚度宜为2～4cm,总厚度为6～10cm。沥青宜用石油沥青或改性乳化沥青,但乳化沥青贯入式路面的厚度不宜超过5cn。沥青贯入式路面主要适用于三级、四级公路,也可作为沥青混凝土路面的联结层。

(3)沥青混凝土(AC)路面

沥青混凝土(AC)路面是指按密级配原理选配矿料、矿粉和沥青,并按一定比例在拌和设备中热拌形成混合料,经摊铺、压实而成的路面。沥青混凝土适用于各级公路的面层。

(4)沥青碎石(AM)路面

沥青碎石(AM)路面是由几种不同大小的矿料(所用矿料为开级配),掺入少量矿粉或不掺加矿粉,用沥青作结合料,按一定的比例均匀拌和,经摊铺、压实而成的路面。沥青碎石与沥青混凝土的主要区别在于是否加矿粉及矿料级配比例是否严格,其实质是混合料的孔隙率不同。沥青碎石适用于二级及二级以下公路路面,有时也用作联结层或基层(底基层)。

(5)沥青玛琋脂碎石(SMA)路面

沥青玛琋脂碎石(SMA)路面是指用沥青玛琋脂碎石混合料作面层或抗滑层的路面。沥青玛琋脂碎石混合料是一种以沥青、矿粉及纤维稳定剂组成的沥青玛琋脂结合料,填充于间断级配的矿料骨架中所形成的沥青混合料。沥青玛琋脂碎石混合料的结构组成可概括为"三多一少",即粗集料多、矿粉多、沥青多、细集料少。其优点是抗滑、耐磨、密实耐久、抗疲劳、高温抗车辙、低温抗开裂等。沥青玛琋脂碎石适用于高速公路、一级公路和其他重要公路的表面层,厚度一般为2.5～5cm。

(6)多碎石沥青混凝土(SAC)路面

多碎石沥青混合料是采用较多的粗碎石形成骨架、沥青胶砂填充骨架中孔隙并使骨架胶合在一起而形成的混合料。多碎石沥青混合料的组成为:粗集料的含量为69%～78%,矿粉的含量为6%～10%,油石比约为5%。多碎石沥青混合料面层具有较深的表面构造、较小的孔隙和透水性、较好的抗变形能力。

(7)大粒径沥青混凝土(LSAM)路面

大粒径沥青混合料一般是指矿料公称最大粒径在 25～63mm 范围的热拌热铺沥青混合料,粗集料嵌锁成骨架,细集料填充孔隙而构成密实型或骨架孔隙型结构,以抵抗较大的永久变形。大粒径沥青混合料是为重交通荷载而开发的,它适用于柔性基层。

(8)大孔隙开级配排水式抗滑磨耗层(OGFC)路面

大孔隙开级配沥青混合料是一种压实后具有 18% 以上孔隙率(即空隙率),集料采用间断级配,粗集料采用单一粒径,其用量达 80%,粗集料的间隙由少量砂粒填充,矿粉用量也较少的混合料,它具有排水、抗滑、低噪声、高温抗车辙等优点,但耐久性差。这种混合料既适用于降雨量大于 800mm 的地区,也适用于城郊、住宅区周边等需减少噪声影响的路段。

2. 按沥青混合料的结构类型分类

按沥青混合料的结构类型可分为悬浮-密实结构、骨架-空隙结构和骨架-密实结构三种,如图 11-1 所示。

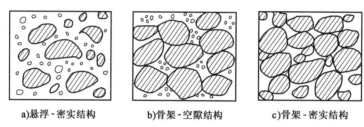

图 11-1 沥青混合料的结构类型

(1)悬浮-密实结构

悬浮-密实结构的沥青混合料的特点是密实不透水,耐久性好,但粗集料悬浮于细集料之中,没有相互嵌挤形成骨架,摩擦力小,高温抗车辙能力不好。

(2)骨架-空隙结构

骨架-空隙结构的沥青混合料的特点是高温稳定性好,但因为空隙率大易出现早期水损害,耐久性不好。

(3)骨架-密实结构

骨架-密实结构的沥青混合料的特点是高温稳定性好、耐久性也好。由于沥青是感温性材料,在夏季温度升高时沥青与矿料的黏结力会下降。如果沥青混合料没有形成骨架,则抗剪强度取决于沥青与矿料的黏结力,高温重载交通作用下易出现车辙;如果沥青混合料形成了骨架结构,由于粗集料相互嵌挤而使摩擦力增大,抗剪强度主要由摩擦决定,不会因为夏季温度高而使沥青与矿料的黏结力下降,因此形成骨架结构的沥青混合料的高温稳定性好、高温抗车辙能力强。

3. 沥青路面施工工艺分类

沥青路面施工工艺可分为层铺法、厂拌法。

(1)层铺法

层铺法是指沥青和集料分层撒铺,然后碾压成型的路面施工方法。其主要优点是工艺和设备简便、施工进度快、造价较低;缺点是路面成型期较长,需要经过炎热季节行车碾压之后路面方能成型。用这种方法所修筑的沥青路面有沥青表面处治路面和沥青贯入式路面两种。

（2）厂拌法

厂拌法是指一定级配的集料和沥青材料在工厂用专用设备加热拌和,然后送到工地用摊铺机摊铺、碾压而形成沥青路面的施工方法。厂拌法按混合料铺筑时温度不同,可分为热拌热铺和热拌冷铺两种。热拌热铺是指将混合料在专用设备中加热、拌和后趁热直接运到路上摊铺压实。如果混合料加热拌和后储存一段时间,再在常温下运到路上摊铺压实,即为热拌冷铺。厂拌法所用沥青黏稠度高,集料经过精选,用量准确,因而混合料质量高,寿命长,但修建费用也较高。

三、沥青类结构层的选择与应用

沥青类结构层的选择主要考虑两方面,一方面应考虑使用性质要求（道路等级、交通量、使用年限、修建费用等）和工程特点（施工季节、施工期限、结构组合状况等）,另一方面还应考虑材料的供应情况、施工机具、劳动力和施工技术条件等因素。沥青类路面面层类型的选择见表11-7,或参考下列标准进行选用。

沥青类路面面层类型的选择 表11-7

面层类型	适用范围
沥青混凝土（AC）	高速公路、一、二、三、四级公路
沥青玛琋脂碎石（SMA）	高速公路、一级公路表面层
沥青贯入式、沥青碎石、沥青表面处治	三、四级公路
孔隙率为6%～12%的半开级配沥青碎石混合料（AM）	三、四级公路及乡村公路,且沥青混合料拌和设备缺乏添加矿粉装置和人工炒拌的情况
孔隙率为3%～6%的粗粒式及特粗式的密级配沥青稳定碎石混合料（ATB）	基层
孔隙率大于18%的粗粒式及特粗排水式沥青稳定碎石混合料（ATPB）	排水基层
孔隙率大于18%的细粒或大孔隙开级配排水式沥青碎石混合料（OGFC）	高速行车、潮湿、不宜被尘土污染、非冰冻地区铺筑排水式沥青路面磨耗层和排水路面的表面层

（1）特粗式沥青混合料适用于基层,粗粒式沥青混合料适用于下面层或基层,中粒式沥青混合料适用于中面层和表面层,细粒式沥青混合料适用于表面层和薄层罩面,砂粒式沥青混合料适用于非机动车道或行人道路。对高速公路和一级公路,除沥青稳定碎石基层外,通常应选用公称最大粒径为13.2～26.5mm的沥青混合料。

（2）对沥青层要求较厚的高速公路和一级公路:①潮湿区和湿润区的路面上面层应符合抗滑要求;抗滑性能达不到规定的要求时,应铺筑抗滑磨耗层。②三层式面层的中面层和双层式面层的下面层应重点满足混合料的高温抗车辙性能;三层式面层的下面层应在满足高温抗车辙性能的基础上,重点考虑抗疲劳性能及抗裂性能的要求。③除排水式沥青混合料外,每一层都应该考虑密实性,当上层属渗水性结构层时,层间或下层应采取防渗水或排水措施。高速公路的紧急停车带（硬路肩）沥青面层宜采用与行车道相同的结构,但表面层宜采用密级配沥青混凝土混合料铺筑。

（3）沥青类路面一般不宜铺筑在纵坡大于6%的路段上。在纵坡大于3%的路段,考虑抗滑要求,宜采用粗粒式的沥青碎石或粗粒式沥青混凝土做面层。

工作任务二 透层、黏层、封层施工

学习目标

1. 知道透层、黏层、封层设置的位置、作用和适用范围；
2. 掌握透层、黏层、封层的施工技术；
3. 能够运用透层、黏层、封层的施工技术进行透层、黏层、封层的施工。

任务描述

某项目沥青路面结构如图 11-2 所示。从图中可以看出，该路面包括微表处面层、改性乳化沥青稀浆封层、乳化沥青透层、无机结合料稳定类基层等结构层。本任务要求学生能进行透层、黏层和封层的现场施工。

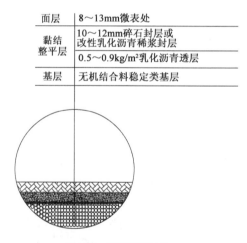

图 11-2 沥青路面结构

相关知识

沥青路面结构层之间根据不同的目的和作用需要设置透层、黏层和封层等功能层。

一、透层

(一) 透层及其技术要求

1. 透层简述

透层是指在沥青类面层下的级配砂砾（碎石）基层及无机结合料稳定类基层上喷洒石油

沥青、乳化沥青、煤沥青而形成的透入基层表面一定深度的薄层,其作用是使沥青面层与基层结合良好。基层上设置下封层时,透层也不能省略。

2. 材料及施工机械准备

(1)透层应用于沥青路面各类基层。透层沥青根据基层类型可选择渗透性好的液体沥青、乳化沥青、煤沥青三种,实际施工时,多选择乳化沥青作为透层材料。

(2)透层施工需要的施工机械主要有可自动控制喷洒量的沥青洒布车,如果进行石屑撒布则还需要运输车、装载机、压路机等机械设备。

3. 施工技术要求

(1)当气温低于10℃、大风或即将下雨时,不得喷洒透层油。

(2)透层施工宜紧接在基层铺筑结束表面稍干后、沥青混合料底面层摊铺施工前进行。

(3)在洒布透层油前需要对基层进行各项验收,合格后方可进行洒布。

(4)用于无机结合料稳定类基层的透层油宜紧接在基层碾压成型后表面稍变干燥、但尚未硬化的情况下喷洒,其透入深度不得小于3mm。在无结合料稳定类基层上洒布透层油时,宜在铺筑沥青层前的1~2d洒布,其透入深度不得小于5mm。

(5)洒布沥青前,必须清扫下承层的路面,用森林灭火机除去灰尘,使表层干燥;遮盖路缘石及人工构造物,避免污染。

(二)透层施工

透层施工流程为:洒布沥青→人工补洒→撒布石屑→碾压→养护。

1. 洒布沥青

(1)当基层表面过分干燥时,要在洒布沥青的前一天晚上在基层表面适量洒水,达到轻微湿润效果,第二天上午待表面干燥后立即按照透层沥青设计用量喷洒沥青,以保证透层沥青顺利下渗。

(2)沥青洒布车满载沥青运行时,应中速行驶。遇有弯道、斜坡时,应提前减速,尽量避免紧急制动。洒布沥青前,应使罐内的热态沥青通过沥青泵,在管道内循环3~5min,在沥青温度不低于100℃时,方可正式洒布。

(3)沥青洒布车喷洒沥青时,应在距喷洒起点5~10m处起步,到达喷洒起点时,迅速打开左、右管道三通阀,将操纵柄置于方位说明牌指示的位置上。开始喷洒沥青,按引导线指示的方向前进,并按照喷洒作业要求,调整好相应的车速,平稳前进,不得任意摆动、猛转转向盘和变速,以确保沥青在整个洒布宽度内喷洒均匀。

(4)小规模工程可采用机动或手摇沥青洒布车洒布沥青。使用的喷嘴应适合沥青的稠度,喷出的沥青呈雾状,与洒油管成15°~25°的夹角,洒油管的高度应能使同一地点接受2~3个喷油嘴喷洒的沥青。

(5)在喷洒方向10m以内禁止人员停留。沥青洒布车在行驶时,严禁使用加热系统。洒布施工段长度应大于拟进行沥青混合料摊铺段10m。洒布作业停止后,沥青洒布车应继续前进4~8m方可停车。

2. 人工补洒

透层油必须洒布均匀，有花白遗漏处应由人工补洒，沥青洒布车喷洒不均匀时宜改用手工沥青洒布机喷洒。在铺筑沥青混合料面层前，对于局部多余的沥青需要进行人工清理。

3. 撒布石屑

(1) 撒布石屑的部位：设计要求的施工部位；沥青喷洒过多需要吸油的部位；需要提前开放交通的施工路段。

(2) 撒布石屑应在洒布透层油后及时进行，可采用沥青同步碎石封层车或人工方法撒布，要求撒布均匀，石屑用量为 $2.0 \sim 3.0 m^3/1000 m^2$；粒径按设计要求，设计未规定时宜控制在 $5 \sim 10 mm$。

4. 碾压

石屑撒布后，立即使用 $1 \sim 2t$ 的压路机碾压两边。

5. 养护

透层油施工完成后，立即由专人封闭洒布路段，严禁各种车辆及非施工人员进入。养护时间根据透层油的品种和气候条件由试验确定，确保液体沥青中的稀释剂全部挥发，乳化沥青渗透且水分蒸发为止。一般通过钻孔挖掘确认透层油渗入基层的深度，确保其能与基层连接成为一体，即为养护完成。应尽早铺筑沥青面层，以防工程车辆损坏透层。

二、黏层

(一) 黏层及其技术要求

1. 黏层简述

黏层是加强沥青面层层间、沥青面层与水泥混凝土路面之间结合的一种措施。符合下列情况之一时，必须喷洒黏层：

(1) 双层或多层式热拌沥青混合料面层之间。

(2) 水泥混凝土路面、沥青稳定碎石基层或旧沥青路面层上加铺沥青层。

(3) 路缘石、雨水口、检查井等构造物与新铺沥青混合料接触的侧面。

2. 材料及施工机械准备

(1) 黏层油应采用快裂或中裂乳化沥青、改性乳化沥青，也可采用快凝或中凝液体石油沥青，其规格和质量应符合规范的要求，所使用的基质沥青标号宜与主层沥青混合料相同。

(2) 黏层油品种和用量，应根据下卧层的类型通过试洒确定，并符合相关规定。在沥青层之间兼作封层而喷洒的黏层油，宜采用改性沥青或改性乳化沥青，其用量宜不少于 $1.0 L/m^2$。

(3) 黏层油宜采用沥青洒布车喷洒，并选择适宜的喷嘴，洒布速度和喷洒量应保持稳定。

3. 施工技术要求

(1) 当气温低于 10℃、大风或即将下雨时，不得喷洒黏层油。

(2) 黏层施工一般在沥青混合料摊铺施工的当天进行。

(3) 洒布黏层油前，需要对基层进行各项验收，合格后方可进行洒布。正式洒布前需要对基层进行清扫,可采用人工配合机械的方式进行,必要时也可采用水车清洗,做到清扫后基层洁净、无浮尘、无松散、无杂物等。

(4)喷洒黏层油前应遮盖路缘石及人工构造物,避免污染。进行黏层油试洒布,以保证洒布施工的顺利进行。

(二)黏层施工

黏层施工流程为:洒布车洒布→人工补洒→养护。

1. 洒布车洒布

进行乳化沥青洒布前,喷洒车辆应根据实际要求事先做好喷洒量的调整,确定行驶速度与流速之间的相对关系。洒布作业须有专人进行指挥,在洒布施工段的起点和终点应设置明显的标志,以便于控制喷洒车辆。

使用机械进行均匀喷洒,喷洒的黏层油必须呈均匀的雾状,在路面全宽度内均匀分布成一个薄层,既不能有花白漏空或成条状现象,也不能出现堆积现象。喷洒不足的部位要补洒,喷洒过量的部位应予以刮除。在使用机械进行喷洒时,在起步和停止阶段易产生喷洒过量的情况,可在起步和停止位置铺设不透水塑料布予以解决。

2. 人工补洒

黏层油必须洒布均匀,有花白遗漏的地方应使用手提式喷洒沥青机械进行人工补洒。对于机械喷洒不到的部位,如路缘石侧面、检查井周边等部位均需要人工涂刷。

3. 养护

喷洒黏层油后,立即由专人封闭洒布路段,严禁各种车辆及非施工人员进入。待乳化沥青破乳、水分蒸发完成,或稀释沥青中的稀释剂基本挥发完成后,紧跟着摊铺沥青类面层,确保黏层不受污染。

三、封层

(一)封层及其技术要求

1. 封层简述

封层是指设在沥青面层或基层上有一定厚度的沥青混合料薄层,分为上封层和下封层。封层的作用是封闭表面空隙、防止水分浸入、提高抗滑性,并具有一定的耐磨性。目前广泛使用的封层主要有微表处和稀浆封层两种。

(1)微表处

微表处是指用适当级配的石屑或砂、填料(水泥、石灰、粉煤灰等)与聚合物改性乳化沥青、外掺剂和水,按一定比例拌和形成流动状态的沥青混合料,并采用专用的铺筑设备将其均匀地摊铺在路面上形成的沥青封层。主要适用于高速公路、一级公路、二级公路沥青路面的预防性养护罩面和车辙修复;水泥混凝土路面、桥面、隧道道面的罩面;新建或改(扩)建高速公路和一级公路、二级公路路面的表面磨耗层。

(2) 稀浆封层

稀浆封层是指用适当级配的石屑或砂、填料(水泥、石灰、粉煤灰等)与乳化沥青、外掺剂和水,按一定比例拌和形成流动状态的沥青混合料,并采用专用的铺筑设备将其均匀地摊铺在路面上形成的沥青封层。主要适用于二、三、四级公路沥青路面的预防性养护罩面;新建或改(扩)建各等级公路的下封层。按照开放交通的快慢,稀浆封层可以分为快开放交通型稀浆封层和慢开放交通型稀浆封层。

2. 材料及施工机械准备

(1) 微表处必须采用改性乳化沥青,稀浆封层可采用普通乳化沥青或改性乳化沥青,其质量和品种应符合规范规定。

(2) 微表处和稀浆封层应选择坚硬、粗糙、耐磨、洁净的集料,各项技术指标应符合规范规定。细集料应采用碱性石料生产的机制砂或洁净的石屑。

(3) 矿料级配应根据公路等级、铺筑厚度等条件确定,并符合规范要求。

(4) 微表处和稀浆封层的拌制应采用拌和厂机械拌和,摊铺必须采用专用的摊铺机进行,如图 11-3 所示。

图 11-3 稀浆封层摊铺机

3. 施工技术要求

(1) 当气温低于 10℃、大风或即将下雨时,不得进行微表处或稀浆封层施工。

(2) 微表处和稀浆封层施工前,应彻底清除下承层的泥土、杂物。在水泥混凝土路面上铺筑微表处时宜洒布黏层,对过于光滑的表面需进行拉毛处理。

(二) 封层施工

封层施工流程为:修整清理→测量放线→摊铺→局部修整→初期养护→开放交通。

1. 修整清理

微表处和稀浆封层施工前,应按照原路面的检查和要求对下承层进行处理,彻底清除下承层的泥土、杂物等。

2. 测量放线

施工前,安排技术人员根据摊铺机的作业宽度进行放样,施画引导线,以使摊铺机沿着引导线顺直行驶摊铺。

3. 摊铺

(1)根据施工路段的路幅宽度,调整摊铺槽宽度,应尽量减少纵向接缝数量,在可能的情况下,宜使纵向接缝位于车道线附近。两幅纵缝搭接的宽度不宜超过80mm,横向连接宜做成对接形式。

(2)将符合要求的各种材料装入摊铺机后,将摊铺机开至施工地点,对准控制引导线放下摊铺槽,调整摊铺槽使其周边与原路面贴紧。

(3)按生产配合比和现场矿料的含水率情况,依次或同时输出矿料、填料、水、添加剂和乳液进行搅拌。经拌和的混合料流入摊铺槽,并于分布适量时,开动摊铺机匀速前进,需要时可打开摊铺机下面的喷水管喷水湿润路面。摊铺速度以保持混合料摊铺量与搅拌量基本一致为宜。

(4)当摊铺机内任何一种材料快用完时,应立即关闭所有输送材料的控制开关,将搅拌器中的混合料搅拌完后送入摊铺槽,摊铺完毕;摊铺机停止前进,提起摊铺槽,并将摊铺机移出摊铺点,清洗摊铺槽。

(5)采用双层摊铺或者微表处车辙填充后再做微表处罩面时,首先摊铺的一层应至少在行车作用下成型24h,确认已经成型后方可在上面继续摊铺第二层。当采用压路机碾压时,可根据实际情况缩短第一层的成型时间。

4. 局部修整

对于稀浆混合料摊铺后的局部缺陷,应及时使用橡胶耙等工具继续人工找平。找平是指对个别超粒径粗集料产生的纵向刮痕,横向、纵向接缝时出现的余料堆积或缺料等进行找平。用3m直尺测量接缝处的不平整度应小于6mm。

5. 初期养护

(1)稀浆混合料摊铺后,安排专人封闭交通,禁止一切车辆和行人通行。

(2)微表处和稀浆封层混合料摊铺后一般不需要压路机碾压。对于硬路肩、停车场等缺少或者没有行车碾压处,或者为了满足某些特殊需要,可采用6~8t轮胎压路机对已破乳并初步成型的稀浆混合料继续碾压。

(3)稀浆封层用于下封层时,宜使用6~10t轮胎式压路机对已破乳并初步成型的稀浆混合料继续碾压。

6. 开放交通

所谓开放交通时间是指稀浆混合料从摊铺至混合料黏聚力达到2.0N·m的时间,当混合料在满足开放交通的要求后应立即开放交通。微表处开放交通时间的长短根据工程所处环境不同而变化,在气温为24℃、湿度为50%(或更小)的状况下通常可以在1h内开放交通。

工作任务三　热拌沥青混合料厂拌法施工

学习目标

1.熟悉沥青类结构层原材料及其混合料的技术要求;

2. 熟悉热拌热铺混合料结构层的施工方法、施工工序及质量控制要点；

3. 能够进行热拌热铺混合料结构层的现场施工；

4. 具有"严控质量,遵从规范"的职业操守和精益求精的工匠精神;具有保护环境和生态平衡的工作理念。

任务描述

1. 扫描"道路工程施工工艺虚拟仿真"中沥青碎石基层、乳化沥青碎石面层、冷拌沥青面层施工项目二维码,学习现场施工工艺及技术要点。

2. 某项目路面结构图如图11-4所示。根据资料和《公路沥青路面设计规范》(JTG D50—2017),完成"热拌热铺沥青混合料厂拌法施工"工作任务单,见表11-8。

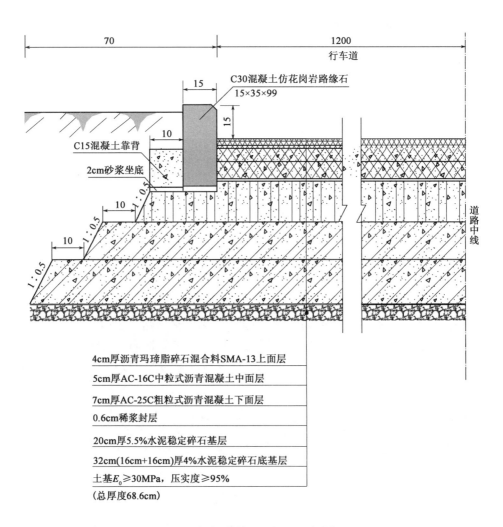

图11-4　沥青路面结构层示意图(尺寸单位:cm)

工作任务单 13　热拌热铺沥青混合料厂拌法施工

表 11-8

1. 沥青混合料的类型：			
2. 施工条件：			
3. 施工工序：			
4. 适用规范名称及颁布时间：			
5. 原材料技术指标			
沥青	粗集料	细集料	矿粉
6. 各工序施工质量控制			
工序	施工机械及仪器		质量控制要点或控制指标
7. 热拌沥青混合料路面交工实测项目及要求			
项次	检查项目	规定值或允许偏差	检查方法和频率

3. 融入公路路面现场施工成功案例、失败警示案例及安全案例，培养学生"严控质量，遵从规范"的职业操守和精益求精的工匠精神，树立现场施工安全意识。在原材料技术要求中融入集料开采必须注意保护环境，培养学生在公路建设中应具有的生态平衡理念。

相关知识

一、热拌沥青混合料的分类

热拌沥青混合料（HMA）路面是指沥青与矿料在热拌状态下施工的沥青路面，它适用于各种等级公路的沥青面层。根据集料公称最大粒径、矿料级配、孔隙率等，热拌沥青混合料的种类见表11-9。

热拌沥青混合料种类　　　　　　　　　　　　　　　　表11-9

混合料类型	密级配			开级配		半开级配	公称最大粒径(mm)	最大粒径(mm)
	连续级配	间断级配		间断级配				
	沥青混凝土	沥青稳定碎石	沥青玛碲脂碎石	排水式沥青磨耗层	排水式沥青碎石基层	沥青碎石		
特粗式	—	ATB-40	—	—	ATPB-40	—	37.5	53.0
粗粒式	—	ATB-30	—	—	ATPB-30	—	31.5	37.5
	AC-25	ATB-25	—	—	ATPB-25	—	26.5	31.5
中粒式	AC-20	—	SMA-20	—	—	AM-20	19.0	26.5
	AC-16	—	SMA-16	OGFC-16	—	AM-16	16.0	19.0
细粒式	AC-13	—	SMA-13	OGFC-13	—	AM-13	13.2	16.0
	AC-10	—	SMA-10	OGFC-10	—	AM-10	9.5	13.2
砂粒式	AC-5	—	—	—	—	AM-5	4.75	9.5
设计空隙率(%)	3~5	3~6	3~4	>18	>18	6~12		

沥青路面采用热拌沥青混合料时均需采用厂拌法施工。施工不得在气温低于10℃（高速公路和一级公路）或5℃（其他等级公路），以及雨天、路面潮湿的情况下进行。沥青路面各层应连续施工并结合成一个整体，避免与可能污染沥青层的其他工序交叉干扰。无机结合料稳定类基层沥青路面的基层与沥青层宜在同一年内施工，以减少路面开裂。

二、沥青类结构层原材料的选择及要求

沥青类结构层的原材料包括沥青、粗集料、细集料、填料等。施工中,应选择符合质量标准的原材料,以保证沥青混合料质量和路面质量。

1. 沥青类结构层原材料

1)沥青

(1)沥青的分类及要求

沥青路面所用的沥青有道路石油沥青、煤沥青、乳化沥青、液体石油沥青、改性沥青、改性乳化沥青等。其技术要求及适用范围应符合现行《公路沥青路面施工技术规范》(JTG F40)的规定。

道路石油沥青的标号分为 160 号、130 号、110 号、90 号、70 号、50 号、30 号 7 个,其中 30 号沥青仅适用于沥青稳定基层,130 号和 160 号沥青除在寒冷地区可直接适用于中低级公路外,通常只用作乳化沥青、稀释沥青、改性沥青的基质沥青。每个标号的道路石油沥青又分为 A、B、C 三个等级,各个沥青等级的适用范围见表 11-10。

沥青等级及适用范围 表 11-10

沥青等级	适用范围
A 级	各等级的公路,适用于任何场合和层次
B 级	1. 高速公路和一级公路沥青路面的下面层及以下的层次,二级及二级以下公路的各层次; 2. 用作改性沥青、乳化沥青、改性乳化沥青、稀释沥青的基质沥青
C 级	三级及三级以下公路的各个层次

各类沥青路面选用的沥青标号,应根据公路等级、气候条件、交通条件、路面类型、在结构层中的层位及受力特点、施工方法等,结合当地的使用经验,经技术论证后确定。

(2)注意事项

①沥青在储运、使用及存放过程中应采取良好的防水措施,避免雨水及加热管道蒸汽进入沥青中。

②在沥青储运站和沥青混合料拌和厂,沥青必须按品种、标号分别存放。

③长期不使用的沥青可在自然温度下储存。沥青在使用期间,存放在罐或储油池中的温度为 130~170℃。桶装沥青应直立堆放,并加盖苫布。

④长期存放未使用的沥青重新使用前,应再次检查其各项性能指标,使之符合规范的要求。

2)粗集料

沥青层所用的粗集料有碎石、破碎砾石、筛选砾石和矿渣等。高速公路和一级公路不得使用筛选砾石和矿渣。粗集料必须由具有生产许可证的采石场生产或施工单位自行加工。粗集料应洁净、干燥、坚硬、无风化、表面粗糙,其质量检测项目、技术要求及试验方法应符合规范

规定。

破碎砾石应采用粒径大于50mm、含泥量不大于1%的砾石轧制。筛选砾石是由天然砾石筛选而得。由于天然砾石是各种岩石经自然风化而成的不同尺寸的粒料,强度极不均匀,而且多为圆滑形状,因此,筛选砾石仅适用于三级及三级以下公路的沥青表面处治路面。

3) 细集料

沥青路面所用的细集料有天然砂、机制砂和石屑。天然砂可采用河砂或海砂,通常可采用粗砂、中砂。机制砂宜采用专用的制砂机制造,并选用优质石料生产。石屑是指采石场破碎石料时通过4.75mm或2.36mm的筛下部分。细集料必须由具有生产许可证的采石场、采砂场生产。细集料应洁净、干燥、无风化、无杂质,并由适当的颗粒组成,其质量检测项目、技术要求及试验方法应符合规范规定。

热拌沥青混合料的细集料宜采用优质的天然砂或机制砂,但热拌密级配沥青混合料中天然砂的用量不宜超过集料总量的20%,SMA和OGFC混合料不宜使用天然砂。

4) 填料

沥青混合料的填料宜采用石灰岩或岩浆岩等憎水性石料经磨细后得到的矿粉,矿粉要求干燥、洁净,其质量检测项目、技术要求及试验方法应符合规范规定。

当采用粉煤灰作填料时,其用量不宜超过填料总量的50%。高速公路和一级公路的沥青面层不宜采用粉煤灰作填料。

5) 纤维稳定剂

沥青混合料中掺加的纤维稳定剂宜选用木质素纤维、矿物纤维等,木质素纤维的质量检测项目、技术要求及试验方法应符合规范规定。

纤维应在250℃的干拌温度下不变质、不发脆,使用纤维必须符合环保要求,不得危害身体健康。矿物纤维宜采用玄武岩等矿石制造,易影响环境及造成人体伤害的石棉纤维不得直接使用。纤维必须在混合料拌和过程中能充分分散均匀。纤维应存放在室内或有棚盖的地方。

纤维稳定剂的掺加比例以占沥青混合料总量的质量百分率计算,通常SMA路面的木质素纤维不宜低于0.3%,矿物纤维不宜低于0.4%,纤维掺加量的允许误差不宜超过±5%。

2. 原材料质量要求

(1) 沥青路面施工前以及施工过程中发生材料来源或规格变化时,必须对材料来源、质量、数量、供应计划、材料场堆放及储存条件等进行检查。

(2) 沥青路面使用的各种材料运至现场后必须取样进行质量检测,经评定合格后方可使用,不得以供应商提供的检测报告或商检报告代替现场检测。材料的质量检查应以同一料源、同一次购入并运至生产现场(或储入同一沥青罐、池)的相同规格品种的集料、沥青为一"批"进行检查。材料试样的取样数量与频率应符合现行试验规程的规定。每批材料的质量应符合规范的规定。

(3) 材料试验结果及据此进行的配合比设计的结果,应在使用前规定的期限内向监理工程师或工程质量监督部门提出正式报告,待获得正式批准后,方可使用。

三、沥青路面试验段铺筑

高速公路和一级公路沥青路面在正式施工前应铺筑试验段；其他等级的公路缺乏施工经验或初次使用重大设备时，也应铺筑试验段。试验路段应具有代表性，通常宜为 100～200m，并宜在正线上铺筑。

热拌热铺沥青混合料路面试验段铺筑分为试拌和试铺两个阶段，通过试验路段主要确定以下施工参数：

（1）检验各种施工机械的类型、数量及组合方式是否匹配；
（2）通过试拌确定拌和机的操作工艺，考察计算机打印装置的可信度；
（3）验证沥青混合料生产配合比，提出标准配合比和最佳沥青用量；
（4）通过试铺确定透层油的喷洒方式和效果；
（5）确定沥青混合料的摊铺、压实工艺，确定松铺系数等；
（6）确定沥青混合料的标准密度和压实度的标准检测方法；
（7）检测试验段的渗水系数。

试验路段施工结束后，施工单位应就各项试验内容提供完整的施工报告和检测报告，并取得建设单位或监理单位的批复。

四、热拌沥青混合料面层施工

热拌沥青混合料面层施工工艺流程如图 11-5 所示，施工现场如图 11-6 所示。

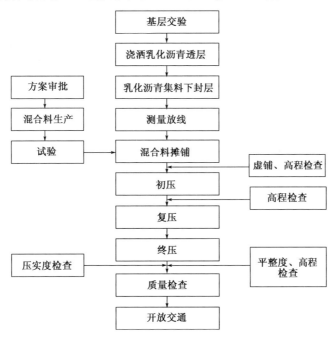

图 11-5　热拌沥青混合料面层施工工艺流程

图 11-6　热拌沥青混合料面层施工现场

1. 施工前的准备工作

（1）铺筑沥青层前应对下承层进行验收，检查项目包括：中线位置、高程、宽度、厚度、纵横坡度、压实度、清洁度等，如果不符合要求，则不能铺筑沥青面层。旧沥青路面或下承层已被污染时，必须清理或经铣刨处理后方可铺筑沥青混合料，如图11-7所示。

（2）基层表面稍干时应喷洒透层油（图11-8），喷洒后应立即撒布石屑。

（3）摊铺沥青混合料之前2~3h，应均匀喷洒黏层油；在路面连接或路面与检查井等接触处，应涂刷黏层油；使用乳化沥青时，应在乳化沥青破乳后方可摊铺沥青混合料。

（4）石油沥青加热及沥青混合料施工温度应根据沥青标号及黏度、气候条件、铺装层的厚度来确定，见表11-11。聚合物改性沥青混合料的施工温度宜较普通沥青混合料的施工温度提高 10~20℃。

图 11-7　基层表面清理

图 11-8　洒透层油

热拌沥青混合料的施工温度（℃）　　表 11-11

施工工序		石油沥青的标号			
		50 号	70 号	90 号	110 号
沥青加热温度		160~170	155~165	150~160	145~155
矿料加热温度	间歇式拌和机	集料加热温度比沥青温度高10~30			
	连续式拌和机	矿料加热温度比沥青温度高5~10			
沥青混合料出料温度		150~170	145~165	140~160	135~155
混合料储料仓储存温度		储料过程中温度降低不超过10			
混合料废弃温度，高于		200	195	190	185

续上表

施工工序		石油沥青的标号			
		50号	70号	90号	110号
运输到现场温度,不低于		150	145	140	135
混合料摊铺温度,不低于	正常施工	140	135	130	125
	低温施工	160	150	140	135
开始碾压的混合料内部温度,不低于	正常施工	135	130	125	120
	低温施工	150	145	135	130
碾压终了的表面温度,不低于	钢轮压路机	80	70	65	60
	轮胎压路机	85	80	75	70
	振动压路机	75	70	60	55
开放交通的路表温度,不高于		50	50	50	45

注:1.沥青混合料的施工温度采用具有金属探测针的插入式数显温度计测量;表面温度可采用表面接触式温度计测量。当采用红外线温度计测量表面温度时,应进行标定。

2.表中未列入的130号、160号及30号沥青的施工温度由试验确定。

(5)施工前应对各种施工机具做调试、检查、标定,并得到监理工程师认可。

(6)沥青混合料的配合比设计包括目标配合比设计、生产配合比设计及生产配合比验证三个阶段,以此确定沥青混合料的材料品种、矿料级配、最佳沥青用量。正式开工前,各种原材料的试验结果、施工配合比应在规定的期限内向建设单位及监理工程师提出正式报告,获得批准后方可使用。

2.测量放样

施工测量放样包括平面控制与高程控制两项。平面控制就是确定摊铺路面的边线位置。高程测定的目的是确定下承层表面高程与原设计高程相差的确切数值,以便在挂线时调整至设计值或保证施工层厚度。根据高程值设置挂线标准桩,借以控制摊铺厚度和高程。

(1)公路中线的控制

根据设计文件在施工现场测设公路中线及边线,使其精度符合规范的要求。

(2)设计高程的控制

路面施工中,必须进行准确的高程控制,以保证符合摊铺面层的平整度和厚度要求。高程的测量与控制程序如下:

①按每5~10m一个断面,每个断面取3个点测量下承层的顶面高程。

②将下承层的顶面高程与设计高程进行比较,如果两者相差在容许的误差范围内,以设计高程计算本层的挂线高程,进行放样即可;如果某些点高程,低于设计高程,则仍按设计高程放样;如果某些点高程高于设计高程,应按本层厚度放样。

③挂线后、摊铺前对厚度做最后的核对,方法是垂直路中线拉线,置于两侧的基准线上,量测拉线与下卧层顶面间的高度,与设计厚度进行比较,对不满足要求的点再做调整。

3. 混合料的拌和

(1)拌和设备

《公路沥青路面施工技术规范》(JTG F40—2004)规定,沥青混合料必须在拌和厂采用拌和设备拌制,拌和设备主要有间歇式拌和机和连续式拌和机。高速公路和一级公路的沥青混合料可采用间歇式拌和机。连续式拌和机使用的集料必须稳定不变,如果一个工程从多处进料,料源或质量等不稳定时,不得使用连续式拌和机。

间歇式沥青混合料拌和设备如图11-9、图11-10所示。其特点是总拌和能力较强,能满足施工进度;搅拌机除尘设备完好,能达到环保要求;冷料仓数量不宜少于5~6个,并且还有添加纤维、消石灰等外掺剂的设备;拌和设备的控制精度较高,能满足工程技术要求;间歇式拌和机配备计算机设备,拌和过程中能逐盘采集并打印各个传感器测定的材料用量和沥青混合料拌和量、拌和温度等各种参数;宜备有保温性能好的成品料仓;拌和机必须有二级除尘设备。

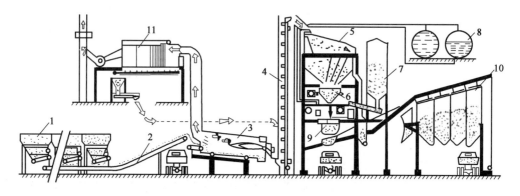

图11-9 间歇式沥青混合料拌和设备总体结构图

1-冷集料储存及配料装置;2-冷集料带式输送机;3-冷集料烘干、加热筒;4-热集料提升机;5-热集料筛分及储存装置;6-热料计量装置;7-石粉供给及计量装置;8-沥青供给系统;9-搅拌器;10-成品料储存仓;11-除尘器

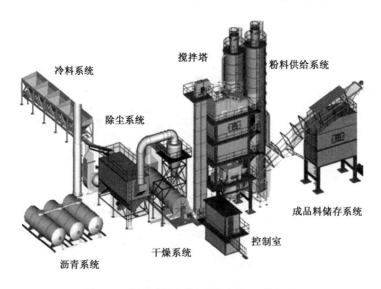

图11-10 间歇式沥青混合料拌和站3D模拟图

(2)沥青混合料的拌制程序

①冷料仓装矿料的规格应按粒径从大到小沿送料方向依次排列,由前向后依次是大粒径碎石料斗、中或细料斗、砂料斗。位于冷料仓底部的喂料器控制每种集料的流出数量,并进行计量,然后通过输送带把集料送入干燥筒。

②间歇式拌和机均采用逆流加热方式,在干燥筒内将集料烘干并加热至工作温度,并且烘干集料的残余水量至集料含水率不大于1%。每天在开始工作时,应先将干燥筒预热 5~15min,然后再上料;每天工作结束时,应使干燥筒在空腹状态下连续转动 15min 左右再停止。

③烘干加热好的矿质混合料,由提升机首先送到筛分装置进行筛分,将热矿料按不同粒径重新分级,以便在拌和之前能进行精确计量和准确控制级配。筛分好的各种规格集料分别储存在不同的热料仓,热料仓的编号顺序一般由细到粗分别为 1 号仓、2 号仓、3 号仓、4 号仓等。

④热集料从热料仓卸出后,存放在称量斗,累计称出进入斗内的集料质量。各热料仓向称量斗内卸料顺序依次是粗集料、中等规格集料、细集料。

⑤矿粉供给系统将矿粉储存于筒仓内,然后通过输送装置将筒仓内矿粉输送至计量装置并进行计量。

⑥沥青供给系统主要用于对融化后的液态沥青进行储存、保温,并适时、定量地供应搅拌器。搅拌器将称量好的各种规格的集料、矿粉和沥青均匀地拌和成所需要的成品。每次工作结束时,必须用热矿料径向清洗搅拌器,以去除搅拌器内残留的沥青。

(3)拌制沥青混合料的技术要点

①取料。集料进场应在料堆顶部平台卸料,经推土机推平后,铲运机从底部按顺序竖直装料,减小集料离析。

②投料顺序。沥青混合料拌和时的投料顺序为:先将各种规格的热集料放入搅拌器干拌 3~5s,然后加入沥青拌和几秒,最后加入矿粉继续拌和。

③拌和时间。通常各种材料全部投入后纯拌和时间为 35~45s,每一个循环周期为 45~60s。

④拌和温度。沥青混合料的拌和温度包括矿料温度、沥青温度以及拌和后混合料的温度。根据不同的沥青品种和不同的沥青混合料,确定混合料拌和温度及出厂温度,其施工温度可参考表 11-11。

⑤拌和过程控制。高速公路和一级公路使用的沥青混合料在拌和过程中应逐盘采集并打印各个传感器测定的材料用量和沥青混合料拌和量、拌和温度等各种参数。

⑥沥青混合料储存。储存过程中沥青混合料温降不大于 10℃,且不能有沥青滴漏。普通沥青混合料的储存时间不得超过 72h,改性沥青混合料的储存时间不得超过 24h,SMA 混合料只限当天使用,OGFC 混合料宜随拌随用。

⑦出厂检测。拌好的沥青混合料应均匀一致,无花白、离析和结团成块等现象。每班抽样做沥青混合料性能、矿料级配、沥青用量、材料加热温度试验等,具体见表 11-12。每班拌和结束时,需要清洁拌和设备,放空管道中的沥青。沥青混合料出厂时应逐车检测沥青混合料的重量和温度,记录出厂时间,签发运料单,做好各项检查记录,不符合技术要求的沥青混合料禁止出厂。

热拌沥青混合料的频度和质量要求 表 11-12

项　目		检查频度及单点检验评价方法	质量要求或允许偏差		试验方法
			高速公路、一级公路	其他等级公路	
混合料外观		随时	观察集料粗细、均匀性、离析、油石比、色泽、冒烟、有无花白料、油团等各种现象		目测
拌和温度	沥青、集料的加热温度	逐盘检测评定	符合规范规定		传感器自动检测、显示并打印
	混合料出厂温度	逐车检测评定	符合规范规定		传感器自动检测、显示并打印,出厂时逐车人工检测
		逐盘测量记录,每天取平均值评定	符合规范规定		传感器自动检测、显示并打印
矿料级配（筛孔）	0.075mm	逐盘在线检测	±2%（2%）	—	计算机采集数据计算
	≤2.36mm		±5%（4%）	—	
	≥4.75mm		±6%（5%）	—	
	0.075mm	逐盘检查,每天汇总1次取平均值评定	±1%	—	总量检验
	≤2.36mm		±2%	—	
	≥4.75mm		±2%	—	
	0.075mm	每台拌和机每天1~2次,以2个试样的平均值评定	±2%（2%）	±2%	抽提筛分与标准级配比较的差
	≤2.36mm		±5%（3%）	±6%	
	≥4.75mm		±6%（4%）	±7%	
沥青用量(油石比)		逐盘在线监测	±0.3%	—	计算机采集数据计算
		逐盘检查,每天汇总1次取平均值评定	±0.1%	—	总量检验
		每台拌和机每天1~2次,以2个试样的平均值评定	±0.3%	±0.4%	拌和厂取样离心法抽提
马歇尔试验:空隙率、稳定度、流值		每台拌和机每天1~2次,以4~6个试件的平均值评定	符合规范规定		拌和厂取样成型试验
浸水马歇尔试验		必要时	符合规范规定		拌和厂取样成型试验
车辙试验		必要时	符合规范规定		拌和厂取样成型试验

4. 混合料的运输和卸料

(1) 运输

热拌沥青混合料应采用载质量大于15t的大型自卸汽车运输,运料车的运力应稍有富余,施工过程中摊铺机前方应有运料车等候。用于铺筑高速公路和一级公路时,当等候的运料车多于5辆后方可开始摊铺。

运料车每次使用前后必须清扫干净,在车厢板上涂一薄层隔离剂或防黏剂,防止沥青黏结,但不得有余液积聚在车厢底部。从拌和机向运料车上装料时,应多次挪动汽车位置,平衡装料,以减少混合料离析。运料车运输混合料时,应用苫布覆盖以保温、防雨、防污染,如图11-11所示。

(2) 卸料

运料车进入摊铺现场时,轮胎上不得沾有泥土等可能污染路面的脏物,否则应在进入工程现场前设水池冲洗轮胎。运料车不得超载运输或紧急制动、急弯掉头,以免造成透层、封层损伤。在摊铺地点凭运料单接收沥青混合料,如果混合料不符合施工温度的要求,或已经结团成块,或已遭雨淋时,不得用于铺筑。

摊铺过程中运料车应在摊铺机前100~300mm处停住,空挡等候,由摊铺机推动边前进边缓缓卸料,避免撞击摊铺机,如图11-12所示。在有条件时,运料车可将混合料卸入转运车,经二次拌和后再向摊铺机连续均匀地供料。运料车每次卸料必须倒净,尤其是对改性沥青或SMA混合料,如车内有剩余,应及时清除,防止硬结。

图11-11 覆盖苫布

图11-12 卸料

5. 混合料的摊铺

摊铺作业是沥青路面施工的关键工序之一,热拌沥青混合料应采用沥青摊铺机摊铺。

(1) 摊铺宽度的控制

为了保证沥青面层的摊铺质量,在铺筑高速公路和一级公路沥青混合料时,一台摊铺机的铺筑宽度不得超过6(双车道)~7.5m(3车道以上),通常应采用两台或多台摊铺机前后错开10~20m呈梯队方式同步摊铺,两幅之间应有30~60mm宽度的搭接,并避开车道轮迹带,上、下层的搭接位置应错开200mm以上,如图11-13所示。

a) 单机作业

b) 双机作业

图 11-13　沥青混合料摊铺

(2) 摊铺厚度

沥青混合料摊铺碾压过程中有松铺厚度和压实厚度两种。沥青混合料的松铺厚度 = 松铺系数 × 压实厚度。沥青混合料的松铺系数，应根据混合料类型并由试铺试压确定。一般沥青混凝土的松铺系数为 1.15 ~ 1.35，沥青碎石的松铺系数为 1.15 ~ 1.30。

(3) 摊铺机的调平基准

沥青混合料摊铺机的自动调平装置，包括纵坡调平和横坡调平两种。纵坡调平是指在摊铺机一侧的地面上设置一个水平的纵坡基准线作为基准，摊铺时比照该基准线进行，使该侧摊铺始终保持设定高程，以满足纵坡的设计要求。横坡调平是指在纵坡控制的基础上，用熨平板的另一侧横坡控制器控制，横坡控制器安装在摊铺机熨平板上，以满足路拱横坡的要求。下面层或基层宜采用钢丝绳引导的高程控制方式；上面层应采用平衡梁或雪橇式摊铺厚度控制方式；中面层根据情况选用找平方式。

(4) 摊铺技术要点

沥青混合料摊铺机的摊铺过程：

① 摊铺机开工前应提前 0.5 ~ 1h 预热，熨平板的温度不低于 100℃，摊铺机的受料斗应涂刷一薄层隔离剂或防黏剂，如图 11-14 所示。

② 将摊铺机按所铺路段的宽度、厚度、路拱坡度等施工参数调整好。摊铺开始前，应事先准备好 2 ~ 3 块坚固的长方形垫木，如图 11-15 所示。垫木的宽度为 5 ~ 10cm，长度与熨平板的纵向尺寸相同或稍长，厚度为计算的松铺厚度，垫木顶面高程即为摊铺后的松铺层表面高程。

③ 将自卸汽车装运的沥青混合料缓缓卸入受料斗，并由摊铺机顶推其前行。

④ 通过刮板输送器和螺旋摊铺器将沥青混合料连续均匀地向后、向左、向右输送和摊铺，螺

图 11-14　受料斗喷洒防黏剂

旋布料器两侧应保持有不少于送料器 2/3 高度的混合料,以减少在摊铺过程中混合料的离析。

⑤摊铺好的沥青混合料经熨平装置振捣梁的初步捣实、熨平板的振动,整型、熨平形成具有一定平整度和初步密实的沥青混合料摊铺层。摊铺过程中熨平板的振捣或夯锤压实装置应具有适宜的振动频率和振幅,以提高路面的初始压实度。摊铺机必须缓慢、均匀、连续不间断地摊铺,摊铺速度应控制在 2~6m/min 的范围内,不得随意变换速度或中途停顿,以提高平整度,减少混合料的离析。

⑥摊铺过程中当发现混合料出现明显的离析、波浪、裂缝、拖痕时,应分析原因,予以消除。

图 11-15　熨平板垫方木

摊铺过程中应随时检查摊铺层厚度及路拱、横坡,检测已铺厚度的方法有基线量取、采用自制钢钎插入测定、水准仪实测,并通过使用的混合料总量与面积校验平均厚度。

6. 混合料的压实及成型

压实是沥青面层施工的最后一道工序,是保证沥青混合料质量的重要环节。压实要在有效压实时间内完成,有效压实时间即从摊铺后混合料温度降至 80℃ 所经过的时间。压实工作主要包括碾压机械的选型与组合,压实层厚度控制,压实温度、碾压速度、遍数、压实方式的确定等。

(1) 碾压机械的选型与组合

用于沥青面层碾压的压路机主要有光轮压路机、轮胎压路机、振动压路机和组合式压路机。结合实际工程,考虑摊铺机的生产率、混合料特性、摊铺厚度、施工现场的具体条件等因素,选择压路机的种类、大小和数量,如图 11-16 所示。在高速公路施工时,压路机的数量不宜少于 5 台。当施工气温低、风大、碾压层较薄时,压路机数量应适当增加。

a) 二机作业

b) 三机作业

图 11-16　沥青混合料碾压

(2) 压实层厚度控制

沥青混凝土的压实层最大厚度不宜大于 10cm,沥青稳定碎石的压实层厚度不宜大于

12cm,但采用大吨位压路机且经试验验证能达到压实度要求时可以增大到15cm。

(3)压实温度控制

沥青混合料的碾压温度应符合要求,并根据沥青混合料类型、压路机、气温、层厚等情况经试压确定。初压、复压、终压应在尽可能高的温度下进行,但不能产生严重推移和裂缝。尽量避免在低温状况下做反复碾压,防止石料棱角磨损、压碎,影响集料嵌挤。

(4)选择合理的碾压速度

合理的碾压速度,对减少碾压时间、提高作业效率十分重要。碾压速度过慢,会使摊铺与压实工序间断,影响压实质量,从而可能需要通过增加压实遍数来提高压实度。碾压速度过快,会产生推移、横向裂纹等。压路机各阶段的碾压速度见表11-13。

压路机各阶段的碾压速度(km/h) 表11-13

压路机类型	初 压		复 压		终 压	
	适宜	最大	适宜	最大	适宜	最大
钢筒式压路机	2~3	4	3~5	6	3~6	6
轮胎压路机	2~3	4	3~5	6	4~6	8
振动压路机	2~3 (静压或振动)	3 (静压或振动)	3~4.5 (振动)	5 (振动)	3~6 (静压)	6 (静压)

(5)压实作业的程序与要求

热拌沥青混合料的碾压通常分为初压、复压和终压三个阶段。

①初压。初压又称为稳压,是压实的基础,其目的是整平和稳定混合料,同时为复压创造有利条件,因此应注意压实的平整度。初压应紧跟在摊铺机后碾压,并保持较短的初压区长度,以尽快使表面压实,减少热量损失。通常可采用6~10t钢轮压路机,静压1~2遍。碾压时应将压路机的驱动轮面向摊铺机,从外侧向中心碾压;在超高路段则由低向高碾压;在坡道上应将驱动轮从低处向高处碾压。初压后应检查平整度、路拱,有严重缺陷时应进行修整乃至返工。

②复压。复压是压实的主要阶段,其目的是使混合料密实、稳定、成型,混合料的密实程度取决于复压,因此复压应在较高的温度下紧跟在初压后面进行,且不得随意停顿。压路机碾压段的总长度应尽量缩短,通常不超过60~80m。采用不同型号的压路机组合碾压时,应安排每一台压路机做全幅碾压,防止不同部位的压实度不均匀。

密级配沥青混凝土的复压应优先采用重型的轮胎压路机进行揉搓,以增加泌水性,其总质量不宜小于25t,相邻碾压带应重叠1/3~1/2的碾压轮宽度,碾压4~6遍,碾压至要求的压实度为止。对以粗集料为主的较大粒径混合料,尤其是大粒径沥青稳定碎石基层,应优先采用10t振动压路机进行复压。厚度小于30mm的薄沥青层不宜采用振动压路机碾压。层厚较大时应选用高频率大振幅压路机,以产生较大的激振力;厚度较薄时宜采用高频率小振幅压路机,以防止集料破碎。相邻碾压带重叠宽度为100~200mm。振动压路机折返时应先停止振动。对路面边缘、加宽及港湾式停车带等大型压路机难于碾压的部位,可采用小型振动压路机或振动夯板补充碾压。

③终压。终压的目的是既要消除复压过程中遗留的表面不平整现象,又要保证路面的平整

度,因此终压不宜采用重型压路机在高温下完成。终压应紧跟在复压后进行,终压可选用 6~8t 双轮钢筒式压路机或关闭振动的 6~10t 振动压路机,碾压不宜少于 2 遍,至无明显轮迹为止。

(6)压实注意事项

①碾压过程中碾压轮应保持清洁,若有沥青混合料粘轮应立即清除。对钢轮可涂刷隔离剂或防黏剂,但严禁涂刷柴油。当采用向碾压轮喷水(可添加少量表面活性剂)的方法时,必须严格控制喷水量且呈雾状,不得出现漫流,以防混合料降温过快。

②碾压过程中,压路机每次应由两端折回的位置呈阶梯形随摊铺机向前推进,使折回处不在同一横断面上。压路机不得在未碾压成型的路段上转向、掉头、加水或停留。

③SMA 路面宜采用振动压路机或钢轮压路机。

7. 接缝处理

接缝包括纵向接缝和横向接缝(工作缝)两种。接缝处理得好坏直接影响路面的平整度和耐久性。采用宽幅摊铺机全幅摊铺可避免纵向接缝,但横向接缝不可避免。

沥青路面施工中接缝必须紧密、连接平顺,不得产生明显的接缝离析。上、下层的纵缝应错开 150mm(热接缝)或 300~400mm(冷接缝)以上。相邻两幅及上、下层的横向接缝均应错开 1m 以上。

1)纵向接缝类型

纵向接缝有热接缝和冷接缝两种。

(1)热接缝

热接缝施工一般是使用两台以上摊铺机呈梯队同步摊铺沥青混合料,两条相邻摊铺带的混合料都处于压实前的热状态,所以热接缝易于处理,且连接强度好。热接缝的压实方法为:将先摊铺的靠中间部分留下 100~200mm 宽暂不碾压,将其作为后续摊铺部分的基准面,待后续摊铺部分碾压时采用跨缝碾压以消除痕迹。

(2)冷接缝

冷接缝是指施工中由于设备以及场地条件等限制,有时不可避免地形成一种纵向接缝形式。冷接缝施工时,应在先摊铺带靠接缝一侧设置挡板,挡板的高度与铺筑层的压实厚度相同,以使压路机能压实边部并形成一个垂直面;在不设置挡板的情况下,碾压后的边部会成为一斜面,在摊铺相邻带之前应将呈斜面的部分切割掉,在切割面上涂少量沥青,摊铺相邻带沥青混合料时应在已铺带上重叠 5~10cm,借此加热接缝边部的冷沥青混合料,然后按规定碾压。冷接缝有两种碾压方法:

①压路机位于热混合料上,由边向中进行碾压,接缝处留下 100~150mm 宽,再做跨缝碾压。

②碾压开始时,压路机大部分在已压实路面上走行,碾压新铺热混合料宽度为 150mm 左右,然后逐次递进碾压新铺部分。

2)横向接缝

横向接缝通常是指每天的工作缝或由于摊铺中断时间较长而出现的接缝。

(1)横向接缝类型

横向接缝的形式有平接缝、斜接缝和阶梯接缝。

横向接缝宜采用垂直的平接缝。高速公路和一级公路的表面层横向接缝应采用垂直的平接缝,以下各层和其他等级公路的各层均可采用自然碾压形成的斜接缝。沥青层较厚时也可采用阶梯形接缝。斜接缝的长度宜为 0.4~0.8m,接缝处应洒少量沥青,搭接平整,充分压实。阶梯形接缝的台阶经铣刨而成,并洒黏结沥青,搭接长度不宜小于 3m。

(2)平接缝施工方法

施工结束时,摊铺机在接缝端部约 1m 处将熨平板稍微抬起驶离现场,人工将端部混合料铲齐后再予以碾压。然后用 3m 直尺检查平整度,找出表面纵坡或铺层厚度开始发生变化的横断面,趁路面尚未冷透,用切割机将此断面切割成垂直面,并将切缝靠端部一侧已铺的不符合平整度要求的尾部铲除。在预先处理好的接缝处,给切缝端面涂刷黏层沥青,摊铺机第一次布满料时不前行,用热料预热横向冷接缝至少 10min(最好达到 30min),并用温度最高的一车料开始摊铺。新铺面与已铺的冷铺面重叠 5cm,整平接缝并对齐,趁热进行横向碾压。压路机大部分钢轮位于已压实的混合料层上,跨缝伸入新铺面宽 15~20cm,每压一遍向新铺混合料移动 15~20cm,直至全部在新铺层上为止,然后再改为纵向碾压。

8. 开放交通

待沥青混合料路面摊铺层自然冷却完全、混合料表面温度低于 50℃后,方可开放交通。

五、热拌沥青混合料面层施工质量控制和检查验收

沥青路面施工质量控制是指为了达到合同和有关技术规范所规定的质量标准而采用的一系列监控措施、手段和方法。沥青路面施工质量控制包括各类材料的质量检验、铺筑试验路、施工过程中的质量管理与质量控制,以及各施工工序间的检查及工程交工后的检查验收。

1. 施工准备阶段质量管理和控制

热拌沥青混合料施工准备阶段的质量管理和控制详见原材料选择和混合料拌制。

2. 施工过程中质量管理和控制

施工单位在施工过程中应随时对施工质量进行自检。监理工程师或质量监督人员也应进行抽检或旁站检验,并对施工单位的自检结果进行检查认定。热拌沥青混合料路面施工过程中材料质量检查的项目和频度见表 11-14。热拌沥青混合料路面施工过程中工程质量的控制标准应符合表 11-15 的要求。

热拌沥青混合料路面施工过程中材料质量检查的项目与频度 表 11-14

材料	检查项目	检查频度		试验规程规定的平行试验次数或一次试验的试样数
		高速公路、一级公路	其他等级公路	
粗集料	外观(石料品种、含泥量等)	随时	随时	—
	针片状颗粒含量	随时	随时	2~3
	颗粒组成(筛分)	随时	必要时	2
	压碎值	必要时	必要时	2
	磨光值	必要时	必要时	4
	洛杉矶磨耗值	必要时	必要时	2
	含水率	必要时	必要时	2

续上表

材料	检查项目	检查频度		试验规程规定的平行试验次数或一次试验的试样数
		高速公路、一级公路	其他等级公路	
细集料	颗粒组成(筛分)	随时	必要时	2
	砂当量	必要时	必要时	2
	含水率	必要时	必要时	2
	松方单位重	必要时	必要时	2
矿粉	外观	随时	随时	—
	<0.075mm 颗粒含量	必要时	必要时	2
	含水率	必要时	必要时	2
石油沥青	针入度	2~3d	7d	3
	软化点	2~3d	7d	2
	延度	2~3d	7d	3
	含蜡量	必要时	必要时	2~3
改性沥青	针入度	1d	1d	3
	软化点	1d	1d	2
	离析试验（对成品改性沥青）	7d	1d	2
	低温延度	必要时	必要时	3
	弹性恢复	必要时	必要时	3
	显微镜观察（对现场改性沥青）	随时	随时	—
乳化沥青	蒸发残留物含量	2~3d	7d	2
	蒸发残留物针入度	2~3d	7d	2
改性乳化沥青	蒸发残留物含量	2~3d	7d	2
	蒸发残留物针入度	2~3d	7d	3
	蒸发残留物软化点	2~3d	7d	2
	蒸发残留物的延度	必要时	必要时	3

热拌沥青混合料路面施工过程中工程质量的控制标准 表 11-15

项　目		检查频度及单点检验评价方法	质量要求或允许偏差		试验方法
			高速公路、一级公路	其他等级公路	
外观		随时	表面平整密实，不得有明显轮迹、裂缝、推挤、油丁、油包等缺陷，且无明显离析		目测
接缝		随时	紧密平整、顺直、无跳车		目测
		逐条缝检测评定	3mm	5mm	3m 直尺检测
施工温度	摊铺温度	逐车检测评定	符合规范规定		温度计量测
	碾压温度	随时	符合规范规定		插入式温度计实测

续上表

项 目		检查频度及单点检验评价方法	质量要求或允许偏差		试验方法
			高速公路、一级公路	其他等级公路	
厚度①	每一层次	随时,厚度50mm以下厚度50mm以上	设计值的5% 设计值的8%	设计值的8% 设计值的10%	施工时插入法量测松铺厚度及压实厚度
	每一层次	1个台班区段的平均值 厚度50mm以下 厚度50mm以上	−3mm −5mm	—	总量检验
	总厚度	每2000m²一点单点评定	设计值的−5%	设计值的−8%	钻芯法
	上面层	每2000m²一点单点评定	设计值的−10%	设计值的−10%	
压实度②		每2000m²检查1组逐个试件评定并计算平均值	实验室标准密度的97%(98%) 最大理论密度的93%(94%) 试验段密度的99%(99%)		现场钻孔或挖坑
平整度③ (最大间隙)	上面层	随时,接缝处单杆评定	3mm	5mm	3m直尺检测
	中下面层	随时,接缝处单杆评定	5mm	7mm	3m直尺检测
平整度 (标准差)	上面层	连续测定	1.2mm	2.5mm	连续平整度仪
	中面层	连续测定	1.5mm	2.8mm	
	下面层	连续测定	1.8mm	3.0mm	
	基层	连续测定	2.4mm	3.5mm	
宽度	有侧石	检测每个断面	±20mm	±20mm	直尺检测
	无侧石	检测每个断面	不小于设计宽度	不小于设计宽度	
纵断面高程		检测每个断面	±10mm	±15mm	横断面仪或水准仪
横坡度		检测每个断面	±0.3%	±0.5%	横断面仪或水准仪
沥青面层上的渗水系数④		每1km不少于5点,每点3处取平均值	300mL/min(普通密级配沥青混合料) 200mL/min(SMA混合料)		沥青路面渗水仪

注:①表中厚度检测频度指高速公路和一级公路的钻孔频度,其他等级可酌情减少,且通常采用压实度钻孔试件测定。
②括号中的数值是对SMA路面的要求。
③3m直尺主要用于接缝检测,对于正常生产路段,采用连续式平整度仪测定。
④渗水系数适用于公称粒径≤19mm的沥青混合料,应在铺筑成型后未遭行车污染的情况下测定,且仅适用于密级配沥青混合料、SMA混合料,不适用于OGFC混合料。表中渗水系数以平均值评定,计算的合格率不得小于90%。

3. 交工验收阶段的工程质量检验

沥青混合料路面工程完工后,施工单位、监理单位和建设单位应按相同的工程项目划分进行工程质量的监控和管理。施工单位应将全线以每1~3km作为一个评定路段,每一侧车行道按规定频度随机选取测点,对沥青面层进行全线自检。施工单位应在规定时间内提交全线检测结果及施工总结报告,申请交工验收。热拌沥青混合料路面交工验收阶段实测项目见表11-16。

热拌沥青混合料路面交工验收实测项目 表 11-16

项次	项 目		规定值或允许偏差		检查方法与频度
			高速公路、一级公路	其他公路	
1△	压实度①（%）		≥试验室标准密度的96%（*98%） ≥最大理论密度的92%（*94%） ≥试验段密度的98%（*99%）		按规定方法检查,每200m测1点;核子(无核)密度仪每200m测1处,每处测5点
2△	厚度② （mm）	代表值	总厚度：−5%H 上面层：−10%h	−8%H	按规定方法检查,每200m测1点
		合格值	总厚度：−10%H 上面层：−20%h	−15%H	
3	平整度	σ(mm)	≤1.2	≤2.5	平整度仪：全线每车道连续检测,每100m计算IRI或σ
		IRI(m/km)	≤2.0	≤4.2	
		最大间隙 h(mm)	—	≤5	3m直尺：每200m测2处×5尺
4	弯沉(0.01mm)		≤设计验收弯沉值		按规定方法检查
5	纵断高程（mm）		±15	±20	水准仪：每200m测2个断面
6	宽度（mm）	有侧石	±20	±30	尺量：每200m测4个断面
		无侧石	≥设计值		
7	中线平面偏位（mm）		20	30	全站仪：每200m测2点
8	横坡（%）		±0.3	±0.5	水准仪：每200m测2个断面
9	摩擦系数		满足设计要求	—	摆式仪：每200m测1处;横向力系数测定车：全线连续,按规定评定
10	构造深度		满足设计要求	—	铺砂法：每200m测1处
11	渗水系数（mL/min）	SMA路面	≤120	—	渗水试验仪：每200m测1处
		其他沥青混凝土路面	≤200		
12△	矿料级配		满足生产配合比要求		按要求进行,每台班1次
13△	沥青含量		满足生产配合比要求		按要求进行,每台班1次
14	马歇尔稳定度		满足生产配合比要求		按要求进行,每台班1次

注：①表内压实度,高速公路和一级公路应选用2个标准评定,以合格率低的作为评定结果;其他公路选用1个标准进行评定。带*号者是指SMA路面。

②表列沥青层厚度仅规定负允许偏差。H为沥青层总厚度,h为沥青层上面层厚度;其他公路的厚度代表值和合格值允许偏差按总厚度计,当$H ≤ 60mm$时,允许偏差分别为 −5mm 和 −10mm;当$H > 60mm$时,允许偏差分别为 $-8\%H$ 和 $-15\%H$。

工作任务四 层铺法施工

学习目标

1. 熟悉层铺法原材料的技术要求；
2. 熟悉层铺法的施工方法、施工工序及质量控制要点；
3. 能够进行沥青表面处治、沥青贯入式的现场施工；
4. 具有"严控质量、遵从规范"的职业操守。

任务描述

1. 扫描"道路工程施工工艺虚拟仿真"中沥青贯入式面层施工项目二维码，学习现场施工工艺及技术要点。

2. 图11-17是某三级公路沥青路面结构图，该路面结构包括沥青表面处治层、沥青贯入层等结构层。本任务要求学生能进行沥青表面处治、沥青贯入式面层现场施工。

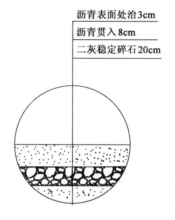

图11-17　某三级公路沥青路面结构示意图

相关知识

一、沥青表面处治

（一）一般规定

（1）沥青表面处治适用于三级、四级公路的面层，旧沥青面层上加铺罩面或抗滑层、磨耗层等。

(2)沥青表面处治宜选择在干燥和较热的季节施工,并应在雨季前和日最高温度低于15℃到来前半个月结束,使表面处治层通过开放交通压实,成型稳定。

(3)沥青洒布前应遮盖路缘石及人工构造物等,避免污染。

(4)各工序应紧密衔接,每个作业段长度应根据施工能力确定,并在当天完成。

(二)材料及施工机械准备

(1)沥青表面处治结构层采用层铺法施工。

(2)沥青表面处治可采用道路石油沥青、乳化沥青、煤沥青铺筑,沥青标号应按现行《公路沥青路面施工技术规范》(JTG F40)相关规定进行选用。沥青表面处治所采用的集料最大粒径应与处治层的厚度相当。沥青表面处治施工后,应在路侧另备S12(5~10mm)碎石或S14(3~5mm)石屑、粗砂或小砾石 $2\sim3m^3/1000m^2$。沥青表面处治所使用的材料规格和用量应符合表11-17规定。

沥青表面处治材料规格和用量　　　　表11-17

沥青种类	类型	厚度(cm)	集料($m^3/1000m^2$)						沥青或乳液用量(kg/m^2)			
			第一层		第二层		第三层		第一次	第二次	第三次	合计用量
			粒径规格	用量	粒径规格	用量	粒径规格	用量				
石油沥青	单层	1.0	S12	7~9					1.0~1.2			1.0~1.2
		1.5	S10	12~14					1.4~1.6			1.4~1.6
	双层	1.5	S10	12~14	S12	7~8			1.4~1.6	1.0~1.2		2.4~2.8
		2.0	S9	16~18	S12	7~8			1.6~1.8	1.0~1.2		2.6~3.0
		2.5	S8	18~20	S12	7~8			1.8~2.0	1.0~1.2		2.8~3.2
	三层	2.5	S8	18~20	S10	12~14	S12	7~8	1.6~1.8	1.2~1.4	1.0~1.2	3.8~4.4
		3.0	S6	20~22	S10	12~14	S12	7~8	1.8~2.0	1.2~1.4	1.0~1.2	4.0~4.6
乳化沥青	单层	0.5	S14	7~9					0.9~1.0			0.9~1.0
	双层	1.0	S12	9~11	S14	4~6			1.8~2.0	1.0~1.2		2.8~3.2
	三层	3.0	S6	20~22	S10	9~11	S12 S14	4~6 3.5~4.5	2.0~2.2	1.8~2.0	1.0~1.2	4.8~5.4

(3)沥青表面处治施工的主要机械有沥青洒布车、石屑撒布机、压路机等。石屑撒布机是一种可撒布直径在40mm以下石料的专用机械,它的主要功能是把石料均匀、定量、连续地撒布在已喷好的沥青层上。

(三)沥青表面处治施工

沥青表面处治施工一般采用"先油后料"的原则,现以三层式沥青表面处治为例介绍其施工程序及要求。

1. 清扫基层、喷洒透层油

(1)基层准备。沥青表面处治应在安装路缘石后进行,如图11-18所示。基层表面预先清理干净,不得含有泥土等杂质污染基层,如图11-19所示。除阳离子乳化沥青外,不得在潮湿的集料、基层和旧路上洒布沥青。

图 11-18 安装路缘石

图 11-19 清扫基层

(2)在清扫干净的碎(砾)石路面上铺筑沥青表面处治时,应先喷洒透层油。在旧沥青路面、水泥混凝土路面、块石路面上铺筑沥青表面处治路面时,可在喷洒第一层沥青时增加10%~20%用量,不再另洒透层油或黏层油。

2. 洒布沥青

(1)当透层沥青充分渗透,或清扫干净完已做透层或封层的基层后,就可按试洒沥青速度洒布第一层沥青,如图 11-20 所示。

图 11-20 洒布沥青

(2)施工时采用沥青洒布车喷洒沥青。施工前,先检查沥青洒布车,并将一定数量的沥青装入油罐,进行试洒,确定施工所需的喷洒速度和油量。每次喷洒前要保持喷油嘴干净,管道畅通,喷油嘴的角度一致,并与洒油管成 15°~25°的夹角。洒油管的高度应保证同一地点接收两个或三个喷油嘴喷洒的沥青,不得出现花白条现象。

(3)沥青洒布温度应根据施工时的气温以及沥青标号确定。石油沥青的洒布温度宜控制在 130~170℃,煤沥青宜控制在 80~120℃,乳化沥青须在常温下施工,加温洒布的乳液温度最高不能超过 60℃。

(4)沥青的洒布速度应与石料撒布机的能力相匹配。沥青要洒布均匀,当沥青洒布后发现有空白、缺边时,要立即进行人工补洒,发现有沥青积聚时应予以刮除。

(5)前后两车喷洒的接茬处要搭接良好。在每段接茬处,可用铁板或建筑纸等横铺在本段起洒点前及终点后,长度为 1~1.5m。如果需要分数幅浇洒时,纵向搭接宽度宜为 10~15cm,浇洒第二、三层沥青的搭接缝应错开。

3. 撒布主层集料

(1)施工时采用集料撒布机撒布集料。集料撒布机在使用前应进行试撒布,确定撒布各种规格集料时应控制的下料间隙和行驶速度。

(2)洒布主层沥青后要尽快趁热及时撒布集料,如图 11-21 所示。集料撒布要求达到均匀、不重叠、厚度一致、不能暴露出沥青。当局部集料过多或过少时,应采用人工方法,清扫多余的集料或适当找补。使用乳化沥青时,集料的撒布应在乳液破乳前完成。

(3)在两幅搭接处,第一幅洒布沥青时需留出 10～15cm 宽度不撒石料,待第二幅洒布沥青时一起撒布集料。

图 11-21　撒布集料

4. 碾压

撒布第一层集料后应立即采用 6～8t 钢筒双轮压路机碾压,碾压时轮迹重叠约 30cm,从路边逐渐移至路中心,然后再从另一边开始移向路中心,均完成后即为一遍,宜碾压 3～4 遍。碾压刚开始时速度应稍慢,一般不超过 2km/h,以后可适当增加。

5. 第二、三层施工

第二、三层的施工方法和要求应与第一层相同,但可以采用 8t 以上压路机进行碾压。

6. 初期养护

除乳化沥青表面处治要等破乳水分蒸发并基本成型后方可开放通车外,沥青表面处治在碾压结束后即可开放交通。沥青表面处治路面开放交通后,应按照现行《公路沥青路面施工技术规范》(JTG F40)的要求控制交通,进行初期养护。

通车初期应限制行车速度不超过 20km/h,需设专人指挥交通,使路面全宽均匀碾压。如果发现局部有泛油现象时,可在泛油处补撒与最后撒布集料相同的填缝料并扫匀。

7. 施工质量控制和检查验收

沥青表面处治施工过程中的质量控制应符合表 11-18 的规定。

沥青表面处治施工过程中质量控制要求　　　　表 11-18

项　目	检 查 频 度	质量要求或允许偏差	试 验 方 法
外观	随时	集料嵌挤密实,沥青洒布均匀,无花白料,接头无油包	目测
集料及沥青用量	每日一次,逐日评定	±10%	每日施工长度的实际用量与计划用量比较
沥青洒布温度	每车一次,逐点评定	符合规定要求	温度计测量
厚度	不少于每 2000m² 测一点,逐点评定	−5mm	按有关规定方法检测
平整度	随时,以连续 10 尺的平均值测定	10mm	3m 直尺
宽度	检测每个断面,逐个评定	±30	尺量
横坡	检测每个断面,逐个评定	±0.5	水准仪

8. 交工验收阶段的质量检查

沥青表面处治路面交工验收阶段的质量检查应符合表 11-19 的规定。

沥青表面处治面层实测项目　　　　　　　　　　　　　　　　表 11-19

项次	项目		规定值或允许偏差	检查方法和频度
1	平整度	σ(mm)	≤4.5	平整度仪：全线每车道连续按每 100m 计算 IRI 或 σ
		IRI(m/km)	≤7.5	
		最大间隙 h(mm)	≤10	3m 直尺：每 200m 测 2 处 ×5 尺
2	弯沉值(0.01mm)		不大于设计验收弯沉值	按规定方法检测
3△	厚度	代表值	-5	按规定方法检测，每 200m 每车道测 1 点
		合格值	-10	
4	沥青总用量		±0.5%	每工作日每层洒布查 1 次
5	中线平面偏位(mm)		30	全站仪：每 200m 测 2 点
6	纵断高程(mm)		±20	水准仪：每 200m 测 2 个断面
7	宽度(mm)	有侧石	±30	尺量：每 200m 测 4 处
		无侧石	不小于设计值	
8	横坡(%)		±0.5	水准仪：每 200m 测 2 个断面

二、沥青贯入式

(一) 一般规定

(1) 沥青贯入式路面适用于三级及三级以下公路，也可作为沥青路面的联结层或基层。

(2) 沥青贯入式路面宜选择在干燥和较热的季节施工，并宜在日最高温度降低至 15℃ 以前半个月结束，使贯入式结构层通过开放交通碾压成型。

(3) 其他与沥青表面处治要求相同。

(二) 材料及施工机械准备

(1) 沥青贯入式结构层采用层铺法施工。

(2) 沥青贯入式可采用道路石油沥青、乳化沥青、煤沥青铺筑，沥青标号应按照现行《公路沥青路面施工技术规范》(JTG F40) 相关规定进行选用。沥青贯入式路面所用的集料应选有棱角、嵌挤性好的坚硬石料，其规格和用量应符合表 11-20 的要求，其主层集料最大粒径应与贯入层厚度相当。

沥青贯入式的材料规格和用量　　　　　　　　　　　　　　　表 11-20

沥青品种	石油沥青(kg/m²)					
贯入层厚度(cm)	4		5		6	
规格和用量(m³/1000m²)	规格	用量	规格	用量	规格	用量
主层石料	S5	45~50	S4	55~60	S5	66~76
第一遍沥青		2.0~2.3		2.6~2.8		3.2~3.4

续上表

第一遍嵌缝料	S10(S9)	12~14	S8	16~18	S8(S7)	16~18
第二遍沥青		1.4~1.6		1.6~1.8		1.6~1.8
第二遍嵌缝料	S12	5~6	S12(S11)	7~9	S12(S11)	7~9
第三遍沥青		1.0~1.2		1.0~1.2		1.0~1.2
封层料	S14	3~5	S14	3~5	S13(S14)	4~6
总沥青用量		4.4~5.1		5.2~5.8		5.8~6.4
沥青品种	石油沥青(kg/m²)		乳化沥青(kg/m²)			
贯入层厚度(cm)	7		4		5	
规格和用量(m³/1000m²)	规格	用量	规格	用量	规格	用量
主层石料	S2	80~90	S5	40~45	S4	50~55
第一遍沥青		3.3~3.5		2.2~2.4		2.6~2.8
第一遍嵌缝料	S6(S8)	18~20	S9	12~14	S8	10~12
第二遍沥青		2.4~2.6		1.6~1.8		1.6~1.8
第二遍嵌缝料	S10(S11)	11~13	S12	7~8	S10	9~11
第三遍沥青		1.0~1.2		1.4~1.6		1.5~1.7
第三遍嵌缝料			S14	5~6	S12	7~9
第四遍沥青				0.8~1.0		1.2~1.4
第四遍嵌缝料					S14	5~6
第五遍沥青						0.8~1.0
封层料	S13(S14)	4~6	S13(S14)	4~6	S14	4~6
总沥青用量		6.7~7.3		6.0~6.8		7.4~8.5

(3)沥青贯入式施工所需的机械主要有沥青洒布车、碎石摊铺机、石屑撒布机、压路机等。主层集料的施工可采用碎石摊铺机摊铺和钢筒式压路机碾压。

(三)沥青贯入式施工

沥青贯入式路面的施工一般采用"先料后油"的原则,施工工艺流程如图11-22所示(实际施工时根据撒布嵌缝料和洒布沥青的遍数予以调整)。

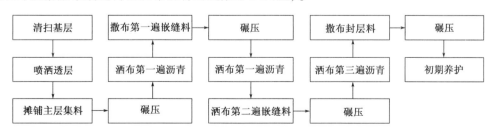

图11-22 沥青贯入式施工流程

1. 清扫基层、喷洒透层油

乳化沥青贯入式路面必须浇洒透层或黏层沥青。当沥青贯入式路面厚度≤5cm时，应浇洒透层或黏层沥青。

2. 摊铺主层集料

采用碎石摊铺机、平地机或人工摊铺主层集料，摊铺后禁止通行。

3. 碾压主层集料

碾压要求与沥青表面处治的碾压要求相同。碾压一遍后，检验路拱和纵向坡度，如若不符合要求，须先调整找平再压，至集料无显著推移为止。然后再选用重型的钢筒压路机（如10~12t压路机）进行碾压，每次轮迹重叠轮宽1/2左右，需碾压4~6遍，直至主层集料稳定并无显著轮迹为止。

4. 洒布第一层沥青

主层集料完成后即洒第一层沥青，施工方法与沥青表面处治基本相同。采用乳化沥青贯入时，为防止乳液下漏过多，可在主层集料碾压稳定后，先撒布一部分上一层嵌缝料，再洒布主层沥青。

5. 撒布第一层嵌缝料

当主层沥青洒布后，应立即采用集料撒布机或人工撒布第一层嵌缝料，撒布要求均匀，料不足处应该找补。当使用乳化沥青时，石料撒布必须在乳液破乳前完成。

6. 碾压第一层嵌缝料

立即采用8~12t钢筒式压路机进行碾压，轮迹重叠轮宽1/2左右，应碾压4~6遍，直至稳定为止。碾压时随压随扫，使嵌缝料均匀嵌入。如果因气温过高致使碾压过程中发生较大推移现象时，要立即停止碾压，等待气温稍低时再继续碾压。

7. 第二、三层施工

第二、三层沥青洒布、第二层嵌缝料撒布及碾压施工与第一层施工相同。

8. 撒布封层料

按撒布嵌缝料的方法撒布封层料，然后采用6~8t压路机碾压，碾压2~4遍，然后开放交通。

其他施工程序和要求基本上与沥青表面处治相同，要协调和处理好各道工序，要求当天已开工的路段应当天完成沥青贯入式施工，并要注意保持施工现场的整洁和干净。沥青贯入式路面开放交通后，应按现行《公路沥青路面施工技术规范》（JTG F40）的要求控制交通，进行初期养护。

9. 沥青贯入式路面施工质量控制

沥青贯入式路面施工过程中质量控制应符合表11-21的规定。

10. 沥青贯入式路面交工验收阶段的质量检验

沥青贯入式路面交工验收阶段的质量检验应符合表11-22的规定。

沥青贯入式路面施工过程中质量控制要求

表 11-21

项 目	检查频度	质量要求或允许偏差		试验方法
		高速公路、一级公路	其他等级	
外观	随时	集料嵌挤密实,沥青洒布均匀,无花白料,接头无油包		目测
集料及沥青用量	每日一次,总量评定	±10%		每日施工长度的实际用量与计划用量比较
沥青洒布温度	每车一次,逐点评定	符合相关规定		温度计测量
厚度	每2000m²测1点,逐点评定	-5mm 或设计厚度的 -8%		按有关规定方法检查
平整度	随时,以连续10尺的平均值评定	8mm		3m 直尺
宽度	检测每个断面	±30mm		尺量
横坡	检测每个断面	±0.5%		水准仪

沥青贯入式面层层实测项目

表 11-22

项次	项 目		规定值或允许偏差	检查方法与频度
1	平整度	σ(mm)	≤3.5	平整度仪:全线每车道连续按每100m计算 IRI 或 σ
		IRI(m/km)	≤5.8	
		最大间隙 h(mm)	≤8	3m 直尺:每200m测2处×5尺
2	弯沉(0.01mm)		≤设计验收弯沉值	按规定方法检查
3	纵断高程(mm)		±20	水准仪:每200m测2个断面
4	宽度(mm)	有侧石	±30	尺量:每200m测4个断面
		无侧石	≥设计值	
5	厚度*(mm)	代表值	-8%H 或 -5	按规定检查,每200m测2点
		合格值	-15%H 或 -10	
6	沥青总用量		±0.5%	每台班每层洒布检查1次
7	中线平面偏位(mm)		30	全站仪:每200m测2点
8	横坡(%)		±0.5	水准仪:每200m测2个断面
9	矿料级配		满足生产比要求	按规定进行,每台班1次
10	沥青含量		满足生产比要求	按规定进行,每台班1次

注:*H为设计厚度。当H≥60mm时,按厚度百分率计算;当H<60mm时,直接选用固定值。

小结

(1)沥青路面要求满足高温稳定性、低温抗裂性、水稳性、耐疲劳性和抗老化性能。高速公路多采用半刚性基层沥青路面。沥青路面按技术特性可将其划分为沥青混凝土(AC)路面、沥青玛𤩽脂碎石混合料(SMA)路面、沥青碎石(AM)路面、沥青贯入式路面、沥青表面处治路面等类型。

(2)沥青路面结构层之间根据不同的目的和作用需要设置透层、黏层和封层等功能层。

(3)沥青路面按施工工艺的不同可分为层铺法和厂拌法。热拌沥青混合料(HMA)路面是指沥青与矿料在热拌状态下施工的沥青路面,它适用于各种等级公路的沥青面层,应采用厂拌法。沥青表面处治、沥青贯入式路面应采用层铺法。

(4)沥青路面的厂拌法施工过程主要包括试拌、拌和、运输、摊铺、碾压等工序,内容繁杂、实践性强。在实际施工过程中参考现行《公路沥青路面施工技术规范》(JTG F40)及验收标准,按正确的工艺、方法,科学地组织施工,确保工程质量与进度。

一、填空题

1. 除长期不使用的沥青可放在自然温度下储存外,沥青在储罐中的储存温度不得低于_____℃,并不得高于_____℃。

2. 道路石油沥青使用广泛,它的标号分为_____号、130号、110号、_____号、70号、50号等共_____个标号,每个标号的道路石油沥青又分为_____、_____、_____等级。

3. 沥青路面按沥青面层的结构组成分为_____、_____、_____三类。

4. 沥青路面按沥青面层施工工艺分为_____和_____。

5. 沥青玛蹄脂碎石混合料(SMA)一般可用于_____、_____的表面层。

6. 沥青玛蹄脂碎石混合料(SMA)的结构组成可概括为"三多一少",即_____多,_____多,_____多,_____少。

7. 沥青路面的功能层包括_____、_____、_____。

8. 沥青混合料拌和时投料的顺序是先将_____放入搅拌器干拌3~5s,后加入_____拌和几秒,最后再加入_____继续拌和。

二、不定项选择题

1. 为了使沥青面层与半刚性基层结合良好,在基层上浇洒的沥青薄层称为(   );为加强路面沥青层之间、沥青层与水泥混凝土路面之间的结合,浇洒的沥青薄层称为(   )。

    A. 透层   B. 黏层

    C. 封层   D. 结合层

2.沥青混合料的冷料仓数量根据工程需要确定,一般为5~6个。料斗内装矿料的规格应按粒径(　　)沿送料方向依次排列。
　　A.从大到小　　　　　　　　　　B.从小到大
　　C.按粗、细、中等集料顺序　　　　D.无具体要求

3.沥青混凝土的拌和分为干拌和湿拌,一般每一个拌和循环周期为(　　)s。
　　A.25~40　　　　　　　　　　　B.45~60
　　C.46~75　　　　　　　　　　　D.80~120

4.沥青路面结构组合设计时,一般应使结构层自上而下(　　)。
　　A.强度减小,厚度减薄　　　　　　B.强度减小,厚度增厚
　　C.强度增大,厚度减薄　　　　　　D.强度增大,厚度增厚

5.修筑垫层所用材料要求是(　　)。
　　A.强度不一定高　　　　　　　　　B.水稳性好
　　C.隔水性好　　　　　　　　　　　D.抗冻性好

6.下列必须采用热拌热铺厂拌法施工的是(　　)。
　　A.沥青表面处治　　　　　　　　　B.沥青贯入式
　　C.沥青稳定碎石　　　　　　　　　D.沥青混凝土
　　E.沥青玛琋脂稳定碎石

7.热拌沥青混合料(HMA)适用于铺设(　　)的沥青路面。
　　A.高速公路　　　　　　　　　　　B.一级公路
　　C.城市道路　　　　　　　　　　　D.各种等级公路

8.沥青面层集料的最大粒径应从上至下逐渐(　　),并且要与压实层厚度相匹配。
　　A.减小　　　　　　　　　　　　　B.增大
　　C.不变　　　　　　　　　　　　　D.视公路等级而定

9.沥青混合料运输车辆应采用载重量大于(　　)的大型自卸汽车运送沥青混合料到摊铺现场,以减少摊铺机在短时间内频繁换车卸料。
　　A.150kN　　　　　　　　　　　　B.80kN
　　C.100kN　　　　　　　　　　　　D.120kN

10.普通沥青混合料卸料或摊铺时,正常的施工温度下不冒烟,如果冒黄烟可能是(　　)。
　　A.加热过度　　　　　　　　　　　B.加热过低
　　C.含水率过大　　　　　　　　　　D.粉尘过多

11.我国规定在铺筑高速公路时,通常采用两台或更多台数的摊铺机前后错开成梯队方式同步摊铺,两台摊铺机之间错开的距离一般为(　　)。
　　A.10~20m　　　　　　　　　　　B.20~30m
　　C.40~50m　　　　　　　　　　　D.50~60m

12. 沥青混凝土摊铺时,松铺厚度等于压实厚度乘以松铺系数,一般情况下松铺系数的取值范围为(　　)。

　　A.1.15~1.35　　　　　　　B.1.0~1.15

　　C.1.35~1.45　　　　　　　D.1.5 以上

13. 热拌沥青混合料路面应待摊铺层完全自然冷却,混合料表面温度低于(　　)后,方可开放交通。

　　A.30℃以下　　　　　　　B.40℃

　　C.50℃　　　　　　　　　D.60℃以上

14. 沥青表面处治不适用于(　　)公路的沥青面层。

　　A.三级及三级以下

　　B.二级及二级以上

　　C.各级公路施工便道

　　D.在旧沥青面层上加铺罩面层或磨耗层

15. 沥青路面施工时,(　　)基层上需要喷洒透层油。

　　A.稳定土类　　　　　　　B.粒料类

　　C.固化的半刚性　　　　　D.所有类型

16. 沥青路面施工时,透层沥青要求下渗到基层的深度不得小于(　　)mm。

　　A.5　　　　　　　　　　　B.10

　　C.15　　　　　　　　　　D.20

17. 沥青路面施工时,透层合适的洒布时间(　　)。

　　A.在基层施工束后 7d

　　B.在基层施工结束后 14d

　　C.紧接在基层铺筑结束后表面稍干、尚未硬化时

　　D.在基层施工结束且强度已形成后

18. 无结合料基层上洒布透层油时,宜在铺筑沥青层前(　　)天洒布。

　　A.1~2　　　　　　　　　　B.2~3

　　C.3~4　　　　　　　　　　D.7

三、名词解释

1.透层　2.黏层　3.封层　4.热拌沥青混合料

四、判断题

(　　)1.沥青路面透层施工时,只要沥青能下渗入基层,沥青用量越多越好。

(　　)2.乳化沥青表面处治在碾压结束后即可开放交通。

五、简答题

1. 简述热拌沥青混合料路面施工工序流程及控制点。
2. 简述沥青路面分类及其特点。
3. 简述透层、黏层、封层的作用及要求。
4. 沥青混凝土路面的碾压分几个阶段?各阶段的作用是什么?
5. 间歇强制式沥青混凝土拌和机拌和工艺过程是什么?
6. 简述沥青路面施工时的温度要求。
7. 沥青混合料面层的接缝如何处理?
8. 简述沥青路面铺筑试验路的条件及其目的。
9. 简述沥青混凝土路面透层施工技术要点。
10. 简述沥青混凝土路面黏层施工技术要点。
11. 简述沥青表面处治(三层式)施工技术要点。

学习情境十二
LEARNING CONTEXT TWELVE
水泥混凝土路面施工

工作任务一　认知水泥混凝土路面

 学习目标

1. 了解水泥混凝土路面类型、特点及适用范围；
2. 熟悉水泥混凝土路面结构层次及技术要求；
3. 熟悉水泥混凝土路面接缝类型及构造；
4. 培养学生精益求精的工匠精神，增强学生的民族自信心和自豪感。

 任务描述

1. 某二级公路水泥混凝土路面结构设计图和水泥混凝土面板接缝设计图，如图12-1所示。根据资料和行业规范，完成"识读水泥混凝土路面结构"工作任务单，见表12-1。
2. 以水泥混凝土路面为切入点，引入中国农村公路建设，增强学生的民族自信心和自豪感；引导学生在完成工作任务单的过程中，逐步养成严谨细致、精益求精的工匠精神。

 相关知识

一、水泥混凝土路面基本知识

1. 水泥混凝土路面的概念

水泥混凝土路面是指以水泥与水拌和而成的水泥浆为结合料，以碎(砾)石、砂为集料，掺入适当的外加剂，拌和成水泥混凝土混合料，运输至现场，经摊铺、振捣、养护而达到一定强度的路面，也称刚性路面，俗称白色路面。它包括普通水泥混凝土(素混凝土)、钢筋混凝土、连续配筋混凝土、预应力混凝土、钢纤维混凝土等多种路面。目前广泛使用的水泥混凝土面层一般采用设置接缝的普通水泥混凝土路面。普通水泥混凝土路面是指接缝处和局部范围(边缘和角隅)以外不设钢筋的水泥混凝土路面。

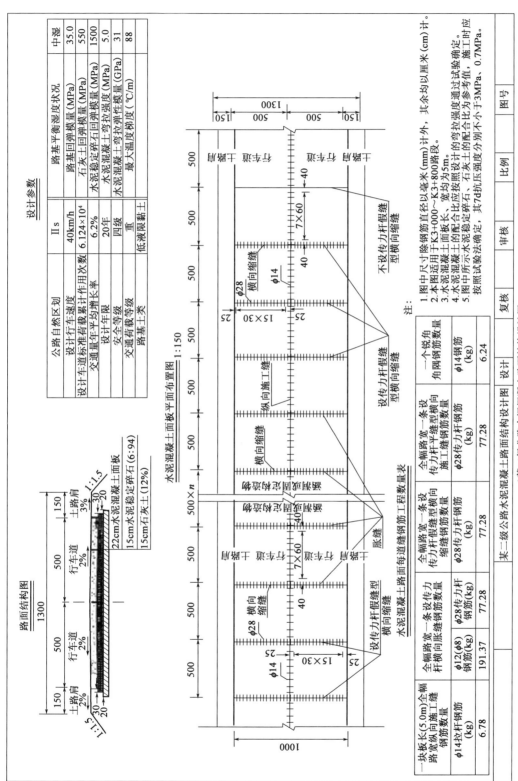

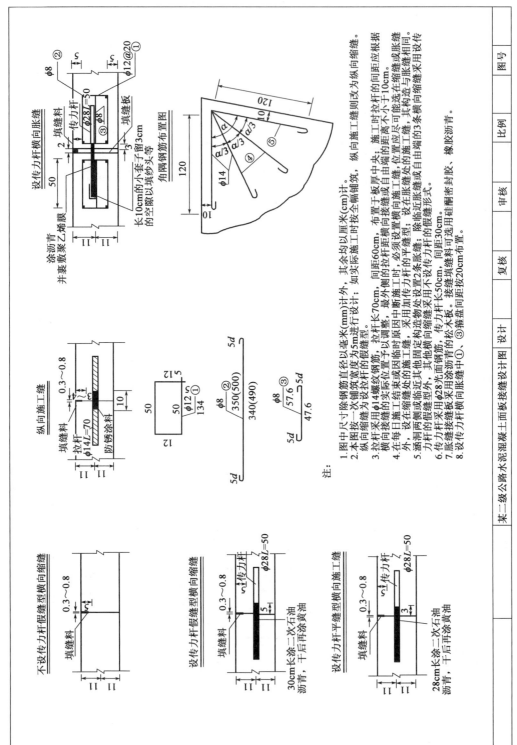

图12-1 某二级公路水泥混凝土路面结构设计图和水泥混凝土面板接缝设计图
b) 某二级公路水泥混凝土面板接缝设计图

工作任务单14　识读水泥混凝土路面结构　　表12-1

项目概况	公路等级				
	设计速度				
	车道数				
	行车道宽度				
	路面宽度				
	路基宽度				
	路面设计年限				
	交通荷载等级				
识读水泥混凝土路面结构	路面结构层次				
	面层	面层材料及厚度			
		原材料			
		板长			
		板宽			
	基层材料及厚度				
	底基层材料及厚度				
	垫层	是否设？			
		垫层材料及厚度			
	路面类型				
识读接缝类型及构造	设置接缝的原因				
	横向接缝	缩缝	作用		
			形式		
			构造		
			传力杆	作用	钢筋类型
				直径	长度
				间距	防锈处理长度
		胀缝	作用		
			形式		
			构造		
			滑动传力杆	作用	钢筋类型
				直径	长度
				间距	防锈处理长度
		施工缝	设置条件		
			形式		
			构造		
	纵向接缝	本项目采用纵向缩缝还是纵向施工缝？（　　　　）			
		设置条件			
		形式			
		构造			

续上表

识读接缝类型及构造	纵向接缝	拉杆	作用	钢筋类型
			直径	长度
			间距	防锈处理长度
	接缝材料	填缝料		
		胀缝接缝板		

2. 水泥混凝土路面的特点

1) 水泥混凝土路面的优点

(1) 强度高。水泥混凝土路面具有较高的抗压强度、抗弯拉强度及抗磨耗能力，能承受较重的车辆荷载及其反复作用。

(2) 稳定性好。水泥混凝土路面的水稳性、热稳性均比较好，特别是它的强度能随时间的延长而逐渐提高，不存在沥青路面的"老化"现象。

(3) 耐久性好。水泥混凝土路面经久耐用，使用年限较长，一般能使用20～40年。

(4) 抗滑性好。水泥混凝土路面表面粗糙度好，车辆在路面潮湿时仍能保持较高的速度安全行驶。

(5) 养护维修费用少。由于水泥混凝土路面坚固耐久，养护维修的工作量小，所以所需的养护费用少。

2) 水泥混凝土路面的缺点

(1) 水泥和水的需求量大。对水泥供应不足和缺水地区的路面施工带来较大困难。

(2) 接缝多且易损坏。水泥混凝土路面需要设置接缝，这些接缝不但增加了施工和养护的复杂性，还容易引起跳车，影响行车的舒适性；同时接缝也是路面的薄弱点，易导致路面板边和板角处破坏。

(3) 噪声较大。水泥混凝土路面刚度大，所以减震效果差，噪声较大。

(4) 开放交通较迟。水泥混凝土路面施工完成后，要经过14～21d的养护，才能开放交通。

(5) 修复困难。水泥混凝土路面损坏后，开挖很困难，修补工作量较大，且影响交通。

水泥混凝土路面由于强度高、耐久性好、能适应重载交通，在我国机场跑道、城市道路、工矿道路及停车场等使用较多。

3. 水泥混凝土路面的设计年限

水泥混凝土的设计年限见表12-2。

水泥混凝土路面的设计年限　　　　　　表12-2

公路等级	高速	一级	二级	三级	四级
设计年限(年)	30	30	20	15	10

4. 水泥混凝土路面的交通荷载分级

按设计年限内设计车道承受设计轴载累计作用次数,将水泥混凝土路面划分为极重、特重、重、中、轻 5 个交通荷载等级,具体分级见表 12-3。

水泥混凝土路面的交通荷载分级　　　　　表 12-3

交通荷载等级	极重	特重	重	中	轻
设计年限内设计车道承受设计轴载累计作用次数($\times 10^4$)	$>1 \times 10^6$	$2000 \sim 1 \times 10^6$	$100 \sim 2000$	$3 \sim 100$	<3

二、水泥混凝土路面结构层次

水泥混凝土路面的结构层次是由混凝土面板、基层、垫层和路基组成,各层次应满足相关技术要求。

1. 水泥混凝土面板

1) 面板基本要求

水泥混凝土面板直接承受车辆荷载作用和自然因素影响,因此水泥混凝土面板应具有较高的抗弯拉强度、耐久性、耐磨、抗滑、平整度及低噪声等特性。

2) 面板形状和平面尺寸

水泥混凝土面板一般为矩形,如图 12-2 所示。板宽依据路面宽度和每个车道宽度确定在 3.0~4.5m 范围内。板长按面层类型和厚度确定:①普通混凝土面层板长一般为 4~6m,在昼夜温差较大的地区或地基水文不良路段,应取低值,反之则取高值,面板的长宽比不宜超过 1.3,面积不宜大于 $25m^2$;②碾压混凝土或钢纤维混凝土面板长一般为 6~10m;③钢筋混凝土面板长一般为 6~15m。

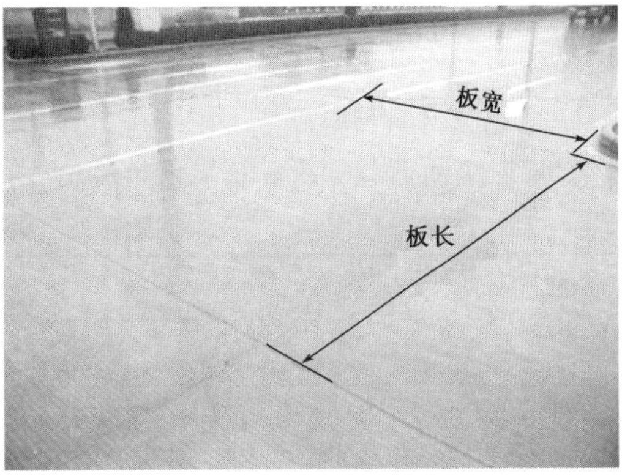

3) 面板厚度

目前水泥混凝土面板常采用等厚式断面,或在等厚式断面的两侧板边部分配置钢筋予以加固。水泥混凝土面板厚度可根据交通荷载等级、公路等级和变异水平等级,参照表 12-4 中的数据选取初估厚度。

图 12-2　水泥混凝土面板形状

水泥混凝土面层厚度的参考范围　　　　　表 12-4

交通荷载等级	极重	特重			重		
公路等级	高速	高速	一级	二级	高速	一级	二级
变异水平等级	低	低	中	低	中	低	中	低	中
面层厚度(mm)	≥320	320~280	380~260	280~240	270~240	270~230	260~220

续上表

交通荷载等级	中				轻	
公路等级	二级		三、四级		三、四级	
变异水平等级	高	中	高	中	高	中
面层厚度(mm)	250~220	240~210		230~200	220~190	210~180

4) 水泥混凝土面板的表面构造

为防止车轮打滑,保证行车安全,水泥混凝土面板表面应采用刻槽、拉毛等方法制作纹理,增强路面粗糙度,如图12-3所示。

2. 基层

1) 基层要求

水泥混凝土面层下设置基层可以防唧泥、防冰冻、防水,减小路基顶面的压应力,缓和路基不均匀变形对面层的影响,为面层施工(立侧模、运送混凝土混合料等)提供方便,而且可以提高路面结构承载能力,延长路面的使用寿命。除非土基本身既是具有良好级配的砂砾类土,也是具有良好排水条件的轻交通公路,否则水泥混凝土面板下都应设置基层。水泥混凝土面板下的基层应具有足够的强度、稳定性及抗冲刷能力,且表面平整。

图12-3 水泥混凝土面板表面构造

2) 基层材料与厚度

依据交通荷载等级和基层的抗冲刷性能,各交通荷载等级宜选用的基层类型,见表12-5。

适宜各交通荷载等级的基层类型   表12-5

交通荷载等级	基层材料类型	底基层材料类型
极重、特重	贫混凝土、碾压混凝土	级配碎石
重	沥青混凝土	水泥稳定碎石,石灰粉煤灰稳定碎石,级配碎石
	密级配沥青稳定碎石	
	水泥稳定碎石	级配碎石
中、轻	水泥稳定碎石,石灰粉煤灰稳定碎石	未筛分碎石
	级配碎石	未筛分碎石、级配砾石,或不设

水泥混凝土面板下的基层厚度以20cm左右为宜。基层宽度应根据混凝土面层施工方式的不同来确定,基层宽度应比混凝土路面面板每侧各宽出25~35cm(采用小型机具或轨道式摊铺机施工)或50~60cm(采用滑模摊铺机施工),或与路基同宽,以供施工时安装模板,并防止路面边缘渗水至土基,而导致路面破坏。

3. 垫层

垫层的主要作用是隔水、排水、防冻,以改善基层和土基的工作条件。垫层应与路基同宽,其最小厚度为15cm。根据《公路水泥混凝土路面设计规范》(JTG D40—2011)的规定,以下情况需设垫层:

(1)在季节性冰冻地区,路面结构厚度小于防冻厚度时,应设置防冻垫层;

(2)在水文地质条件不良的土质路堑或路床土质湿度较大时,宜设置排水垫层。

4. 路基

水泥混凝土面板具有很高的刚度和扩散荷载的能力,通过面板和基层传到路基顶面的压应力荷载很小,一般不超过0.05MPa。因此,水泥混凝土路面下的路基并不要求其强度非常大、承载力非常高,只要求路基必须密实、稳定和均匀,对面板能提供均匀支撑,且表面应平整并设置路拱横坡。

三、水泥混凝土路面的接缝

1. 接缝的设置原因

水泥混凝土面板由于受气候、温度变化的影响,会产生热胀冷缩的现象,同时面板的温度差会使其产生翘曲、拱胀,反复作用下易使面板产生裂缝。为了避免水泥混凝土面板产生不规则裂缝,并将其变为可控的规则裂缝,需设置接缝。但对于水泥混凝土路面,接缝是其最薄弱部位之一,在接缝处易发生板边和板角断裂、唧泥、错台等病害,同时影响行车的舒适性。因此,从兼顾这两方面的需求出发,水泥混凝土路面必须设置接缝但应尽量减少接缝数量,并且在接缝处需设置传力钢筋,保持接缝两侧面板的整体性,提高接缝传递荷载的能力,而且接缝处必须灌注填缝料,防止地表水渗入。

2. 接缝的分类与构造

接缝按其布设位置可分为横向接缝和纵向接缝两种。纵缝与横缝一般设置成垂直正交,纵缝两旁的横缝一般呈一条直线,以防止从横缝末端再延伸产生裂缝。

1)横向接缝

横向接缝是指垂直于路面中心线的接缝,按其作用不同分为横向缩缝、横向胀缝和横向施工缝。

(1)横向缩缝

横向缩缝是指为了保证面板因温度和湿度降低收缩时沿该薄弱断面缩裂,从而避免产生不规则裂缝所设置的接缝。普通水泥混凝土路面的横向缩缝应等间距布置,一般长为4~6m。缩缝一般采用假缝形式,如图12-4所示。特重和重交通公路、收费广场及邻近胀缝或自由端的3条缩缝,应采用传力杆假缝形式,传力杆如图12-5所示,缩缝宽3~8mm,深度约为板厚的1/5~1/4,一般为5~6cm;传力杆的长度为30~40cm,直径14~16mm,每隔30~60cm设一根,全部锚固在混凝土内,以保证缩缝下部凹凸面的传递荷载作用,如图12-6所示。

图 12-4 假缝

图 12-5 传力杆

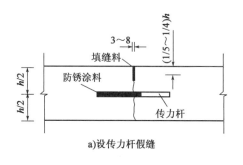
a)设传力杆假缝

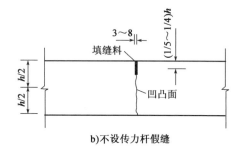
b)不设传力杆假缝

图 12-6 缩缝构造形式(尺寸单位:mm)

(2)横向胀缝

横向胀缝是指为了保证面板在温度升高时能部分伸张,从而避免面板在天气炎热时出现拱胀和折断破坏而设置的接缝。当面板板厚≥20cm 并在夏季施工时,胀缝应尽量少设或不设。但在其他季节施工时,或在邻近的桥梁及固定建筑物处,或与其他类型路面的连接处、板厚变化处、隧道口、小半径曲线和纵坡的变换处,均应设置胀缝。

胀缝间距一般为 100~200m,采用真缝形式,宽约 20~25mm,缝隙上部 3~4cm 深度内灌填缝料,下部则设置富有弹性的嵌缝板(由油浸或沥青浸制的软木板制成)。对于交通繁重的道路,为保证混凝土板之间能够有效地传递荷载,防止形成错台,在胀缝板厚中央必须设置滑动传力杆。传力杆一般采用长 40~60cm,直径 20~25mm 的光圆钢筋,每隔 30~50cm 处设一根。传力杆的半段固定在混凝土内,另半段涂以沥青、套上长 8~10cm 的铁皮或塑料套筒,筒底与杆端之间留出宽约 3~4cm 的空隙,并用木屑与弹性材料填充,以利于面板的自由伸缩,如图 12-7 所示。在同一条胀缝处的传力杆,设有套筒的活动端宜在胀缝的两边交错布置。

(3)横向施工缝

水泥混凝土路面每天施工结束后,或因雨天及其他原因摊铺中断超过 30min 时,需设置横向施工缝。横向施工缝应尽量设置在缩缝或胀缝位置。设在缩缝处的施工缝可采用平缝加传力杆形式,如图 12-8 所示;设在胀缝处的施工缝,其形式与胀缝相同。

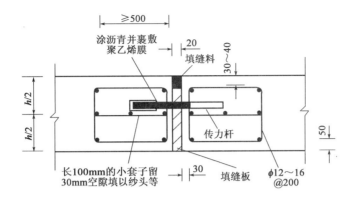

图 12-7 胀缝构造形式(尺寸单位:mm)

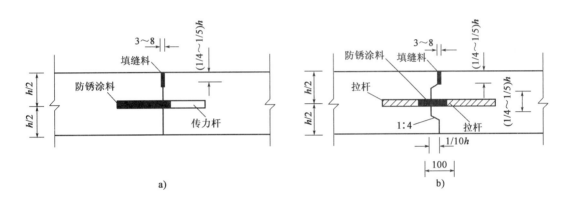

图 12-8 横向施工缝构造形式(尺寸单位:mm)

2)纵向接缝

纵向接缝是指平行于水泥混凝土路面中心线的接缝,分为纵向施工缝和纵向缩缝。

(1)纵向施工缝

水泥混凝土路面一次铺筑宽度小于路面宽度时,应设置纵向施工缝。纵向施工缝可采用平缝形式,平缝上部应锯切槽口,槽口的深度一般为3~4cm,宽为3~8mm,板厚中央宜设置拉杆,如图12-9所示。

(2)纵向缩缝

水泥混凝土路面一次铺筑宽度大于4.5m时,应设置纵向缩缝。纵向缩缝采用假缝形式,假缝深度一般为板厚的1/3~2/5,缝宽为3~8mm,在板厚中央宜设置拉杆,如图12-10所示。

为防止纵向接缝两侧面板沿路拱横坡滑动拉开或产生错台,纵向接缝均应在板厚中央设置拉杆,拉杆采用螺纹钢筋,如图12-11所示,钢筋长50~70cm,直径为18~20mm,间距1.0~1.5m布置,并应对拉杆中部100mm范围内的部分进行防锈处理。

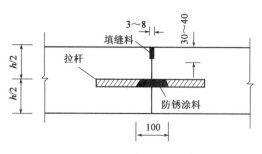
图12-9 纵向施工缝构造(尺寸单位:mm)

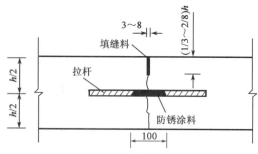
图12-10 纵向缩缝构造(尺寸单位:mm)

a)纵缝拉杆

b)螺纹钢筋

图12-11 纵缝拉杆

任务实施

工作任务单14-识读水泥混凝土路面结构,按下列步骤实施:

(一)项目概况

由图12-1可知,项目为二级公路,设计速度为40km/h,2车道,行车道宽度为5m,路面宽度为10m,两侧路肩宽度各为1.5m,路基宽度为13m,设计年限20年,交通荷载等级为重交通;路面结构为22cm水泥混凝土面板、15cm水泥稳定碎石和15cm石灰土。

(二)识读水泥混凝土路面结构

由图12-1可知,路面结构层次有面层、基层、底基层。
面层为水泥混凝土,厚22cm,板长、宽均为5m。
基层为水泥稳定碎石,厚15cm。
底基层为石灰土,厚15cm。
路面类型为刚性路面。

(三)识读接缝类型及构造

1. 横向接缝

(1)横向缩缝。横向缩缝间距为5m,缝宽为3~8mm,深度为5cm,横向缩缝采用不设传力杆的假缝形式。邻近胀缝和自由端的3条横向缩缝采用设传力杆的假缝形式,传力杆设在板厚11cm处,采用φ28光圆钢筋,长50cm,间距30cm,对传力杆一半长度加5cm部分进行防锈处理。

(2)横向胀缝。涵洞两侧或邻近其他固定构造物处设置了2条胀缝。胀缝采用设滑动传力杆的真缝形式,缝宽为2cm,深度为22cm,滑动传力杆设在板厚11cm处,采用φ28光圆钢筋,长50cm,间距30cm,对传力杆一半长度加5cm部分进行防锈处理。

(3)横向施工缝。在每日施工结束或因临时原因中断施工时,必须设置施工缝,施工缝的设置位置应尽可能选在缩缝或胀缝处。横向施工缝采用设传力杆的平缝形式,缝宽为3~8mm,深度为22cm,传力杆设在板厚11cm处,采用φ28光圆钢筋,长50cm,间距30cm,对传力杆一半长度加3cm部分进行防锈处理。

2. 纵向接缝

该项目采用半幅施工,因此纵向接缝为纵向施工缝,纵向施工缝采用设拉杆的平缝形式,缝宽为3~8mm。拉杆采用φ14螺纹钢筋,长70cm,间距60cm,布置在板厚中央11cm处,对拉杆中间10cm进行防锈处理。

3. 填缝料

胀缝接缝板采用涂沥青的松木板,填缝料选用硅酮密封胶、橡胶沥青。

工作任务二 水泥混凝土路面施工准备

学习目标

1. 熟悉水泥混凝土路面的施工方法及其区别;
2. 能够根据公路等级、施工条件选择水泥混凝土路面的施工方法及施工机械;
3. 能够进行水泥混凝土路面施工准备;
4. 树立终身学习、勇于探索的学习精神。

任务描述

1. 扫描"道路工程施工工艺虚拟仿真"中水泥混凝土路面施工项目二维码,学习现场施工工艺及技术要点。

2. 某二级公路设计速度为80km/h,路基宽为25m,全长28.1km,合同工期335d。路面结构形式:28cm的水泥混凝土路面,路面宽度为24.0m;浆砌片石路肩宽度为0.5m;路面基层为厚18cm,5%的水泥稳定砂砾,基层宽度为24.5m,路面底基层为16cm级配砾石,底基层宽度为25m。根据资料和行业规范,选择水泥混凝土路面施工方法。

3. 以水泥混凝土路面施工方法的变化为切入点,引导学生在工作中要不断学习,勇于探索创新,紧跟行业发展步伐,关注行业新技术。

相关知识

一、水泥混凝土路面施工方法的选择

水泥混凝土路面的施工方法主要有滑模摊铺机施工、三辊轴机组施工、小型机具施工和碾压混凝土机械施工共四种。根据公路等级的不同,水泥混凝土路面的施工可根据表12-6选择施工方法。

水泥混凝土路面施工方法的选择　　　　表12-6

施 工 机 械	高速公路	一级公路	二级公路	三级公路	四级公路
滑模摊铺机	√	√	√	▲	○
三辊轴机组	○	▲	√	√	√
小型机具	×	○	▲	√	√
碾压混凝土机械	×	○	√	√	▲
计算机自动控制的强制拌和楼(机)	√	√	√	▲	○
强制式混凝土拌和楼(机)	×	○	▲	√	√

注:"√"表示应使用;"▲"表示有条件使用;"○"表示不宜使用;"×"表示不得使用。

1. 滑模摊铺机施工

滑模摊铺机施工是采用滑模摊铺机铺筑水泥混凝土路面的机械化施工工艺,其特征是不安装边缘固定模板,滑模摊铺机两侧安装有固定的滑动模板,滑模摊铺机能够在下承层上自行沿着基准线自动转向和自动找平,并一次完成布料摊铺、振捣密实、挤压成形、拉杆自动插入、抹面修饰等多道工序,最终施工出密实度高、平整度优良、外观几何形状准确的水泥混凝土路面,如图12-12所示。

滑模机械施工采用成套机械设备,具有施工速度快、施工规模大、自动化程度高等优点,它是提高高等级公路水泥混凝土路面工程质量的有效途径,高速公路和一级、二级公路普通水泥混凝土面层、配筋混凝土面层、纤维混凝土面层、钢筋混凝土面层、隧道混凝土面层等宜采用滑模机械施工,如图12-13所示。如果上坡纵坡大于5%、下坡纵坡大于6%、半径小于50m或超高超过7%的路段,不宜采用滑模摊铺机进行摊铺。

图12-12　滑模式摊铺机摊铺

图12-13　滑模摊铺机施工现场

2. 三辊轴机组施工

三辊轴机组施工是一种采用振捣机、三辊轴整平机组等铺筑水泥混凝土路面的施工工艺，其特征是需要在边缘架设固定模板，如图12-14所示。三辊轴机组施工工艺的机械化程度适中，设备投入较少，技术简单，适用于二级及二级以下公路的水泥混凝土面层、桥面和隧道混凝土面层施工，也可用于高速公路和一级公路硬路肩、匝道、弯道超高加宽段硬路肩等无法采用滑模机械施工的路段。

3. 小型机具施工

小型机具施工是采用固定模板，人工布料，手持振捣棒、振动板或振捣梁振实，滚杠、修整尺、抹刀整平的水泥混凝土路面施工工艺，它是一种传统的路面施工方法，如图12-15所示，适用于三、四级公路水泥混凝土面层的施工，但不得用于隧道面层和桥面混凝土施工。

图12-14 三辊轴机组施工

图12-15 小型机具施工

4. 碾压混凝土路面施工

碾压混凝土（简称RCC）是指一种含水率低、水灰比小，通过振动碾压施工工艺达到高密度、高强度的无坍落度超干硬性水泥混凝土。碾压混凝土路面施工是一种采用特干硬性水泥混凝土、沥青混凝土或基层摊铺机摊铺、压路机振动碾压密实成型的水泥混凝土路面施工工艺，其优点是施工机械通用性好、施工速度快、早期强度高、接缝少、收缩小、开放交通早等。碾压混凝土路面施工适用于二、三、四级公路混凝土面层，以及高速公路和一级公路复合式路面碾压混凝土下面层的施工。

滑模式施工（如滑模摊铺机）和固模式施工（如三辊轴机组施工等）相比，滑模式施工虽然初期机械投资较大，但节省了模板及其安装、拆卸等人工作业，其平均每天的施工进度是固模式施工的3~5倍，当路面施工规模大于10km时，滑模式施工的经济效益尤其明显。因此，从经济技术角度看，滑模式施工适用于大规模高速公路，而固模式施工适用于小规模低等级公路。

二、水泥混凝土路面施工原材料的选择及要求

水泥混凝土路面的基本组成材料有水泥、水、粗集料、细集料、矿物掺合料、外加剂、钢筋、

钢纤维、接缝材料、养护剂等。水泥混凝土路面施工前,应在工地试验室合理选择原材料,分批检验并储存,不合格原材料不得进场,用合格的原材料确定水泥混凝土配合比,并提交监理工程师认可。

1. 水泥混凝土路面施工原材料的选择

1) 水泥

(1) 水泥品种的选择。极重、特重、重交通路面宜采用旋窑生产的道路硅酸盐水泥、硅酸盐水泥或普通硅酸盐水泥;中、轻交通路面可采用矿渣硅酸盐水泥。高温天气施工宜采用普通型水泥;低温天气施工的路段宜采用早强型水泥。

(2) 水泥强度要求。各交通荷载等级路面水泥的抗压强度和抗折强度不得低于表12-7的规定。

各交通荷载等级路面水泥龄期的抗折强度、抗压强度　　表12-7

混凝土设计弯拉强度标准值(MPa)	5.5		5.0		4.5		4.0	
龄期(d)	3	28	3	28	3	28	3	28
抗压强度(MPa)≥	23.0	52.5	17.0	42.5	17.0	42.5	10.0	32.5
抗折强度(MPa)≥	5.0	8.0	4.5	7.5	4.0	7.0	3.0	6.5

(3) 水泥的化学成分和物理指标。水泥进场时,每批量应附有化学成分、物理、力学指标合格的检验证明。各交通荷载等级路面使用的水泥化学成分、物理指标应符合相关规范的规定。

(4) 水泥温度要求。采用滑模摊铺机铺筑时,宜采用散装水泥。高温期施工时,散装水泥的入罐温度不宜高于60℃;低温期施工时,水泥进入搅拌缸前的温度不宜低于10℃。

水泥一旦选定,不得随意更改,不同品种、牌号、生产厂家、强度等级的水泥,严禁混装和掺和。

2) 粗集料

(1) 粗集料的种类和技术要求。水泥混凝土中的粗集料(粒径大于4.75mm)宜选用岩浆岩或未风化的沉积岩碎石、碎卵石和卵石。粗集料要求质地坚硬、耐久、洁净、表面粗糙多棱角,且严格限制粗集料的含泥量、泥块含量及有害杂质含量,粗集料的技术指标应符合《公路水泥混凝土路面施工技术细则》(JTG/T F30—2014)的要求。

(2) 粗集料的分级和要求。粗集料按技术指标分为Ⅰ、Ⅱ、Ⅲ级,见表12-8。极重、特重、重交通荷载等级公路面层混凝土所用粗集料质量应不低于Ⅱ级要求;中、轻交通荷载等级公路面层混凝土可使用Ⅲ级粗集料。中、轻交通荷载等级公路面层水泥混凝土也可使用再生粗集料,其质量应符合《公路水泥混凝土路面施工技术细则》(JTG/T F30—2014)的要求。

碎石、破碎卵石和卵石质量标准　　表12-8

项次	项目	技术要求		
		Ⅰ级	Ⅱ级	Ⅲ级
1	碎石压碎值(%)≤	18.0	25.0	30.0
2	卵石压碎值(%)≤	21.0	23.0	26.0
3	坚固性(按质量损失计)(%)≤	5.0	8.0	12.0
4	针片状颗粒含量(按质量计)(%)≤	8.0	15.0	20.0

续上表

项次	项 目		技术要求		
			Ⅰ级	Ⅱ级	Ⅲ级
5	含泥量(按质量计)(%)≤		0.5	1.0	2.0
6	泥块含量(按质量计)(%)≤		0.2	0.5	0.7
7	吸水率①(按质量计)(%)≤		1.0	2.0	3.0
8	硫化物及硫酸盐含量②(按SO_3质量计)(%)≤		0.5	1.0	1.0
9	洛杉矶磨耗损失③(%)≤		28.0	32.0	35.0
10	有机物含量(比色法)		合格	合格	合格
11	岩石抗压强度②(MPa)≥	岩浆岩	100		
		变质岩	80		
		沉积岩	60		
12	表观密度(kg/m³)≥		2500		
13	松散堆积密度(kg/m³)≥		1350		
14	空隙率(%)≥		47		
15	磨光值③(%)≥		35.0		
16	碱活性反应②		不得有碱活性反应或疑似碱活性反应		

注:①有抗冰冻、抗盐冻要求时,应检验粗集料吸水率。
②硫化物及硫酸盐含量、碱活性反应、岩石抗压强度在粗集料使用前应至少检验一次。
③洛杉矶磨耗损失、磨光值仅在要求制作露石水泥混凝土面层时检测。

(3)粗集料的级配。粗集料不得使用不分级配的统料,应按最大公称粒径的不同采用2~4个粒级的集料进行掺配,其级配应符合《公路水泥混凝土路面施工技术细则》(JTG/T F30—2014)中粗集料级配范围要求。各种面层水泥混凝土的不同种类粗集料与再生集料公称最大粒径应符合表12-9 的要求。

各种面层水泥混凝土的不同种类粗集料与再生集料公称最大粒径(mm) 表12-9

交通荷载等级		极重、特重、重		中、轻	
面层类型		水泥混凝土	纤维混凝土、配筋混凝土	水泥混凝土	碾压混凝土、砌块混凝土
最大公称粒径	碎石	26.5	16.0	31.5	19.0
	破碎卵石	19.0	16.0	26.5	19.0
	卵石	16.0	9.5	19.0	16.0
	再生粗集料	—	—	26.5	19.0

3)细集料

(1)细集料的种类和技术要求。水泥混凝土中的细集料(粒径小于4.75mm)宜选用质地坚硬、耐久、洁净的天然砂或机制砂,不宜使用再生细集料。细集料的技术指标应符合规范要求。

(2)细集料的分级及要求。细集料按其技术指标分为Ⅰ、Ⅱ、Ⅲ级。极重、特重、重交通荷载等级公路面层混凝土所用天然砂或机制砂的质量标准应不低于Ⅱ级要求;中、轻交通荷载等级公路面层混凝土可使用Ⅲ级天然砂或机制砂,天然砂或机制砂的质量标准应符合《公路水泥混凝土路面施工技术细则》(JTG/T F30—2014)的规定。

(3)细集料的级配。面层水泥混凝土使用的天然砂的细度模数宜在2.0~3.7之间,机制砂的细度模数宜在2.3~3.1之间。

4)水

饮用水可直接作为混凝土搅拌和养生用水。对水质有疑问时,应检验其硫酸盐含量、含盐量、pH值及是否含油污、泥和其他有害杂质,检验合格后方可使用。

5)外加剂

外加剂是指在拌和混凝土时掺入用以改善混凝土性质的物质,外加剂用量一般不超过水泥用量的5%。常用的外加剂主要有减水剂、缓凝剂、早强剂、引气剂、阻锈剂等。减水剂主要是指在混凝土坍落度不变时,能减少拌和用水的外加剂;缓凝剂、速凝剂是指在不影响混凝土的物理力学性质条件下,调节混凝土凝结时间的外加剂;引气剂是指改善混凝土和易性,减少泌水和离析,提高混凝土抗冻、抗渗和抗蚀等性能的外加剂;

在公路工程建设中,可按照以下规定选用外加剂:

(1)滑模摊铺施工的水泥混凝土宜采用引气高效减水剂;高温施工混凝土拌合物的初凝时间短于3h时,宜采用缓凝引气高效减水剂;低温施工混凝土拌合物的终凝时间长于10h时,宜采用早强引气高效减水剂。

(2)有抗冰冻、抗盐冻要求的地区,各级公路水泥混凝土面层及暴露结构物混凝土(桥面、路缘石、路肩)应掺入引气剂;无抗冻要求地区,二级及二级以上公路宜掺入引气剂。

(3)处在海风、海水、氯离子环境或冬季需撒除冰盐的路面或桥面钢筋混凝土、钢筋纤维混凝土中可掺用阻锈剂。

6)钢筋

各交通荷载等级混凝土路面所用钢筋应顺直,不得有裂纹、断伤、刻痕、表面油污和锈蚀。传力杆钢筋应锯断,不得挤压切断,断口应垂直、光圆,用砂轮打磨掉毛刺,并加工成圆锥形或半径为2~3mm的圆倒角。传力杆钢筋应采用喷塑、镀锌、电镀或涂防锈漆等防锈措施,防锈层不得局部缺失。

7)接缝材料

为了防止雨水渗入或砂石等杂质掉入接缝,接缝施工结束后应及时灌缝。接缝材料按使用性能可分填缝料和胀缝板两类。

(1)填缝料

填缝料应选用弹性好、黏结力强、不渗水、不溶于水、温度敏感性小和耐久性好的材料。填缝料有常温施工和加热施工两种。常温施工的填缝料主要有聚氨酯类、硅酮类等。加热施工的填缝料主要有橡胶沥青、道路石油沥青、改性沥青类等。

聚氨酯类、硅酮类常温施工式填缝料可用于各等级公路水泥混凝土面层;橡胶沥青、改性沥青类填缝料可用于二级及二级以下公路,不宜用于高速公路和一级公路;道路石油沥青类填缝料可用于三、四级公路,不宜用于二级公路,不得用于高速公路和一级公路。

(2)胀缝板

胀缝板应选用能适应混凝土板膨胀收缩、施工时不变形、复原率高和耐久性好的材料。高速公路和一级公路宜选用塑胶板、橡胶(泡沫)板、沥青纤维板;其他等级公路亦可采用浸油木板。

(3)背衬垫条

填缝时应使用背衬垫条控制填缝形状系数。背衬垫条应具有弹性良好、柔韧性好、不吸水、耐腐蚀和高温不软化等性能。背衬垫条材料主要由发泡聚氨酯、橡胶条、微孔泡沫塑料等制成,其形状宜为圆柱形,直径应比接缝宽度大 2~5mm。

8)养护剂

养护剂的主要功能是在路面表面形成一层不透水的薄膜,阻止水分蒸发,改善湿度条件,以达到混凝土路面养护的目的。

2. 原材料的储存和供应

(1)水泥、粉煤灰的储存和供应。不同厂家的水泥应分罐存放,更换水泥品种或厂家时应清仓再灌。粉煤灰不得与水泥混罐存放。罐仓中应储备满足不少于3d的生产需要的水泥和掺合料。

(2)砂石材料的储备。施工前宜储备不少于正常施工10d用量的砂石料。砂石料场应建在排水通畅的位置,底部应做硬化处理。不同规格的砂石料之间应设隔离设施,并设标志牌,严禁混杂。

(3)所有原材料进出场应进行称量、登记、保管或签发,并应将相同料源、规格、品种的原材料作为一批,分批量检验和储存,不合格原材料不得进场。

三、水泥混凝土路面试验段铺筑

二级及二级以上公路水泥混凝土面层施工前,在正式摊铺水泥混凝土路面之前,应采用不同的施工方案和施工方法铺筑试验路段并进行相关试验分析,从中选出最佳施工方案和施工方法。试验路段长度不宜小于100m。高速公路和一级公路宜在主线路面以外进行试铺。路面厚度、摊铺宽度、接缝位置、钢筋布置等均应与实际工程相同。

水泥混凝土路面试验段铺筑分为试拌和试铺两个阶段,通过试验路段修筑主要确定以下施工参数:

(1)通过试拌检验拌和楼性能并确定合理的搅拌工艺及拌和楼拌和参数。

(2)通过试铺检验主要机械的性能和生产能力,检验各种施工机械的类型、数量及组合方式是否匹配。

(3)通过试铺确定路面整套施工工艺流程及适宜的工作参数:松铺高度、摊铺速度、振捣时间与频率、滚压遍数、中间及侧向拉杆置入情况等。

(4)工程技术人员和工作人员熟悉并掌握各自的操作要领。

(5)确定混凝土、原材料。路面铺筑等技术指标的检验方法。

试验段铺筑应由施工单位、监理单位、建设单位等相关单位共同参与,施工人员应认真做好记录,监理工程师或质检部门应监督检查试验段的施工质量,及时与施工单位商定并解决问题,明确相应技术指标。试验路段施工结束后,施工单位应就各项试验内容提供完整的施工报告、检测报告、总结报告，上报监理工程师和业主批复，取得业主或监理的批复即可正式开工。

四、水泥混凝土路面现场准备

无论采用何种施工方式，施工准备工作是保证施工质量和施工顺利进行的前提，水泥混凝土路面现场准备工作主要有以下几方面：

（1）应根据设计图纸、合同文件、工程规模、施工条件等，确定混凝土面层施工工艺、机械设备及数量等，制订施工方案和施工组织计划。

（2）应对拌和楼与滑模摊铺机操作人员和各特种岗位人员进行培训，并对施工人员进行技术交底。

（3）应根据设计文件测量校核平面和高程控制桩，复测和恢复路中线。

（4）建立工地试验室，能够对原材料、配合比和路面质量进行检测和控制。

（5）对基层的平整度、压实度、高程、横坡等指标进行检查和修整处理，要求至少提供足够机械连续施工 7d 以上的合格基层。

（6）严格按照要求安装模板、拉杆和传力杆。

工作任务三　水泥混凝土路面施工

学习目标

1. 熟悉水泥混凝土路面施工流程及施工技术要点；
2. 能够进行水泥混凝土现场施工；
3. 培养"严控质量，遵从规范"的职业操守，不断加强逻辑分析能力和问题解决能力。

任务描述

1. 扫描"道路工程施工工艺虚拟仿真"中水泥混凝土路面滑模施工项目二维码，学习现场施工工艺及技术要点。

2. 学生通过网络，查询并收集水泥混凝土路面四种施工方法的现场施工方案。根据行业规范和资料，从适用范围、施工机械、施工工序、施工技术要点等方面，比较、分析并汇总水泥混凝土滑模施工、三辊轴施工、小型机具施工及碾压混凝土施工四种施工方法的异同点，完成"比较汇总水泥混凝土路面四种施工方法"工作任务单，见表 12-10。

3. 通过公路路面现场施工成功案例、失败警示案例及安全案例学习，培养学生"严控质量，遵从规范"的职业操守，树立现场施工安全意识。通过任务单完成，培养学生逻辑分析能力。

工作任务单 15　比较汇总水泥混凝土路面四种施工方法　　　　　表 12-10

项　　目	滑模施工	三辊轴施工	小型机具施工	碾压混凝土施工
适用范围				
施工主要机械				
施工流程				
四种施工方法相同点				
四种施工方法区别				

相关知识

一、滑模机械施工

滑模摊铺机施工工艺流程为：施工前准备→混凝土拌和→混凝土运输→混凝土布料→滑模摊铺、振捣、抹面→接缝制作→抗滑构造制作→整修养护→灌填缝料→验收及开放交通，如图 12-16 所示。

1．施工准备

1）滑模施工机械准备

滑模机械铺筑施工的主要配套设备应满足表 12-11 的要求。

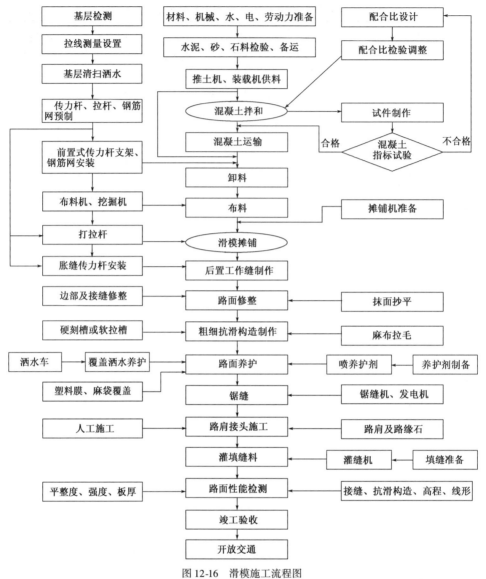

图 12-16 滑模施工流程图

滑模摊铺机施工的主要配套机械和机具 表 12-11

工作内容	主要施工机械设备	
	名称	机型及规格
钢筋加工	钢筋锯断机、折弯机、电焊机	根据需要定规格和数量
测量基准线	水准仪、经纬仪、全站仪	根据需要定规格和数量
	基准线、线桩及紧线器	300个桩、5个紧线器、3000m 基准线
搅拌	强制式拌和楼	>50m³/h,数量由计算确定
	装载机	2~3m³
	发电机	>120kW
	供水泵和蓄水池	>250m³

续上表

工作内容	主要施工机械设备	
	名称	机型及规格
运输	运输车	$4 \sim 6m^3$,数量由匹配计算确定
	自卸车	$4 \sim 24m^3$,数量由匹配计算确定
摊铺	布料机、挖掘机、吊车等布料设备	根据需要定规格和数量
	滑模摊铺机一台	技术参数见相关规定
	手持振捣棒、整平梁、模板	根据人工施工接头需要定
抗滑	拉毛养生机一台	与滑模摊铺机同宽
	人工拉毛齿耙、工作桥	根据需要定规格和数量
	硬刻槽机:刻槽的宽度>500mm,功率>7.5kW	数量与摊铺进度匹配
切缝	软锯缝机	根据需要定规格和数量
	普通锯缝机或支架式硬锯缝机	根据需要定规格和数量
	移动发电机	$12 \sim 60kW$,数量根据施工需要定
磨平	水磨石磨机	需要处理欠平整部位时
灌缝	灌缝机或插胶条工具	根据需要定规格和数量
养护	压力式喷洒机或喷雾器	根据需要定规格和数量
	工地运输车	$4 \sim 6t$,按需要定数量
	洒水车	$4.5 \sim 8t$,按需要定数量

(1) 滑模摊铺机。高速公路和一级公路应选配能一次摊铺2个车道宽度(7.5~12.5m)的滑模摊铺机;二级公路路面的最小摊铺宽度不得小于单车道设计宽度。硬路肩的摊铺宜选配中、小型多功能滑模摊铺机,并宜连续一次摊铺路缘石。

(2) 布料机械。滑模摊铺机铺筑路面时,可配备1台挖掘机或装载机辅助布料。

(3) 抗滑构造施工机械。可采用拉毛养生机或人工软拉槽制作抗滑沟槽。工程规模大、日摊铺进度快时,宜采用拉毛养生机。高速公路和一级公路宜采用刻槽机进行硬刻槽,其刻槽作业宽度不宜小于500mm,所配备的刻槽机数量应与滑模摊铺机进度相匹配。

(4) 切缝机械。切缝可使用软锯缝机、支架式硬锯缝机和普通锯缝机。施工中配备的锯缝机数量及切缝能力应与滑模摊铺进度相适应。

2) 基层准备

水泥混凝土面层铺筑前,宜至少提供足够机械连续施工7d以上的合格基层,并应对基层进行全面的破损检测,当基层存在裂缝等破坏时,应采取措施处理修复,并对基层清扫干净、洒水润湿,如图12-17所示。

3) 基准线设置

滑模摊铺机施工应设置基准线,设置基准线的目的是为滑模摊铺控制方向、高程、横坡、板厚、板宽等确定基准参考系,如图12-18所示。基准线的设置形式有单向坡双线式、单向坡单线式和双向坡双线式3种。高速公路和一级公路应采用单向坡双线基准线;二级公路应设置双线基准线,并且滑模摊铺机底板应设置为路拱形状。设置基准线应满足下列要求:

(1)基准线宽度。基准线支距(拉线到摊铺面板边沿的距离),应根据摊铺机侧模到传感器的位置而定,一般为 0.65~1.5m。

(2)基准线桩纵向间距。直线段≤10m;圆曲线段应加密,在小半径弯道或山区极小半径的回头弯道上,内侧为 2.5~5m,外侧为 3.5~7m;缓和曲线段或纵断面竖曲线段为 5~10m。

(3)放线桩应打入基层 10~15cm,基层顶面到夹线臂的高度为 45~75cm,夹线口到桩的水平距离约为 30cm。

(4)基准线宜使用钢绞线,并且必须张紧,在基准线两端应设置固定紧线器,每侧拉线应施加不小于 1kN 的拉力,张紧后基准线的垂度≤1mm。每段基准线的长度不大于450m,否则全线张紧比较困难。

(5)基准线的放置精度高低决定着路面摊铺的几何尺寸精度和平整度。因此,为保证面板的高程、横坡、板厚、板宽等技术指标符合规范要求,基准线必须符合规范的精度要求。

(6)基准线设置后,严禁扰动、碰撞和振动。一旦碰撞变位,应立即重新测量纠正。

图 12-17 基层洒水

图 12-18 基准线

2. 混凝土拌和

1)搅拌设备

拌和站(图 12-19)应设置在摊铺路段的中间位置。拌和站一般可配备 2~3 台拌和楼,最多不宜超过 4 台,优先选择间歇强制式拌和楼,其中强制双卧轴或行星立轴是拌和效果最好的机型,如图 12-20 所示。高速、一级及二级公路水泥混凝土面层施工时,应采用配备计算机自动控制的强制式拌和楼。每台拌和楼应配齐自动供料、称量、计量、砂石含水率反馈控制、外加剂加入装置、计算机控制自动配料操作系统设备和打印设备。每套拌和楼应配备 3~4 个砂石料仓、1~2 个外加剂池、3~4 个水泥及粉煤灰罐仓。供应不足或运距较远时,应储备吨包装水泥,同时准备水泥仓库和拆包及输送入罐设备。拌和站应配备适量的装载机或推土机供应砂石料。

图 12-19 水泥混凝土拌和站

图 12-20　拌和设备

2) 拌和楼标定与检验

每台拌和楼在投入生产前,必须进行标定和试拌。在标定有效期满或拌和楼搬迁安装后,应重新标定。施工中应每 15d 校验一次拌和楼计量精确度。

3) 拌和技术要点

(1) 每天开始拌和前,应根据天气的变化情况,测定砂、石材料的含水率,以调整拌制时的实际用水量,准确掌握配合比。

(2) 装料顺序为:砂→水泥→碎石,或碎石→水泥→砂。外加剂应以稀释溶液加入,其稀释用水和原液中的用水量应从拌和加水量中扣除。进料后,边搅拌边加水。根据拌合物的和易性和搅拌机性能确定拌和时间。一般情况下单立轴式搅拌机总拌和时间为 80~120s,原材料加齐后的搅拌时间不得少于 40s;行星立轴和双卧轴式搅拌机总拌和时间为 60~90s,原材料加齐后的搅拌时间不得少于 35s。

(3) 新拌混凝土应均匀一致,无未搅拌的干料和离析现象,并应测定混凝土的水灰比、温度、坍落度、凝结时间等。低温或高温天气施工时,混凝土的出料温度宜控制在 10~35℃范围内。

3. 混凝土运输

1) 运输车辆

运输车辆应选车况优良、载质量为 5~20t 的自卸汽车,如图 12-21 所示。远距离运输或摊铺钢筋混凝土路面及桥面时,宜选混凝土罐车,如图 12-22 所示。运输车辆的数量应根据施工进度、运量、运距及路况确定,其总运力应比总拌和能力略有富余。高速公路、一级公路不应少于 5 辆。

图 12-21　自卸汽车装料

图 12-22　水泥混凝土罐车装料

2)运输时间

根据混凝土的初凝时间和施工时的气温来控制混凝土运输允许的最长时间。混凝土从搅拌机出料到摊铺完毕时间应符合相关规定,超过初凝时间的混凝土不得用于面板摊铺,应移作他用或废弃。

3)运输要求

(1)混凝土装料前,应清洁车厢或车罐,洒水润壁,排干积水。装料时为防止混凝土离析,每卸1斗料应挪动一下车位。拌和楼卸料落差不应大于2m。

(2)运输过程中,为防止混凝土离析和分层,自卸汽车最大运输距离不应超过20km,超过此运距,应采用搅拌罐车运输混凝土。

(3)运输中要防止漏浆、漏料和污染路面。在夏天、雨天或冬季施工时,应遮盖自卸汽车上的混凝土。

4. 混凝土卸料、布料

滑模摊铺水泥混凝土时,必须由专人指挥车辆均匀卸料,严禁碰撞摊铺机和前场施工设备及测量仪器。布料机与滑模机之间的距离应控制在5~10m。

(1)布料高度

摊铺机前的正常料位高度应在螺旋布料器叶片最高点以下,也不得缺料。布料要均匀,特别注意两侧边角的料要充足。卸料、布料应与摊铺速度相协调。

(2)松铺系数控制

当坍落度在10~50mm时,布料松铺系数宜控制在1.08~1.15。

5. 滑模机械摊铺、振捣、抹面

滑模摊铺机最大的特点是将水泥混凝土路面一次铺筑成形,并达到密实、平整、外观符合标准的要求,因此摊铺是滑模摊铺机施工中的关键工序之一,其示意图如图12-23所示。

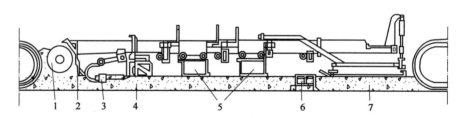

图12-23 滑模式摊铺机摊铺过程示意图

1-螺旋摊铺器;2-刮平器;3-振动器;4-刮平板;5-振捣板;6-光面带;7-混凝土面层

1)摊铺技术要点

(1)首次摊铺位置校准,如图12-24所示。滑模摊铺机首次摊铺路面,应进行挂线,对其铺筑位置、几何参数和机架水平度进行调整和校准,正确无误后,方可开始摊铺。

(2)摊铺速度控制。滑模摊铺机应缓慢、匀速、连续不间断摊铺。布料机与滑模摊铺机之间施工距离宜为5~10m。摊铺速度应根据拌合物稠度、供料多少和设备性能控制在0.75~2.5m/min之间,一般宜控制在1m/min左右。

(3)松方高度控制板控制。进料门是滑模摊铺的第一关,控制进料门的依据是振捣仓内料位高度。摊铺过程中,操作手应随时调整松方高度控制板进料位置,开始应略高些,以高于振捣棒 15cm 左右为宜,以保证进料;正常摊铺时,应保持振捣仓内料位高于振捣棒 10cm 左右较为适宜,以利于振动仓内混凝土中的气泡受振动彻底排放掉,料位高低上下波动宜控制在 ±3cm 之内。

(4)传力杆、拉杆打入,如图 12-25 所示。摊铺单车道时,根据路面设计要求配置单侧或双侧打纵缝拉杆的机械装置。摊铺两个以上车道时,除侧向须设打入拉杆装置,还应在纵缝位置中间配置一个中间拉杆自动插入装置。打入拉杆位置必须在板厚中间,中间和侧向拉杆的高低和左右误差应控制在 ±2mm。当特重、重交通路面在横向缩缝或施工缝需设传力杆时,滑模摊铺机还应配置传力杆插入设备。

图 12-24　滑模机摊铺

图 12-25　拉杆自动插入

(5)纵坡、弯道控制。滑模摊铺机施工的最小弯道半径应≥50m,最大超高横坡应≤7%。滑模摊铺机满负荷时可铺筑的路面最大纵坡为:上坡 5%,下坡 6%。

(6)摊铺参数校核。在开始摊铺的 5~10m 内,应在铺筑过程中对已摊铺的路面高程、边缘厚度、中线、横坡度等参数进行检验校核。滑模摊铺机"起步—调整—正常摊铺"应在 10m 内完成。

2)振捣技术要点

(1)振捣棒的位置和工作情况。摊铺中要随时检查振捣棒情况,以防止过振、欠振或漏振。正常摊铺时,振捣频率可在 100~183Hz 内调整,一般宜采用 150Hz。摊铺机起步时,应先开启振捣棒振捣 2~3min,调整到适宜振捣频率,再缓慢平稳推进摊铺。摊铺机脱离混凝土后,应立即关闭振捣棒组。

(2)摊铺密实度控制。随时观察振捣仓内混凝土的排气情况,在振捣仓后部挤压底板前沿基本没有气泡排出的情况下,才能向前推进。如果在摊铺后的路面上发现有气泡、拱包,说明排气很不充分,必须降低速度,提高振捣频率,同时降低进料门控制高度,减小混凝土路面板承受的压力,以保证密实度和平整度。

3)抹面技术要点

(1)表面砂浆厚度控制。软拉抗滑构造的表面砂浆层厚度宜控制在 4mm 左右;硬刻槽路面的砂浆表层厚度宜控制在 2~3mm。

(2)抹面控制。滑模摊铺过程中应采用自动抹平板装置进行抹面,如图 12-26 所示。路面表面应平整、无缺陷、不裸露粗集料,两侧边角为 90°,光滑规则,无塌边溜肩。对于少量局部麻面和明显缺料位置,应在挤压板后或搓平梁前补充适量混凝土,由搓平梁或抹平板机械修整。抹面后出现的小缺陷采用人工进行局部修整,如图 12-27 所示。

图 12-26　自动抹平板抹面　　　　　　　图 12-27　人工局部抹面修整

4) 滑模摊铺结束后的要求

(1) 滑模摊铺结束后,必须及时清洗滑模摊铺机,进行当日保养等,并应在第二天进行硬切横向施工缝,或在当天软切横向施工缝。

(2) 摊铺结束养护 5~7d 后,方可摊铺相邻车道。

6. 接缝施工

1) 横向接缝处传力杆施工

(1) 横向缩缝施工。缩缝处传力杆可采用前置钢筋支架法或传力杆自动插入装置法(DBI),如图 12-28 所示。采用前置钢筋支架法时,如图 12-29 所示,钢筋支架应有足够的刚度,并预先加工好钢筋支架,传力杆无沥青涂层一端焊接在支架上,另一端绑扎在支架上;摊铺之前在基层表面放样接缝位置和支架固定点,将钢筋支架抬到接缝位置,在固定点钻孔,在钻好的孔中打入木钉,在木钉中钉入圆钢钉将支架固定,用脚轻推传力杆支架,以不摆动为准;传力杆定位准确后,手持振捣棒振实传力杆高度以下的混凝土,然后机械摊铺。用 DBI 法置入钢筋时,应在路侧缩缝切割位置做标记,保证切缝位于传力杆中部。

a) 前置钢筋支架法　　　　　　　　　　b) 传力杆自动插入装置(DBI)

图 12-28　横向缩缝传力杆施工方法

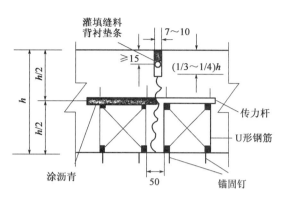

a) 前置钢筋支架法现场施工　　　　b) 前置钢筋支架法构造图（尺寸单位：mm）

图12-29　横向缩缝前置钢筋支架施工方法

(2) 横向胀缝施工。滑模施工时胀缝采用前置钢筋支架法，如图12-30所示。施工时，应预先加工、安装和固定胀缝钢筋支架，将传力杆无沥青涂层的一端焊接在支架上，接缝板夹在两支架之间，摊铺前运至现场，再用钢钎将支架和接缝板固定在基层上，并用手持振捣棒振实胀缝板两侧的混凝土后，滑模摊铺机再摊铺。在混凝土未硬化时，剔除胀缝板上部的混凝土，嵌入木条，整平表面。填缝之前，凿去(20~25)mm×20mm 木条，涂黏结剂，嵌入胀缝专用多孔橡胶或灌填缝料，当胀缝宽度不一致或有啃边、掉角等现象时，必须灌缝。

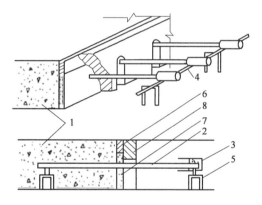

a) 前置钢筋支架法现场施工　　　　b) 前置钢筋支架法构造图

图12-30　横向胀缝前置钢筋支架施工方法

1-已浇水泥混凝土；2-传力杆；3-金属套管；4-钢筋；5-支架；6-压缝条板；7-嵌缝板；8-胀缝模板

(3) 横向施工缝施工。每天摊铺结束或摊铺中断时间超过30min时，应设置横向施工缝。横向施工缝在缩缝处采用平缝加传力杆，在胀缝处与其相同。

2) 纵向接缝处拉杆施工

(1) 纵向缩缝施工。纵向缩缝处的拉杆施工采取专用的拉杆插入装置插入拉杆。

(2) 纵向施工缝施工。采用滑模施工时，纵向施工缝的拉杆采用摊铺机的侧向拉杆装置插入，如图12-31所示。采用固定模板施工时，采用在振实过程中从侧模预留孔中手工插入拉杆，如图12-32所示。

图 12-31 摊铺机的侧向拉杆装置

图 12-32 侧模预留孔手工插入拉杆

3)切缝(图 12-33)

缩缝的切缝方式有硬切缝、软硬结合切缝和软切缝三种。切缝方式的选用应由施工期间该地区路面摊铺完毕到切缝时的昼夜温差确定,见表 12-12。切缝时间应以切缝时不啃边为开始切缝的最佳时机,并以铺筑第二天及施工初期无断板为控制原则。

切缝方式及要求　　　　　　　　　　表 12-12

昼夜温差(℃)	切缝方式及要求	切缝深度
<10	硬切缝:切缝时机以切缝时不啃边即可开始,纵缝略晚于横缝,所有纵横缝最晚切缝时间均不得超过 24h	无传力杆、拉杆时,切 1/3~1/4 板厚,最浅 60mm;有拉杆、传力杆时,切 1/3~2/5 板厚,最浅 80mm
10~15	软硬结合切缝:每隔 1~2 条提前软切缝,其余用硬切缝补切	硬切缝深度同上。软切深度不应小于 60mm,不足者应硬切补深到 1/3 板厚
>15	软切缝:抗压强度为 0.5~1.5MPa,人可行走时进行;软切缝不宜超过 6h	软切深度不应小于 60mm,不足者应硬切补深到不小于 2/5 板厚

4)灌缝

养护期满后应及时灌缝,如图 12-34 所示。

图 12-33 切缝

图 12-34 灌缝

(1)清缝。灌缝前应采用飞缝机清除缝内杂物,保证缝壁及缝内清洁、干燥,以擦不出水、泥浆或灰尘为可灌缝标准。

(2)灌缝材料。灌缝材料使用常温聚氨酯和硅树脂等时,应按规定比例将两组份材料按1h灌缝量混合拌均匀后再使用;使用加热填缝料时应将填缝料加热至规定温度,加热过程中应将填缝料融化,搅拌均匀,并保温使用。

(3)灌缝施工。灌缝时,灌注深度为2~3cm,最浅不得小于1.5cm。高速公路和一级公路灌缝时,应先用专用工具挤压嵌入直径9~12mm多孔泡沫塑料背衬垫条或橡胶条,再灌缝。缩缝切缝、填缝、垫条细部尺寸,如图12-35所示。二、三级公路使用胶泥类、沥青类等填缝料时,最浅灌入深度不得小于3cm。高温期灌缝时,填缝顶面应与板面齐平;一般气温时,应刮为凹液面,中心应低于板面3mm。灌缝必须饱满、均匀、厚度一致并连续贯通,填缝料不得缺失、开裂或渗水。

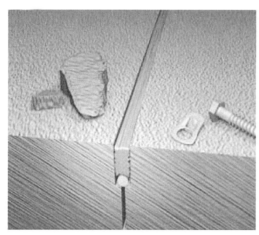
a)缩缝填缝现场施工

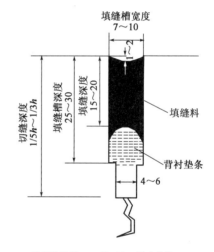
b)缩缝填缝施工及构造图(尺寸单位:mm)

图12-35 缩缝切缝、填缝细部构造图(尺寸单位:mm)
h-面板的厚度

(4)养护。灌缝后,要封闭交通进行养护,当填缝料为常温料时,低温天气养护期为24h,高温天气养护期为10h;当填缝料为热料时,低温天气养护期为2h,高温天气养护期为6h。

7. 抗滑构造制作

1)软拖制作微观抗滑构造

摊铺完毕或整平表面后,应使用钢支架拖挂1~3层叠合麻布、帆布等,洒水湿润后,软拖制作微观抗滑结构,如图12-36a)所示。布片接触路面长度以0.7~1.5m为宜。细度模数偏大的粗砂,长度取小值;细度模数偏小的中砂,长度取大值。

2)宏观抗滑构造制作

宏观抗滑构造的制作可以采用拉毛或硬刻槽。抗滑槽可采用等间距或非等间距方式,为降低噪声应采用非等间距抗滑槽。一般路段可采用横向槽,在弯道和要求减噪的路段应采用纵向槽。

(1)拉毛制作。中、轻交通水泥混凝土路面可采用拉毛法制作宏观抗滑构造。制作时应在混凝土表面泌水完毕 20～30min 内及时进行。拉槽深度为 2～3mm,宽度为 3～5mm,槽间距为 15～25 mm,如图 12-36b)所示。

(2)硬刻槽制作。极重、特重和重交通水泥混凝土路面宜采用刻槽机进行硬刻槽,如图 12-36c)、图 12-36d)所示。当采用硬刻槽方式制作抗滑构造时,应在摊铺后 3d 开始(路面抗压强度达到 40% 时),并在两周内完成。硬刻槽后应立即将路面冲洗干净,并恢复路面养护。

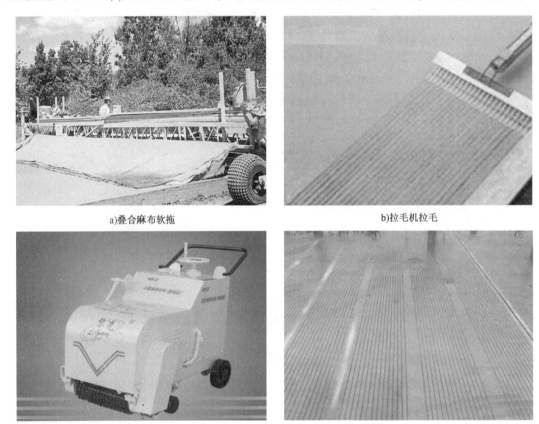

图 12-36 抗滑构造施工方法

8. 养护

水泥混凝土路面铺筑完成或抗滑构造软拉完毕后应及时养护。机械摊铺的各种水泥混凝土路面、桥面及搭板应采用喷洒养护剂同时保湿覆盖的方式进行养护。在雨期或现场用水充足的情况下也可采用覆盖保湿膜、土工布、麻袋、草帘等洒水保湿养护,保持混凝土表面始终处于潮湿状态。

养护时间根据混凝土抗弯拉强度增长情况而定,不宜小于设计抗弯拉强度的 80%,应特别注意前 7d 的保湿养护。一般养护天数宜为 14～21d。高温天时不宜少于 14d,低温天时不宜少于 21d。掺粉煤灰的混凝土路面,最短养护时间不宜少于 28d,低温天应适当延长。

养护初期,禁止通行,在达到设计强度的 40% 后,行人方可通行。面板达到设计弯拉强度后,方可开放交通。

二、三辊轴机组施工

三辊轴机组施工流程为:施工前准备→施工放样及模板安装→钢筋安装→混凝土拌和与运输→混凝土布料→排式振捣机振捣→拉杆安装→人工找补→三辊轴整平→真空脱水→精平饰面→抗滑构造制作→养护→切缝→填缝,具体流程图如图12-37所示。

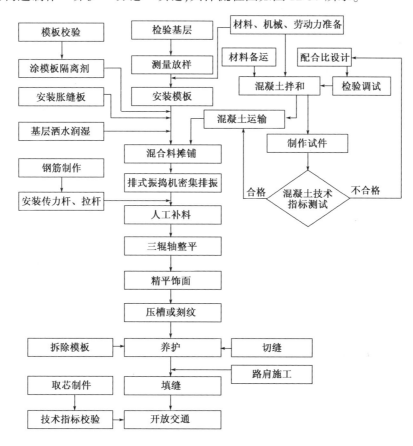

图12-37 三辊轴机组施工流程图

1. 施工准备

(1)施工机械准备

三辊轴机组施工的主要设备有三辊轴整平机、排式振捣机、振捣梁、拉杆插入机(当一次摊铺双车道路面应配备纵缝拉杆插入机)等,如图12-38所示,其他与滑模摊铺施工相同。

(2)基层准备

与滑模摊铺施工要求相同。

(3)施工放样

在下承层上测量放样模板及摊铺位置,每20m布设中桩和边桩,每100m布设临时水准点,核对路面高程、面板分块、胀缝和构造物位置。

a) 三辊轴整平机　　　　　　　　b) 排式振捣机

图 12-38　三辊轴主要施工机械

2. 模板安装

1) 模板要求及尺寸

(1) 模板要求。水泥混凝土面板、桥面板和加铺层的施工模板应采用刚度足够的槽钢、钢材或方木制成,不应使用木模板、塑料模板等其他易变形的模板,如图 12-39 所示。

(2) 模板尺寸和数量。模板的高度应为面板设计厚度,模板长度宜为 3~5m。纵向施工缝侧模板应设拉杆插入孔,如图 12-40 所示。模板数量不宜少于两次周转的周期需要,一般不少于 3~5d 的需要用量。

图 12-39　钢制模板　　　　　　　　图 12-40　模板预留插入孔

2) 模板安装

(1) 侧模安装。模板用钢钎固定在基层上,每米模板应设置不少于 1 处支撑固定装置,固定装置可用焊接钢筋固定支架或焊接角钢固定支架,如图 12-41 所示。模板垂直度用垫木楔方法调整;模板底部空隙,应使用干硬性砂浆垫实,以防止振捣漏浆。

(2) 端模安装。横向施工缝端模板采用焊接钢制模板或槽钢模板,应按设计规定的传力杆直径和间距设置传力杆插入孔和定位套管,如图 12-42 所示。两边缘传力杆到自由边距离不宜小于 150mm。每 1m 设置 1 个垂直固定孔套。

(3) 模板检查。模板安装后应依照摊铺厚度进行调整检测,要求模板安装稳固、顺直、平整、紧密平顺。模板安装检验合格后,应在模板内壁涂刷脱模剂和隔离剂,接头应粘胶带或用塑料薄膜密封。

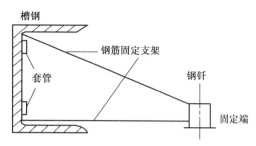

a) 焊接钢筋固定支架

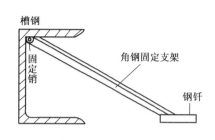

b) 焊接角钢固定支架

图 12-41　侧模固定示意图

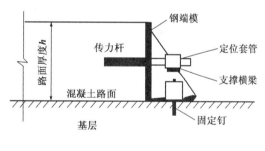

a) 施工缝端模现场施工　　　　　　b) 施工缝端模侧立面

图 12-42　端模固定示意图

3) 模板拆除

路面摊铺后,应根据不同气温条件确定拆卸模板时间。一般混凝土抗压强度达到 8.0MPa 以上方可进行,缺乏强度实测数据时,最早在浇筑混凝土 60h 后,可拆卸模板。拆模时不得损坏板边、板角,不得造成传力杆和拉杆松动或变形。

3. 混凝土拌和及运输

与滑模摊铺施工要求相同。

4. 混凝土卸料及布料

(1) 卸料

卸料时必须有专人指挥车辆，均匀、多堆卸料。

(2) 布料

布料可用人工、装载机或挖掘机，如图12-43所示。布料速度应与摊铺速度相适应。坍落度为10～40mm的拌合物，其松铺系数取1.12～1.25。坍落度大时取低值，坍落度小时取高值。

5. 振捣

混凝土摊铺长度超过10m，且松铺高度符合要求时，应立即开始进行振捣。排式振捣机应匀速缓慢、连续不间断地振捣前进，如图12-44所示。排式振捣机连续拖行振捣时，作业速度宜控制在4m/min以内，振捣时间一般为15～30s。其作业速度以拌合物表面不露粗集料、粗集料停止下沉、表面不再冒泡且不泛出水泥浆为准，不能过振。

图12-43 挖掘机布料

图12-44 排式振捣机振捣

6. 安装拉杆

混凝土振实后，应立即安装纵缝拉杆。单车道施工时，应在侧模预留孔中插入拉杆；双车道施工时，应使用拉杆插入机在中间纵缝部位插入拉杆，插入拉杆深度控制在1/2板厚处。

7. 人工找补

振捣机振实后料位高度应高于模板顶面5～15mm。料位过高时应铲除，过低时应及时补料，使表面大致平整。

8. 三辊轴整平机整平

(1) 作业单元划分

三辊轴整平机按作业单元分段整平，作业单元长度宜为10～30m，振捣机振实与三辊轴整平两道工序之间的时间间隔不宜超过15min。

(2) 滚压方式与遍数

在一个作业长度内，三辊轴整平机应采取前进振动、后退静滚的作业方式，其作业遍数为2～3遍，如图12-45所示。滚压完成后，将振动辊轴抬离模板，先用甩浆轴抛浆整平1遍，再用整平轴前后静滚整平，一般静滚4～8遍，直到平整度符合要求、表面砂浆厚度均匀为止。

（3）表面砂浆厚度控制

表面砂浆厚度控制在(4±1)mm内。三辊轴整平机前方表面砂浆过厚、过稀时必须将砂浆刮除,以改善表面的抗滑性及耐磨性。

9. 精平饰面

整平后要及时精平饰面,可采用3~5m刮尺在纵、横两个方向进行精平饰面,纵向不少于3遍,横向不少于2遍,速度要均匀,每次推拉要一次完成不停顿,如图12-46所示。也可采用旋转抹面机密实精平饰面2遍,直到平整度符合要求。

图12-45 三辊轴整平

图12-46 刮尺精平饰面

10. 切缝、灌缝、抗滑构造制作、养护

与滑模摊铺施工要求相同。

三、小型机具施工

小型机具的施工流程为:施工前准备→施工放样及模板安装→钢筋安装→混凝土拌和与运输→混凝土布料→振实→整平饰面→精平饰面→抗滑构造制作→养生→切缝→填缝,具体流程图如图12-47所示。

1. 施工准备

（1）施工机械准备

小型机具施工的主要设备有手持振捣棒、平板振动器、振捣梁、提浆滚杠等,如图12-48所示,其他与滑模施工基本相同。

（2）基层准备、施工放样

与三辊轴机组施工要求相同。

2. 模板安装、混凝土拌和及运输

与三辊轴机组施工要求相同。

3. 混凝土布料

小型机具铺筑宽度≤4.5m,铺筑能力不宜小于20m/h。

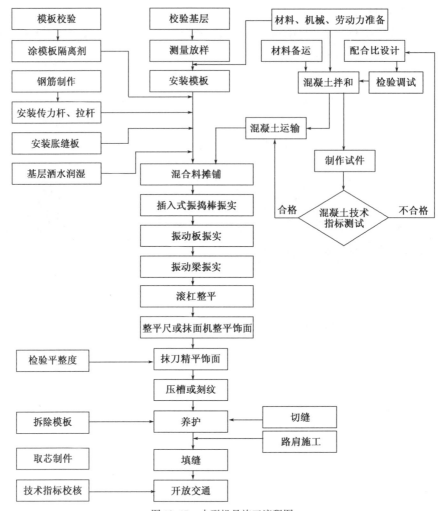

图 12-47 小型机具施工流程图

a) 振捣棒、振动板及滚杠

b) 圆盘式抹面机

图 12-48 小型机具主要施工机械

施工现场应有专人指挥自卸车,尽量准确卸料。混凝土应卸成均匀的小堆,以方便摊铺。人工布料时用铁锹反扣,严禁抛掷和搂耙。如果混凝土有离析现象,应用铁锹翻拌均匀,严禁加水。如果面板厚度在22cm以下,可一次摊铺;如果面板厚度超过22cm,应分层摊铺。人工摊铺混凝土的坍落度应控制在5~20mm之间,松铺系数一般控制在1.10~1.25,料偏干时取较高值,反之则取较低值。

4. 振捣

混凝土摊铺均匀后,应立即开始振实。小型机具施工中,振实应依次采用插入式振捣棒、振动板、振捣梁,三种机械配合进行振捣成形,这是保证混凝土路面质量的关键。

(1) 插入式振捣棒振实

每车道路面应配备不少于3根振捣棒,组成横向振捣棒组,按梅花桩位置交错振捣,沿横断面连续振捣密实,并应注意路面板底、内部和边角处不得欠振或漏振。每次振捣不应少于30s,以混凝土不再冒气泡且不泛出水泥浆并停止下沉为止。振动棒移动间距不宜大于50cm,离模板边缘距离不大于15cm,应避免碰撞模板、钢筋、传力杆和拉杆。振捣棒插入深度宜离基层3~5cm,振捣棒应轻插慢提,严禁在拌合物中推行和拖拉振捣棒。

(2) 振动板振实

在振捣棒已完成振实的部位,再用振动板纵横交错全面提浆振实,每车道路面应配备不少于2台振动板。振动板移位时应由两人提拉振捣和移位,应重叠10~20cm,每一位置的振动时间不少于15s,如图12-49所示。振动板纵横交错进行两遍,不能过振或漏振,以振动板底部和边缘泛浆厚度达4mm±1mm为限。

(3) 振捣梁振实

在振动板振实长度达到10m后,用振捣梁进行振实整平提浆,如图12-50所示。每车道路面应配备1根振捣梁,振捣梁应具有足够的刚度和质量,底部应焊接或安装深度为4mm左右的粗集料压实齿,使表面砂浆厚度能达到4mm±1mm。振捣梁应垂直路面中线沿纵向拖行,往返2~3遍,使表面泛浆均匀平整。振捣过程中,应随时人工找平,缺料时应用混凝土填补;料多时应铲除。振捣时还应随时检查模板、拉杆、传力杆、钢筋网位置,如果出现问题应及时调整。

图12-49 振动板振实

图12-50 振捣梁振实

采用两次摊铺时,两层摊铺的间隔时间应尽量短,上层振捣必须在下层初凝前完成。

5. 整平饰面

采用滚杠、刮尺或抹面机依次整平,直至面层无任何缺陷,平整度符合要求。

(1) 滚杠提浆整平

每车道路面应配备2根滚杠,一根用于施工,另一根清洗浸泡备用。滚杠采用直径为

100mm 或 125mm 的无缝钢管制成。振捣梁振实后,应拖动滚杠往返 2～3 遍,提浆整平,如图 12-51 所示。第一遍应短距离缓慢拖滚式推滚,之后应较长距离匀速拖滚两遍,并将水泥砂浆保持在滚杠前方。

(2)整平饰面

待拖滚后的混凝土表面泌水完成后,可采用 3m 刮尺收浆饰面,纵横各 2～3 遍整平饰面,或采用圆盘式抹面机往返 1～2 遍压实整平饰面,直至表面平整度符合要求,如图 12-52 所示。

图 12-51 滚杠提浆整平

图 12-52 圆盘式抹面机抹面

(3)精平饰面

抹面机完成作业后,应使用抹刀抹平抹面机留下的痕迹,进行精平饰面。同时清边整缝,清除黏浆,修补缺边、掉角等。精平饰面后的面板表面应无抹面印痕,致密均匀,无露骨,平整度达到规定要求。

6.切缝、灌缝、抗滑构造制作、养护

与滑模摊铺施工要求相同。

四、碾压混凝土路面施工

碾压混凝土路面施工工艺流程为:施工前准备→混凝土拌和→混凝土运输→卸料进摊铺机→摊铺机摊铺→拉杆设置→钢轮压路机初压、振动压路机复压、轮胎压路机终压→抗滑构造制作→整修养护→切缝→灌填缝料→验收及开放交通,如图 12-53 所示。

a)摊铺

b)碾压

图 12-53 碾压混凝土路面施工

1. 施工准备

(1)施工机械准备

碾压混凝土路面施工的主要设备有沥青混凝土摊铺机、钢轮压路机、振动压路机、轮胎压路机等,其他与滑模施工基本相同。

(2)基层准备、施工放样

碾压混凝土面层铺筑时,采用基准线法,边缘宜设置槽钢或方木模板,其他与滑模机械施工要求相同。

2. 混凝土拌和及运输

与滑模机械施工要求相同。

3. 混凝土摊铺

碾压式混凝土面层摊铺,宜选用具有振动压实功能的沥青混凝土摊铺机,摊铺密实度不得小于85%。采用沥青混凝土摊铺机时,松铺系数宜控制在1.05~1.15;采用基层摊铺机时,松铺系数宜控制在1.15~1.25,应通过试铺确定松铺系数。

采用两台摊铺机前后阶梯摊铺时,两幅摊铺的时间间隔应控制在1h之内。摊铺应均匀、连续,摊铺过程中不得随意变换速度或停顿。摊铺后,应立即对已摊铺的混凝土表面进行检查,局部缺料部位,应及时补料。

4. 拉杆设置

拉杆设置应与摊铺同步进行,采用打入法时,应根据设计间距标出醒目的定位标记,准确打入拉杆。

5. 碾压

碾压应紧随摊铺机进行,碾压段一般控制在30~40m,一般在限定的碾压时间内应尽可能将碾压段安排长一些。在直线段碾压时,应从两边向中心;在超高路段碾压时,应从低向高。碾压过程中压路机应匀速稳定、连续行进,不得在工作面上掉头、转向、紧急制动或停车振动,应尽量减少振动压路机的停车和起振次数。

碾压分为初压、复压和终压三个阶段。

(1)初压宜采用钢轮压路机或振动压路机静压2遍,轮迹重叠1/3~1/4轮宽,其作用主要是提高混凝土路面表面的密实度,以保证在振动碾压时不会产生推移等表面损坏现象。

(2)复压是使混凝土路面全厚密实,达到规定压实度的关键工序。复压宜采用10~15t的振动压路机振动碾压,轮迹重叠1/3~1/2轮宽,碾压遍数以实测满足规定压实度为停止复压标准。

(3)终压宜采用15~25t的轮胎压路机进行静压,轮胎压路机碾压时的揉搓作用可以有效地封闭路面细小裂皱,并且碾压时可形成有利于提高路面抗滑性能的表面宏观构造,碾压遍数以消除表面微裂纹和轮迹为停压标准。碾压终了后的混凝土面层不应有可见微裂纹。

6. 养护

由于碾压混凝土水灰比小,水分损失对强度影响较大,所以碾压式混凝土路面养护要求较高。碾压密实后,混凝土表面应及时喷雾、洒水,并尽早覆盖养护,每间隔 4~6h 洒水一次,一般养护 14d。

7. 抗滑构造

碾压混凝土路面抗滑构造可以采用表面露石构造和硬刻槽两种方式。采用表面露石构造时,在混凝土终凝前,应及时扫除表面的砂浆,使露石面积不宜少于70%。

8. 切缝

碾压混凝土路面纵、横向缩缝应采用硬切缝,硬切缝及填缝要求与水泥混凝土面层相同。

9. 灌缝

与滑模摊铺施工要求相同。

五、水泥混凝土路面施工质量控制

水泥混凝土路面施工过程中的质量管理和控制包括施工准备阶段、铺筑试验路段和施工过程中的各项技术指标的质量控制。

1. 施工准备阶段的质量管理与控制

施工准备阶段的质量管理与控制详见水泥混凝土路面原材料选择和施工准备。

2. 施工过程中的质量管理与控制

水泥混凝土路面施工过程中,施工单位应对每一道工序严格按照规范规定的项目和频率进行质量检查和控制,具体见表 12-13。

水泥混凝土路面铺筑质量标准及几何尺寸标准　　　表 12-13

项次	类别	检查项目		检验和质量标准		检查方法
				高速公路、一级公路	其他公路	
1	质量标准	弯拉强度(MPa)		平均强度在合格标准内		钻芯法
2		板厚(mm)	平均值	≥-5		尺测
			极值	≥-15		
3		平整度	σ(mm)	≤1.32	≤2.00	车载平整度检测仪
			IRI(m/km)	≤2.20	≤3.30	
			最大间隙 Δh(mm)	≤3(合格率≥90%)	≤5(合格率≥90%)	3m 直尺
4		抗滑构造深度(mm)	一般路段	0.70~1.10	0.50~1.00	铺砂法
			特殊路段	0.80~1.20	0.60~1.10	
5		摩擦系数 SFC	一般路段	≥50	—	横向力系数测定车
			特殊路段	≥55	≥50	
6		取芯法测定抗冻等级	严寒地区	≥250	≥200	钻芯法
			寒冷地区	≥200	≥150	

续上表

项次	类别	检查项目	检验和质量标准		检查方法
			高速公路、一级公路	其他公路	
7	几何尺寸标准	相邻板高差(mm)	≤2	≤3	尺测
8		连接摊铺纵缝高差(mm)	平均值≤3;极值≤5	平均值≤5;极值≤7	尺测
9		接缝顺直度(mm)	≤10		20m拉线测
10		中线平面偏位(mm)	≤20		全站仪
11		路面宽度(mm)	≤±20		尺测
12		纵断高程(mm)	平均值±5;极值±10	平均值±10;极值±15	水准仪
13		横坡度(%)	±0.15	±0.25	
14		路缘石的顺直度和高度(mm)	≤20	≤20	20m拉线测
15		灌缝饱满度(mm)	≤2	≤3	测针加尺测
16		最浅切缝深度(mm) 缝中有拉杆、传力杆	≥80	≥80	尺测
		最浅切缝深度(mm) 缝中无拉杆、传力杆	≥60	≥60	
17	质量缺陷检验标准	断板率(%)	0.2	0.4	数断板
18		断角率(%)	0.1	0.2	数断角
19		破损率(%)	0.2	0.3	尺测面积
20		路表面和接缝缺陷	不应有	不应有	眼睛观察
21		胀缝板连浆(mm)	≤20	≤20	安装前检查
		胀缝板倾斜(mm)	≤20	≤25	垂线加尺测
		胀缝板弯曲和位移(mm)	≤10	≤15	拉线加尺测
22		传力杆偏斜(mm)	≤10	≤13	钢筋保护层仪

3. 工程质量检查验收

工程施工完成后,施工单位应将全线以1~3km作为一个评定路段,按规定的检验项目和频率进行自检,准备好施工总结报告、全线自检结果及全部原始记录等完整资料,以《公路工程质量检验评定标准》(JTG F80/1—2017)(下简称《评定标准》)为依据,申请交工验收。

业主、监理和质监站收到施工单位验收申请,确认资料完整后,首先应对照施工中的抽检数据,检查交工报告中数据是否与其吻合,然后再按《评定标准》规定的检查项目和验收频率进行检查和验收。水泥混凝土面层交工验收阶段的检查项目、检查频度、质量要求、允许偏差等见表12-14。

各级公路水泥混凝土路面实测项目　　　表12-14

项次	检查项目		允许值或允许偏差		检查方法和频度
			高速公路、一级公路	其他公路	
1	弯拉强度(MPa)		在合格标准内		按《评定标准》要求检查
2	板厚(mm)	代表值	-5		每200m测2点
		合格值	-10		
		极值	-15		

续上表

项次	检查项目		允许值或允许偏差		检查方法和频度
			高速公路、一级公路	其他公路	
3	平整度	σ(mm)	≤1.32	≤2.0	平整度仪:全线每车道连续检测,每100m计算IRI和σ
		IRI(m/km)	≤2.2	≤3.3	
		最大间隙h(mm)	3	5	3m直尺:每半幅车道每200m测2处×5尺
4	抗滑构造深度(mm)	一般路段	0.7~1.1	0.5~1.0	铺砂法:每200m测1处
		特殊路段	0.8~1.2	0.6~1.1	
5	横向力系数(SFC)	一般路段	≥50	—	按《评定标准》要求检查,每20m测2点
		特殊路段	≥55	≥50	
6	相邻板高差(mm)		≤2	≤3	尺量:每条胀缝测2点;纵、横缝每200m抽查2条、每条测2点
7	纵、横缝顺直度(mm)		≤10		纵缝20m拉线尺量:每200m测4处;横缝沿板宽拉线尺量:每200m测4条
8	中线平面偏位(mm)		20		全站仪:每200m测2点
9	路面宽度(mm)		±20		尺量:每200m测4处
10	纵断高程(mm)		±10	±15	水准仪:每200m测2断面
11	横坡(%)		±0.15	±0.25	水准仪:每200m测2断面
12	断板率(%)		≤0.2	≤0.4	目测:全部检查,数断板面板块数占总块数比例

(1)水泥混凝土路面是指以水泥与水拌和成的水泥浆为结合料,以碎(砾)石、砂为集料,掺加适当的外加剂,拌和成水泥混凝土混合料,运输至现场,经摊铺、振捣、养护而达到一定强度的路面,也称刚性路面,俗称白色路面。普通水泥混凝土必须设置接缝,接缝按其布设位置分为纵缝和横缝两大类,按其作用分为缩缝、胀缝和施工缝三类。

(2)水泥混凝土路面的施工方法主要有滑模摊铺机施工、三辊轴机组施工、小型机具施工、碾压混凝土路面施工四种施工方式,应根据公路等级的不同,选择适合的施工方式。

(3)水泥混凝土路面施工质量的关键是混凝土摊铺机械和技术。滑模机械施工采用成套机械设备,具有施工速度快、施工规模大、自动化程度高等优点,它是提高高等级公路水泥混凝土路面工程质量的有效途径。滑模施工工艺流程包括基准线设置、混合料的搅拌、混合料的运输、混合料的摊铺、接缝设置、抗滑构造制作、养护等。水泥混凝土路面铺筑质量应满足工程质量的检验和验收标准。

一、填空题

1. 水泥混凝土路面是由_____、_____、_____、_____、_____和混凝土预制块铺砌等面层板和基层所组成的路面。目前采用最广泛的是_____路面。

2. 混凝土面板一般采用_____形,板宽按路面宽度和每个车道宽度,在_____范围内确定;板长按面层类型和厚度选定,普通混凝土面层一般为_____。

3. 水泥混凝土的基本组成材料有:水泥、水、_____、_____、_____、接缝材料、_____等。

4. 水泥混凝土外加剂用量一般不超过水泥用量的_____,常用的外加剂有_____、_____、_____三大类。

5. 水泥混凝土路面面层铺筑前,应至少提供_____天以上的合格基层。

6. 高速公路和一级公路施工,宜选配能一次摊铺_____个车道宽度的滑模摊铺机;二级及二级以下公路路面的最小摊铺宽度不得小于_____车道设计宽度。

7. 拌和站一般可配备_____台拌和楼,最多不宜超过_____台,优先选择_____拌和楼,其中_____或_____是搅拌效果最好的机型。

8. 每台拌和楼应配齐_____、_____、_____反馈控制、_____加入装置、计算机控制自动配料操作系统设备和打印设备。每套拌和楼应配备_____个砂石料仓、_____个外加剂池、_____、_____个水泥及粉煤灰罐仓。

9. 外加剂应以_____加入,防止沉淀和絮凝,其稀释用水和原液中的用水量应从拌和加水量中_____。

10. 水泥混凝土施工中每_____天校验一次拌和楼计量精确度。

11. 滑模摊铺机在开始摊铺的5m内,应对摊铺出的_____、_____、_____等参数进行复核测量。

12. 采用_____铺筑、_____铺筑和_____铺筑时,均需安装侧向模板。模板应采用刚度足够的_____或钢制边侧模板,不应使用木模板、塑料模板等其他易变形的模板。

13. 在路面养护后,路面抗压强度达到_____时开始硬刻槽,并宜在_____内完成。硬刻槽后应随即将路面冲洗干净,并恢复路面_____。

14. 混凝土路面铺筑完成或软制作抗滑构造完毕后应及时开始_____,机械摊铺混凝土路面宜采用_____同时_____的方式养护。

15. 养护时间应根据混凝土弯拉强度增长情况而定,不宜小于设计弯拉强度的_____,应特别注重前_____的保湿(温)养护。一般养护天数宜_____,低温天不宜小于_____。

二、选择题

1. 水泥混凝土路面横向接缝包括(　　)。
   A. 缩缝　　　　　　　　　　B. 平缝
   C. 胀缝　　　　　　　　　　D. 施工缝
2. 下列(　　)不属于水泥混凝土路面交通荷载等级分类。
   A. 特重　　　　　　　　　　B. 重
   C. 中　　　　　　　　　　　D. 轻
   E. 特轻
3. 水泥混凝土路面的施工方法有(　　)。
   A. 滑模摊铺机施工　　　　　B. 碾压混凝土路面施工
   C. 小型机具施工　　　　　　D. 三辊轴施工

三、判断题

(　　)1. 水泥混凝土作基层,沥青混合料作面层的路面称为刚性路面。
(　　)2. 混凝土面板通常采用等厚式的断面。
(　　)3. 为防止两块水泥混凝土面板拉开,拉杆和传力杆的两端均应锚固在混凝土板内。
(　　)4. 水泥混凝土路面中传力杆应选用光圆钢筋。

四、简答题

1. 沥青路面与水泥混凝土路面有何异同点?
2. 简述水泥混凝土路面设置基层的作用及要求。
3. 简述水泥混凝土路面接缝类型及其构造。
4. 简述滑模机械施工工艺及质量控制要点。
5. 简述水泥混凝土路面四种施工方法的主要区别。

参考文献

[1] 金仲秋.公路设计技术[M].北京:人民交通出版社,2007.
[2] 王建林.公路测设技术[M].北京:人民交通出版社,2011.
[3] 王美宽.路基路面施工技术[M].北京:中国劳动社会保障出版社,2013.
[4] 夏连学.路面施工技术[M].北京:人民交通出版社,2011.
[5] 于国锋.路基工程施工[M].北京:人民交通出版社,2009.
[6] 吴继峰.道路工程概论[M].北京:机械工业出版社,2007.
[7] 殷青英.路基施工技术[M].北京:人民交通出版社股份有限公司,2019.
[8] 赵亚兰.公路工程[M].北京:北京交通大学出版社,2010.
[9] 周娟,李燕.路基路面工程[M].郑州:黄河水利出版社,2008.
[10] 余继凤.路面施工技术[M].北京:北京邮电大学出版社,2014.
[11] 张林洪,吴华金.公路排水设施施工手册[M].北京:人民交通出版社,2005.
[12] 尤晓伟,王梓夫.现代道路路基路面工程[M].北京:清华大学出版社,2004.
[13] 高红宾,舒国明.公路概论[M].3版.北京:人民交通出版社股份有限公司,2018.
[14] 田平.道路勘测设计[M].北京:机械工业出版社,2010.
[15] 孙大权.公路工程施工方法与实例[M].北京:人民交通出版社,2003.
[16] 杨仲元.路基路面施工技术[M].4版.北京:人民交通出版社股份有限公司,2021.
[17] 赵毅,李中秋.路基施工技术[M].北京:北京邮电大学出版社,2015.
[18] 周世红,李月姝.公路勘测技术[M].北京:北京邮电大学出版社,2014.
[19] 黄晓明.路基路面工程[M].6版.北京:人民交通出版社股份有限公司,2019.
[20] 中华人民共和国行业标准.公路工程技术标准:JTG B01—2014[S].北京:人民交通出版社股份有限公司,2015.
[21] 中华人民共和国行业标准.公路路线设计规范:JTG D20—2017[S].北京:人民交通出版社股份有限公司,2017.
[22] 中华人民共和国行业标准.公路勘测规范:JTG C10—2007[S].北京:人民交通出版社,2007.
[23] 中华人民共和国行业标准.公路路基施工技术规范:JTG/T 3610—2019[S].北京:人民交通出版社股份有限公司,2019.
[24] 中华人民共和国行业标准.公路路基设计规范:JTG D30—2015[S].北京:人民交通出版社股份有限公司,2015.
[25] 中华人民共和国行业标准.公路沥青路面设计规范:JTG D50—2017[S].北京:人民交通出版社股份有限公司,2017.
[26] 中华人民共和国行业标准.公路水泥混凝土路面设计规范:JTG D40—2011[S].北京:人民交通出版社,2011.
[27] 中华人民共和国行业标准.公路路面基层施工技术细则:JTG F20—2015[S].北京:人民

交通出版社股份有限公司,2015.

[28] 中华人民共和国行业标准.公路水泥混凝土路面施工技术细则:JTG F30—2014[S].北京:人民交通出版社,2014.

[29] 中华人民共和国行业标准.公路沥青路面施工技术规范:JTG F40—2004[S].北京:人民交通出版社,2004.

[30] 中华人民共和国行业标准.公路工程质量检验评定标准 第一册 土建工程:JTG F80/1—2017[S].北京:人民交通出版社股份有限公司,2017.

[31] 中华人民共和国行业标准.公路土工试验规程:JTG 3430—2020[S].北京:人民交通出版社股份有限公司,2020.

[32] 中华人民共和国行业标准.公路工程无机结合料稳定材料试验规程:JTG E51—2009[S].北京:人民交通出版社,2009.